■ 本书为2018年度浙江省哲学社会科学规划后期资助课题"孔孟语用思想研究"（项目编号：18HQZZ32）成果。

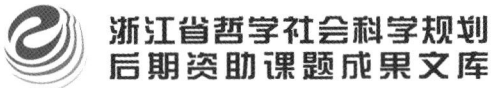
浙江省哲学社会科学规划
后期资助课题成果文库

孔孟语用学思想研究

Kongmeng Yuyongxue Sixiang Yanjiu

施麟麒 著

中国社会科学出版社

图书在版编目(CIP)数据

孔孟语用学思想研究/施麟麒著.—北京：中国社会科学出版社，2018.6
（2018.11重印）

（浙江省哲学社会科学规划后期资助课题成果文库）

ISBN 978-7-5203-2846-3

Ⅰ.①孔… Ⅱ.①施… Ⅲ.①孔丘（前551—前479）-哲学思想-研究②孟轲（前390—前305）-哲学思想-研究③语用学-研究 Ⅳ.①B222②H030

中国版本图书馆 CIP 数据核字（2018）第 160961 号

出 版 人	赵剑英
责任编辑	宫京蕾
特约编辑	李晓丽
责任校对	闫 萃
责任印制	李寡寡

出　　版	中国社会科学出版社
社　　址	北京鼓楼西大街甲158号
邮　　编	100720
网　　址	http://www.csspw.cn
发 行 部	010-84083685
门 市 部	010-84029450
经　　销	新华书店及其他书店

印刷装订	北京君升印刷有限公司
版　　次	2018年6月第1版
印　　次	2018年11月第2次印刷

开　　本	710×1000　1/16
印　　张	14.75
插　　页	2
字　　数	245千字
定　　价	68.00元

凡购买中国社会科学出版社图书，如有质量问题请与本社营销中心联系调换
电话：010-84083683
版权所有　侵权必究

序

麟麒的第一部学术专著《孔孟语用学思想研究》即将出版，该书在其博士论文基础上修改而成，作为导师，首先向他表示祝贺。

语用学自20世纪80年代传入我国，学科发展迅速，实际应用广泛，显现了蓬勃生机。惜乎其"舶来品"的帽子也为中国语言学界增加了一丝尴尬。近年来国家倡导"文化自信"，鼓励哲学社会科学界创造有中国气派的学术话语体系，摆脱唯西方马首是瞻的局面，转而能与之平等对话。我对此深表赞同。

学术创新离不开对优秀传统文化的继承和发展，借用冯友兰先生的话：先要"照着讲"，然后"接着讲"。中国古代虽无"语用学"这一学科和提法，对语用问题却有不少真知灼见，这些思想大都简素朴实，不够系统，但确是值得后辈开掘的宝藏，只可惜未引起足够重视。据我所知，陈宗明先生主编的《中国语用学思想》仍是至今国内唯一对传统语用思想进行综合整理的专著。

本人也很早产生了从传统文化典籍中寻找语用学思想资源的想法，并指导几位研究生做了相关研究。麟麒的博士论文基本符合我的期待，修改成书后，优点更加明显。主要体现在：对西方语用学的发展脉络作了较为清晰的梳理，并指明其利弊得失；搜集了大量直接或间接反映孔孟语用思想的文献材料，加以合理的分类、系统的概括；以平等对话的姿态，和西方语用学理论进行了初步比照。本书还对一些具体问题提出了新见，如中国语用观念更重人格，与"德行"紧密结合，又如对孔子的"正名"说、孟子的"以意逆志""知人论世"说都有与众不同的看法，体现出作者锐意创新的精神。

本书也还存有一些遗憾，如对先秦儒家只谈及孔孟，对同为大儒的荀子未有论及；先秦儒家与诸子语用思想的联系与差异，也未展开；至于后儒（如汉儒、宋明理学家、新儒家）对先秦儒家语用思想的发展，更可以深加探讨。所幸作者年富力强，相信将来会再接再厉，带给我们更多相关成果。

此外，本书因出版要求，仿《中国语用学思想》定名为《孔孟语用学思想研究》，学科归属似更明确，但内容实为儒家圣贤的语用思想研究。在对象和内容上还带有前学科性，"语用学思想"与"语用思想"，一字之异，意义微殊，似可一辨。

是为序。

王建华
2018 年 5 月 18 日
于杭州

目　　录

第一章　绪论 ……………………………………………………（1）
　第一节　研究缘起 ………………………………………………（1）
　　一　研究范式的反思 …………………………………………（1）
　　二　研究范围的框定 …………………………………………（4）
　第二节　研究对象 ………………………………………………（6）
　　一　语用思想 …………………………………………………（6）
　　二　儒家的立场或视角 ………………………………………（6）
　　三　儒家语用思想 ……………………………………………（7）
　第三节　研究目的和选题意义 …………………………………（8）
　　一　研究目的 …………………………………………………（8）
　　二　选题意义 …………………………………………………（9）
　第四节　理论基础 ………………………………………………（10）
　　一　阐释框架 …………………………………………………（10）
　　二　阐释视角 …………………………………………………（20）
　第五节　材料方法 ………………………………………………（20）
　　一　研究材料 …………………………………………………（20）
　　二　研究方法 …………………………………………………（21）
第二章　研究回顾 ………………………………………………（24）
　第一节　西方语用学发展路线 …………………………………（24）
　　一　从单元论到综观论 ………………………………………（24）
　　二　从微观研究到宏观研究 …………………………………（26）
　　三　从工具理性到交往理性 …………………………………（27）
　第二节　国内语用学研究概览 …………………………………（28）
　　一　理论引介、批判和重构 …………………………………（28）
　　二　理论运用和现象解释 ……………………………………（30）

三　传统语用思想梳理……………………………………（32）
　　　四　孔孟语用思想梳理……………………………………（34）
　第三节　小结……………………………………………………（38）
第三章　孔子语用思想（上）……………………………………（41）
　第一节　孔子其人………………………………………………（41）
　第二节　思想背景………………………………………………（41）
　　　一　传统沉积………………………………………………（41）
　　　二　时代需求………………………………………………（42）
　第三节　语用主体………………………………………………（45）
　　　一　君子及其内涵转变……………………………………（45）
　　　二　君子人格………………………………………………（47）
　第四节　君子和语言使用………………………………………（52）
　　　一　君子重"言"……………………………………………（52）
　　　二　"言"的语用性质………………………………………（53）
　　　三　言人关系………………………………………………（54）
　　　四　诸德与"言"……………………………………………（61）
第四章　孔子语用思想（下）……………………………………（86）
　第一节　用言之方………………………………………………（86）
　　　一　取譬……………………………………………………（86）
　　　二　"正名"…………………………………………………（97）
　　　三　"时然后言"……………………………………………（104）
　第二节　理解之道………………………………………………（115）
　　　一　理解的基础……………………………………………（115）
　　　二　理解的目的……………………………………………（116）
　　　三　理解的层次……………………………………………（116）
　　　四　理解的方法……………………………………………（118）
　第三节　孔子语用思想小结……………………………………（124）
第五章　孟子语用思想（上）……………………………………（127）
　第一节　其人其书………………………………………………（127）
　第二节　思想背景………………………………………………（128）
　　　一　传统文化与教育背景…………………………………（128）
　　　二　加剧的意识形态危机…………………………………（128）
　　　三　百家争鸣的学术环境…………………………………（129）

  四 儒门内部的分化 …………………………………………（130）
 第三节 语用主体 ………………………………………………（132）
  一 心性论 ……………………………………………………（132）
  二 养气论 ……………………………………………………（135）
  三 理想人格——"大丈夫" …………………………………（138）
  四 "大丈夫"与君子的比较 …………………………………（140）
 第四节 "大丈夫"与语言使用 ………………………………（141）
  一 大丈夫重"言" ……………………………………………（141）
  二 言人关系 …………………………………………………（143）
  三 诸德与"言" ………………………………………………（145）

第六章 孟子语用思想（下） ……………………………………（154）
 第一节 用言之方 ………………………………………………（154）
  一 "强恕而行" ………………………………………………（154）
  二 正人心 ……………………………………………………（164）
  三 顺时而权 …………………………………………………（164）
 第二节 理解之道 ………………………………………………（170）
  一 "以意逆志" ………………………………………………（170）
  二 "论世" ……………………………………………………（182）
  三 "以意逆志"和"论世"作为理解方法的结合
    及其适用范围 …………………………………………（190）
 第三节 孟子语用思想小结 ……………………………………（198）

第七章 结语 ……………………………………………………（201）
 第一节 孔孟语用思想回顾——兼与西方语用学比较 ………（201）
  一 语用主体 …………………………………………………（201）
  二 言语功能（语用意义）……………………………………（203）
  三 表达和理解方法 …………………………………………（207）
 第二节 孔孟语用思想对语用学发展的启示 …………………（211）
 第三节 有待讨论的问题 ………………………………………（213）

主要参考文献 ………………………………………………………（215）
后记 …………………………………………………………………（227）

第一章

绪　　论

第一节　研究缘起

一　研究范式的反思

语用学是研究语言运用及其规律的学科。它诞生于现代西方，自20世纪70年代建立以来，以迅猛的速度发展，取得了辉煌的成就：从预设到言语行为理论，从会话含义理论到礼貌原则，从新格赖斯原则到语言综观论、博弈论，理论不断推陈出新，成为当代语言学研究中最活跃的领域之一。其研究内容包括：从说写者和听读者的不同角度以及相互关系上，研究人们的语用行为（语言表达和理解）；研究特定语境的特定话语，并探求语境的种种功能；研究话语的种种言内之意和言外之意及其相应条件；等等。我国的语用学研究从20世纪80年代开始，经历了从语用学理论的引介到结合汉语实际开展汉语语用学理论和应用的过程，30年来同样呈现出良好的发展态势。随着相关著作和论文的大量涌现，语用学作为新兴学科也日益成为中国语言学界引人注目的"显学"（王建华，2009：305—328）。

不过，相比西方语用学领域日新月异的理论研究，国内语用学的研究范式却较为单一，即侧重于对西方语用学理论的引进、验证修补和应用（钱冠连，1997：15）。这一范式会给汉语研究带来一些新的发现，也有利于西方语用学的进一步完善和发展，但如果只进行一维度的工作，而忽视相对独立的、植根于本土的理论开发（钱冠连，1990：237—257），也会产生弊端。最大的问题是，这样的研究范式使普通语用学——以研究人类一般语言使用现象为任务的科学，和西方语用学几乎成了同义词。而西方语用学的理论几乎都是以英语为对象而建立的。即便在后期的验证过程中发现了其他语言的不同语用特征，也只是将其视作某种特定条件下的变体，无损于原有理论的基本格局。这种情况很像韩礼德（Halliday，2006：12）批评哲学语言学时所说的："现代哲学语言学是以人种论为中心的，这一点令人苦恼。它把所有语言看成是英语的特殊变体。"

语言使用是高度复杂的人类行为现象，语用学研究是盲人摸象，没有哪一种理论敢保证自己是唯一正确的。而仅靠西方语用学家生产的某几种理论显然难以解决所有问题。中国学者寻求更多的理论范式能为语用学研究带来新的视角和动力，有助于解决更多的问题。何况语用学的发展历史不长，至今连学科的定义都未能统一（参见列文森，1983：6—27；梅，2001：6）。梅（2001：6）就说："如何进行语用学研究，语用学应该研究什么，如何定义语用学是什么不是什么，就连语用学研究者之间也缺乏共识。"这也暴露了这门学科的不成熟性。面对这样的现状，中国学者应当具有对人类一般语用现象提出自己见解乃至完整理论的权利、责任和气魄，而不能满足于对西方语用学理论的亦步亦趋。

中华民族自古就有追求人类大同的理想。而大同乃是"和而不同"，绝非一家独大（庞朴，1997：1）。在对人类一般语用现象规律的探索过程中，也只有不同民族文化背景下的研究主体相互对话后才能形成最大的共识和了解彼此的差异。由是观之，对语用学进行相对独立的理论探索，有利于消除不利于"大同"的因素：谨防语用学变成西方的"一言堂"，营造语用学多元对话的氛围，在平等、理性的双向阐发中寻求共鸣和发现自身。

但是，"假如遗忘了自己的文化传统，只是从外来理论中讨生活，即使是理论天才，也无法取得创造性成果。离开了自己的文化传统，任何学术研究都会成为无源之水，无本之末"（李清良，2001：14）。语用学的理论大厦也并非建立在一片荒漠之上，而是要扎根于传统哲学、文化的厚实土壤。从已有的理论来看，西方语用学主要是从西方哲学文化传统中脱胎而来。而中国哲学文化传统中同样包含丰富的相关资源。尽管语用学的界定有这样那样的分歧，但我们不妨回到莫里斯（Morris，1938：30）对语用学所做的原初定义上：

> 语用学是研究符号与解释者之间的关系的科学。……由于大多数（即使不是全部）符号的解释者都是生物体，因而对语用学的一个足

够准确的定性就是，它研究符号的生物学特征，即符号产生功能中出现的心理现象、生物现象和社会现象。

简言之，语用学就是研究语言和一般意义上的人类生活之间的联系。按照这样的定义，是没有理由不将中国传统文化中关于语言使用和人关系的思想纳入语用学研究的版图中的。

事实上已有学者持有这样的看法。如姜望琪（2003：1）就认为"语用学是研究'言外之意'的学科。而'言外之意'在中国已经有几千年历史了。在这个意义上，中国是最早研究语用学的国家"。而美国学者陈汉森（1998：71—72）更是多次提到类似观点：

> 已经证明，以语言为中心的观点特别适于用来解释中国哲学理论。要想在中国思想中找出形而上学和认识论的、明显的相应理论，众所周知这是很难的。不过，整个古典时期却以其有关语言和它的语义的问题，特别是有关语用（语言与其使用者之间的关系）的问题，而显露出一种魅力。
>
> 把语言分成语形（语言实体的相互关系）、语义（语言和语言之外的现实之间的关系）和语用（语言跟语言使用者的目的之间的关系）三部分，我们就可以认为中国思想集中于语用的研究。因此比较而言，中国思想较少关注语义上的真假，而较多地关心语用上的可接受性。但这并不是说，他们的语言在某个基本方面是不同的，使判别真假的准则不能适用——对他们的语言是能适用的。不过，在他们自己陈述哲学问题和处理争端时，表达恰当性或"可接受性"（"可"）的广泛语用检验，比类似语义真假概念的任一种观念较常受到注意。因而中国哲学家不问哲学断言是否为真，而代之以问它是否可断定，即"可"。
>
> 如果我们认为道就是一种行为之道（way），那么名称、区别和评价的全部就相应于一个道。一个道是相应于一个话语系统的具体的行为集——它的行为的体现（对儒家而言是人的社会行为，对道家来说是所有事物的自然"行为"。这显然是用语用学的言语行为理论来理解儒家和道家的"道"。——笔者注）

一位西方学者在探索中国古代哲学思想中的语言和逻辑问题时，居然也强烈地感受到了它的语用学特色，这无疑是值得引起我们高度重视的。另外，我国学者陈宗明（1997）《中国语用学思想》一书不仅认定中国传统哲学文化中包含着语用思想，而且已经从这个角度出发进行了大量宝贵的整理工作。尽管内容还稍显零散单薄，但已为我们更深入地进行这方面的探索提供了良好的开端。

只要有语言表达和理解行为的发生，就有关于这种行为的理论，尽管其理论形态可以有多种多样的面貌。而在中国卷帙浩繁的经典中蕴藏的有关中国文化对语用问题的阐发和思索，不仅可能发现与西方相通的见解，更有可能发现超越西方的见解，从而成为现代语用学理论发展的理论资源，其研究意义是不可忽视的。

二 研究范围的框定

如上所说，以中华民族主体的身份，进行语用学理论的探索，是一项极富重要意义的工作。而唯有接续中国传统哲学文化的语用学理论，才能为语用学研究展现真正意义上的中国眼光。因此我们的研究将从整理传统文化的语用思想资源起步。

面对丰富的传统资源，该如何着手？我们很自然地首先将目光投向儒家。儒家是对中国文化最有影响并且自成体系的思想流派，其学说中留存着大量有关语用的真知灼见。这一点，无论是从孔门四科包含"言语"，孟子的自称"知言"，都可以证明。而且儒家思想几乎渗透在一切传统学术当中，也在很大程度上塑造了中华民族的内在灵魂和外在的言说模式。因此研究儒家的语用思想，能起到纲举目张的效果。

不过，儒家思想经历了两千多年的发展，形成了若干阶段和支脉。如果不分先后主次地统而论之，一则可能会掩盖本真、核心的精神，二则也是一部书稿难以完成的任务。因此我们不得不再次缩小范围，首先把以孔孟为代表的先秦原始儒家作为研究对象。先秦，主要指春秋战国时期（公元前770年—前221年）。这一时期，隶属于人类思想大解放的时代，即雅斯贝尔斯（Karl Theodor Jaspers, 1988：68）所说的"轴心时代"：

> 发生在公元前八百至两百年间的这种精神的历程似乎构成了这样一个轴心，正是在那个年代，才形成今天我们与之共同生活的这个"人"。我们就把这个时期称为"轴心时代"吧……中国出现了孔子

与老子，中国哲学中的全部流派都产生于此，接着是墨子、庄子以及诸子百家。

近人康有为（刘梦溪，1996：350）则称这一时期为"诸子并起创教"的时代：

> ……人类之生，皆在洪水之后，故大地民众，皆苴萌于夏禹之时。积人积智，二千年而事理咸备。于是才智之尤秀杰者，蜂出挺立，不可遏靡，各因其受天之质，生人之遇，树论语，聚徒众，改制立度，思易天下。惟其质毗于阴阳，故其说亦多偏蔽，各明一义，如耳目鼻口不能相通，然皆坚苦独行之力，精深奥玮之论，毅然自行其志，思立教以范围天下者也。外国诸教，亦不能外是矣。当是时，印度则有佛、婆罗门及九十六外道，并创术学；波斯则有祚乐阿士对，创开新教；泰西则希腊文教极盛，彼国号称同时七贤并出，而索格底集其成。故大地诸教之出，尤盛于春秋、战国时哉！

可见，人类各大主要文明，无不诞生于这一时期，儒家文明亦不例外。雅斯贝尔斯认为今天意义上的"人"是在这段时间所形成和发现的。这对于语用思想是极其重要的一个观点。以此作为我们研究的起点，是无可争议的不二选择。

而之所以选择孔孟二圣，则是因为他们代表了先秦儒学的最高水平，是超越文化时空的思想巨擘。[1] 正是他们把儒学提升为显学，使其在整个

---

[1] 孔孟在儒家思想史上的正统地位毋庸置疑，但这里还需要对荀子作一说明。荀子虽也被许多人称为先秦儒家思想的代表人物，但从儒学史的角度来看，对其评价争议较大。（唐）韩愈认为孟子之学"醇乎醇者"，荀子之学"大醇而小疵"（《读荀子》），"择焉而不精，语焉而不详"（《原道》），且并没把荀子看作儒家道统的继承者。（宋）二程又说"荀子极偏驳，只一句性恶，大本已失"（《二程遗书》卷十九）。朱熹注《四书》，则更是将荀子排除在了正统儒学之外。（清）谭嗣同云"二千年来之学，荀学也，皆乡愿也"（《仁学·二十九》），梁启超云"故自汉以后，名虽为昌明孔学，实则所传者，仅荀学一支派而已，此真孔学之大不幸也"（《论中国学术思想变迁之大势》）。足见对荀子的贬抑之剧烈。加上荀子又培养了李斯、韩非这样的法家门徒，其儒家思想的纯正性遭到质疑也是自然而然的了。相比之下，孟子则似乎没有这样的问题。因此，尽管我们未必认同上述对于荀子的负面评论，但本着谨慎的原则，本书暂不把荀子作为研究对象，而选择将来另文讨论荀子的语用思想。

中华文明历史上长期处于轴心的地位。

第二节 研究对象

一 语用思想

在讨论研究对象之前，我们需要将"语用""语用思想""语用学"三个不同的概念区分开。语用即语言使用的事实，是一种有待认识的现象，语用思想是对这种现象的认识成果，而语用学则意味着进一步将认识系统化、学科化、专门化。后者包含了前两个因素，但同时具有理论和方法的自觉意识。孔孟虽然没有语用学的自觉，但并不缺乏语用思想。本书的研究对象便是孔孟的语用思想。

另需说明的是，语用思想应具备语用学的一些基本要素，比如话语/言语行为、语用意义、语用主体、语用原则/准则/策略、语境等等（王建华，2009：305—328）。这些基本要素都存在值得深入研究和探讨的广阔空间。但我们认为它们作为语用学研究的基本概念具有一定的公共性，只不过每一个概念的具体内涵和内部地位可因不同理论而有所差别。而正是这些不同，才体现了不同理论的特色。

正如陈宗明（1997：11）所说："人们只要围绕言语交际，研究语境、意义及语言使用者之间的关系，研究话语的表达与理解以及相关问题，与此有关的理论或观念，我们都可以看成是语用学思想。"孔孟当然没有明确地提出过以上这些语用学术语并给予专门讨论，但其思想体系中已经涵括了这些术语指代的实质内容，因此借助这些基本术语来进行阐释，至少是比较方便的。

二 儒家的立场或视角

要把握孔孟开创的儒家语用思想的准确切入点，我们最好首先确定其根本的哲学立场。因为哲学立场是一切认识和行动的根基。

儒学是一种伦理本位的学说。它最大的特色是"将自然和人生的一切现象都赋予道德化的理解。在儒家看来，天地宇宙本身即含有价值，也即德性，而人是天地所生，因此人生的目的就是通过实践，使天德下贯为人德，人德上齐于天德，且归于天人同德"（张岱年、方克立，2004：

254）。这种伦理本位的观点已经成为众多学者的共识，比如：

蔡元培认为："我国以儒家为伦理学之大宗。而儒家，则一切精神界科学，悉以伦理为范围。哲学、心理学，本与伦理有密切之关系。我国学者仅以是为伦理学之前提。其他曰为政以德，曰孝治天下，是政治学范围于伦理也；曰国民修其孝弟忠信，可使制梃以挞坚甲利兵，是军学范围于伦理也；攻击异教，恒以无父无君为辞，是宗教学范围于伦理也；评定诗古文辞，恒以载道述德眷怀君父为优点，是美学亦范围于伦理也。我国伦理学之范围，其广如此，则伦理学宜若为我国惟一发达之学术矣……"①

梁漱溟从儒家视角出发，用"伦理本位"的概念来概括中国传统文化的基本特点："举整个社会各种关系而一概家庭化之，务使其情益亲，其义益厚。由是乃使居此社会中者，每一个人对于其四面八方的伦理关系，各负有其相当义务；同时，其四面八方与他有伦理关系之人，亦各对他负有义务。全社会之人，不期而辗转互相连锁起来，无形中成为一种组织。"②

张岱年也作了类似的表述："中国哲学是伦理型的，哲学体系的核心是伦理道德学说，宇宙的本体是伦理道德的形而上学的实体，哲学的理性是道德化的实践理性。""哲学，在中国文化体系中则往往与伦理学相融，主要是一种道德哲学。这一点在儒学中体现得尤为鲜明。"③

由上述各位大家的共识中不难窥见，儒学实可看作一种伦理学说，但它不同于现代作为学科分支的伦理学，而是作为诸多传统学术的母体，因而可以看作伦理主义哲学。

三 儒家语用思想

正如梅（《语用学引论》，外语教学与研究出版社2001年版，第35页）所说："要发现语言的功用，你必须找到使用者，以及是什么令他或她说话。"

基于儒家伦理本位的学说特色，直接导致其将人作伦理主体或道德主体的认定。因此也不难理解，儒家的语用思想，主要是围绕着语言使用中

---

① 蔡元培：《中国伦理学史》，东方出版社1996年版，第16页。
② 梁漱溟：《中国文化要义》，上海人民出版社2001年版，第32页。
③ 张岱年：《中国文化概论》，北京师范大学出版社2004年版，第254—267页。

的伦理道德问题展开的。在儒家看来，语言这个工具，是为了实现人的道德目的而存在着，除此之外没有别的目的，或至少没有更重要的目的。如果语用学是把语用意义作为核心论题的话，那么儒家眼中的语用意义，也就是语用道德。换句话说，儒家关注的是语言使用的善与恶，着眼的是语言使用的价值问题。

语言使用中的伦理道德在西方语用学中也是一个难以绕开的话题。比如英美分析学派①所提出的合作原则和礼貌原则是否具有伦理意义一直颇受争议。欧陆学派则赋予了语用道德更为突出的地位。比如哈贝马斯（Habermas）创立的普遍语用学（Universal Pragmatics）将真实（Truth）、正确（Rightness）、真诚（Sincerity）（或者说真、善、美）作为理想交往行为的三个必备条件，并将"合法的人际关系"（Legitimate interpersonal relationships）置于其语用学的中心地位，对现实社会的各种扭曲的交往行为进行批判，这使他的理论带有更强的伦理学色彩（Jürgen Habermas，1998：54-56）。而以批评话语分析（CDA）为代表的批评语用学（Critical pragmatics）则旨在"帮助语言使用者意识到自身所处的语言权力制度状况，并揭露甚至在需要时反抗这种权力制度，以促进自由和独立"（梅，2001：320）。这种研究同样具有道德色彩。

尽管如此，西方语用学并未将伦理道德视作讨论言人关系的根本出发点，因而不同于儒家的视角。将伦理主体对道德目的的实现置于一切语用问题的中心，这可以看作一种儒家语用思想的基调。而这一基调，正是由先秦时期以孔孟为代表的原始儒家所共同奠定的。

第三节　研究目的和选题意义

一　研究目的

本书以西方语用学的主要问题为参照，旨在通过研究孔孟，梳理、阐

---

① 西方语用学发展至今形成了英美分析学派与欧洲大陆学派两系。前者将语用学看作和语言学各个分支并列的子学科，着眼于微观研究，把意图的推理作为核心问题，致力于指示语、言语行为、会话含义理论、预设以及会话结构等基本分析单元的研究；后者强调从社会、文化、认知等多个角度对语用现象进行宏观、综合的研究，反对把语用学看作语言学的一个分支，也反对把意图推理看作语用意义研究的全部。

发、重构其语用思想，勾勒孔孟语用思想的整体面貌，在尽量还原其本真精神的前提下对其进行现代学术话语的转换。为此，本书设定以下五个面向孔孟的问题，以帮助实现研究目的：

1. 如何看待作为语用主体的"人"？
2. 如何看待人（德）言关系和言的性质、功能？
3. 如何在话语表达中结合语境履行道德，生成意义？
4. 如何在话语理解中结合语境体现道德，生成意义？
5. 孔孟语用思想和西方语用学的主要理论相比有哪些相通之处和独特性？

二　选题意义

党的十八大以后，习近平曾多次指出"增强文化自觉和文化自信，是坚定道路自信、理论自信、制度自信的题中应有之义"，并认为中华民族博大精深的优秀传统文化能"增强做中国人的骨气和底气"，是我们最深厚的文化软实力，是我们文化发展的母体，积淀着中华民族最深沉的精神追求，因此要通过各种形式"把跨越时空、超越国度、富有永恒魅力、具有当代价值的文化精神弘扬起来，把继承传统优秀文化又弘扬时代精神、立足本国又面向世界的当代中国文化创新成果传播出去"。2017年年初，中共中央办公厅、国务院办公厅印发的《关于实施中华优秀传统文化传承发展工程的意见》进一步指出"实施中华优秀传统文化传承发展工程，是建设社会主义文化强国的重大战略任务"。《意见》将中华优秀传统文化传承发展提高到国家战略高度，从整体上对中华优秀传统文化的传承发展作出了重大战略部署，提出了一系列重大战略举措，具有深远的现实指导意义。

面对这一重大时代需求，哲学社会科学工作者理应肩负起重要使命。习近平在2016年5月的《在哲学社会科学工作座谈会上的讲话》中明确指出："哲学社会科学的特色、风格、气派，是发展到一定阶段的产物，是成熟的标志，是实力的象征，也是自信的体现。我国是哲学社会科学大国，研究队伍、论文数量、政府投入等在世界上都是排在前面的，但目前在学术命题、学术思想、学术观点、学术标准、学术话语上的能力和水平同我国综合国力和国际地位还不太相称。要按照立足中国、借鉴国外，挖掘历史、把握当代、关怀人类、面向未来的思路，着力构建中国特色哲学社会科学，在指导思想、学科体系、学术体系、话语体系等方面充分体现中国特色、中国风格、中国气派。"因此，在哲社研究中对传统文化中优秀学术思想进行系统梳理，深入挖掘其价值内涵，并用一种符合时代语境的现代学术话语重新表述，是对传统文化进行创造性转化和创新性发展的重要实践，是一种激发中华优秀传统文化的生机与活力、展示中华文化独特魅力、提高国家文化软实力的重要途径，有利于"使中华民族最基本的文化基因与当代文化相适应、与现代社会相协调"，是符合时代需求的课题。"孔孟语用思想研究"就是在语言学领域内对这一时代召唤所作出的回应。

此外，整理以孔孟为代表的中国传统语用思想，不仅可能发现其与西方语用学相通的见解，更有可能发现超越西方的见解，从而成为现代语用学理论发展的理论资源，其学术价值也是不可忽视的。

总体来说，本课题的意义和价值可概括为以下四个方面。

1. 弥补相关领域的研究不足。中国传统语用思想的研究还处于萌芽时期，"孔孟语用思想"更是较少为人所涉及，已有成果显得零散支离而缺乏体系，不够深入。本研究是对该领域的重要拓展。

2. 扎根传统文化哲学，基于先秦儒家语用思想与西方语用学对语用主体的不同认识，以语用道德作为意义中心来重构儒家的语用思想体系，这提供了一种既古老又新颖的视角，能够彰显出传统文化中有别于西方语用学的独特价值。

3. 响应国家和民族对传统学术"返本开新"的时代需求，为"优秀传统文化传承发展"工程添砖加瓦。

4. 在全球化不可逆转的今天，跨文化言语交往中存在着种种价值观冲突问题，经过现代诠释的孔孟语用思想将为此提供一个可能的答案，因而具有重要的现实意义。

第四节　理论基础

一　阐释框架

毋庸置疑，语用学作为一门学科，首先是从西方产生的。西方的语用学理论自然是我们开展讨论的基础，但我们将尽量从逻辑起点出发，围绕语用学的基本问题（语言和使用者的关系或语用意义的生成），把不影响答案丰富性的一些基本概念（如语用意义、主体、语境、原则/策略等）作为理论阐释框架，来挖掘先秦儒家的语用思想资源，这些概念的运用也是本研究不逸出语用学学科范围的基本保证。

(一) 语用意义

奥登（Oden）和理查兹（Richards）在1923年出版的语义学著作《意义之意义》列出了意义的22种定义，充分反映了这个概念无所不包的复杂性。那么，对语言意义五花八门的描述中，哪些属于语用意义的范围？对于这个问题，历来有三种不同的倾向。

1. 语用意义就是语言意义

这种激进的观点最早可以追溯到维特根斯坦后期的语言哲学。他提出"意义就是用法"的口号，主张完全通过研究词句的用法来探究词句的意义。之后，哲学家奥斯汀提出了言语行为理论，从人的行为意图来分析各种不同类型的句子，进一步将以命题意义为核心的理想语言学研究转向以实际用法为核心的日常语言学研究；他的学生塞尔（Seral）发挥了奥斯汀的理论，提出言语行为才是语言学的基本研究单位，进而主张整个语言学都应该是语用学（转引自何兆熊，2000：86—112）。这样，对语用意义的研究也就等同于对语言意义的研究了。

持类似主张的还有一些功能语言学家。比如韩礼德就认为根本不需要一门独立于语法学的语用学科（意即无须把语用学和语法学分离），他的系统功能语法理论将语言的意义和社会人联系起来，本身就具有语用学性质，而所谓语言的概念功能、人际功能和语篇功能涵盖了语言意义的所有方面（转引自姜望琪，2002）。方兴未艾的认知语言学同样反对语言和言语的二分，把语言的意义和"意象""概念框架"联系起来，用人类的认知机制去解释实际的语用现象，这实际上也是要把语用意义的研究作为语言学的全部任务（转引自赵艳芳，2001：50）。

2. 语言意义就是语用意义

这一主张的声音较弱。以罗斯（Ross）为代表的生成语义学派发曾反对言语行为理论激进的语用观，尝试用彻底的语义原则来解释"施为句"，用形式主义方法消解语用意义，但最后证明这一方案有许多难以化解的矛盾（利奇，1987：459—462）。

3. 语用意义和语言意义共存

该观点认为语用学和语义学各自有独立的研究对象和方法，两者互相补充。如利奇曾在《语用学原则》（1983：56—76）中曾对韩礼德将语言的三个元功能都看成"语法"的观点提出了批评，认为概念功能也就是理性意义的研究应交给语法学（包括语义学），而人际功能和语篇功能才是语用学的研究对象。他在《语义学》（1987：104）中将语言意义区分为理性意义、联想意义和主题意义，其中理性意义也即语言的真值是语义学的研究对象，而联想意义和主题意义则归属于语用学。利奇（1987：455）还认为语用意义和语言意义的研究区分提出了四条标准：（1）是否考虑了发话人或受话人，或（在不考虑说/写区别的情况下我宁可称他们为）言者或听者；（2）是否考虑了言者的意图或听者的解释；（3）是否考虑了语境；（4）是否考虑了通过使用语言或依靠使用语言而施行的那种行为或行动。如果对这些问题的回答有一个或一个以上是肯定的，就有理由认为是在讨论语用学。不过他使用的第三条标准是和他对语义学的界定有矛盾的。因为句子的真值，或者理性意义同样离不开语境，只有在语境中使用的句子才有真假之分。词语范畴之间的衍推关系也是因人因境而异的。如果按照是否考虑了语境，那么对于理性意义的研究也只能划到语用学中去。

也有学者主张根据是否依赖语境来区分语言意义和语用意义。如托马斯（2010：2—22）就把意义分为两大类：抽象意义和说话人意义。说话人意义又包括两个层次：语境意义（contextual meaning）（或称话语意义，utterance meaning）和语力（force），即说话人的交际意图。她把抽象意义看作语言的意义潜能，也就是语言可能表达的意思。抽象意义是游离于语境之外的一组意义的集合，有可能导致歧义。歧义的消除有赖于语境。在特定的语境中，词或句的歧义消失，说话人究竟想说什么变得明确时，我们便从抽象意义进入到语境意义（或称话语意义），也就是说话人意义的第一层。在语境意义确定后，需要进一步确定的是说话人的语力，也就是他的交际意图，同样还需要借助语境。

除了真值条件和语境，是否具有规约性（约定俗成）也被用来区分语言意义的不同类型。如格赖斯（1989）曾以真值条件为标准，将语言的非自然意义分为衍推和含义。衍推属于真值条件意义，而含义属于非真值条件意义。而含义以是否具有规约性（即是否有不可取消性，可分离性，不可推导性）为标准，可分为常规含义和非常规含义。这种理论区分把不具有真值又具有规约性的语言意义（如一些虚词的意义）纳入语义学提供了依据。但沈家煊指出，由于预设和合适条件都处于规约性和非规约性之间，因此规约性不是区别语用学和语义学的最佳标准。他主张以真值条件为标准来区分二者，这样，语义学的研究对象就是衍推意义，剩下的各种意义则都是语用学的研究对象，即（语用学＝非自然意义－衍推）（沈家煊，1990）。

综观上述几种主张，可以归纳出如下两点：

1. 语用意义的研究是传统语义学或语法学研究代替不了的。它倒有可能将传统语义学或语法学研究降格为语用学研究的一个特例。语言意义的所有方面（包括真值条件的确定）都需要考虑语境或者人的因素，因此说语言学研究发生了"语用转向"的说法是可以成立的。而将语用学和语义学进行区分的做法更像是为了"减轻语用学的负担"，是出于传统或者现实的考虑而非学理分析的结果。基于此，当我们讨论孔孟对意义的看法时，也不会刻意区分他们讨论的是语言意义和语用意义。

2. 因为语用意义总要和语用主体、语境联系在一起，考虑的是语言对处于特殊语境中的人来说"意味着什么"。因此它总是和语言的功能一唱一和，两者在很大程度上成为同义词。这一点对于孔孟语用思想的理解也是适用的，本研究同样不会刻意区分话语的意义和功能。

（二）语用主体

既然语言的意义是由人赋予和实现的，因此，"要发现语言的功用，你必须找到使用者，以及是什么令他或她说话"（梅，2001：35）。语用主体可以分成表达者主体和接受主体，他们都对语用意义的生成具有重要的作用。但无论是研究哪一方的作用，都离不开对于人的本质规定性的认识。

在西方哲学文化传统中，理性一直被看作人的根本属性。亚里士多德早就提出"人是理性的动物"，认为理性是人类区分于其他动物的关键（1997：228）。理性在西方哲学史上至少有五个方面的含义（马尔库塞，1989：175）：

（1）理性是主、客体相联系的中介；
（2）理性是人们借以控制自然和社会从而获得满足的多样性的能力；
（3）理性是一种通过抽象而得到普遍规律的能力；
（4）理性是自由的思维主体借以超越现实的能力；
（5）理性是人们依照自然科学模式形成个人和社会生活倾向。

理性的含义如此丰富，对它的分类也没有完全统一的说法。这里所介绍的是与本书研究密切相关的一对概念：工具理性（Instrumental Rationality）和价值理性（Value Rationality）。这对概念是由马克斯·韦伯（1997：56）首先提出的。所谓"工具理性"指社会行为中"目的合乎理性的，即通过对外界事物的情况和其他人的举止的期待，并利用这种期待作为条件或者作为手段，以期实现自己合乎理性所争取和考虑的作为成果的目的"。它的基本特征是，行为者根据目的手段和附带结果，做出合乎用力最少原则的权衡，以便以最小的消耗取得尽量多的成果。而价值理性是指社会行为中"坚持伦理的、美学的、宗教的或作任何其他阐释的——无条件的固有价值的纯粹信仰，不管是否取得成就"。它的基本特征是无视可以预见的后果，行为服务于对义务、尊严、美和宗教等的信念，不管任何形式而坚信必须这样去做。它是根据行为者向自己提出的戒律或要求而发生的行为。此外，马克斯·韦伯还提出了形式理性（Formal Rationality）和实质理性（Substantive Rationality）概念。形式理性主要表现为手段和程序的可计算性，与工具理性基本同义；实质理性则主要归结为目的与后果的价值，与价值理性基本一致。

在语用学领域，理性主体假设同样是各种西方理论的基本前提和出发点（冉永平，2008）。理性主体的预设为交际提供有效的阐释机制，既为言说主体的意向活动提供理由，也为话语理解提供支撑。只有在预设会话主体理性的情况下，语用解释才成为可能（Allan. H, 2007）。"一方面，发话人需要评价听话人的推理能力、话语的可及性和可能的效果，理性缺席，话语就失去了意向性保证，也谈不上交际的开展和意义的生成。另一方面，听话人会认定听到的话语相关、信息足量、明晰有序，是发话人综合平衡相关因素的产物。含义推导也必须在认定说话人理性的前提下，遵循语用原则进行。"（姚晓东、秦亚勋，2012）

不过，相较于价值理性或实质理性，西方语用学更重视工具理性与语言使用的关系。工具理性，即通过精确计算功利的方法以求最高效达至目的的理性，是贯穿语用意义研究最重要的前提。尽管对经典格赖斯理论的合作原则是否完全属于工具理性还有一些争论，但无论是对合作原则进行不同方向上的修订和简化的新格赖斯理论或关联论，以及礼貌原则和面子理论，到语用博弈论，都体现出把工具理性作为意义生成的推理基础的倾向（姚晓东、秦亚勋，2012）。虽然一些概念如"合作""礼貌"，本身都具有价值理性的一些特征，但在西方语用学的发展中，都演变成了作为具有工具理性的语用主体从言语行为或者会话中以低能高效的方式达到交际目标的一些策略和手段，丧失了作为价值理性应有的地位。[①] 甚至有学者认为工具理性对语言语用学来说已是足够，无须诉诸实质理性（Attardo, 2003:13-20）。

不同的语用主体观将会导致对语用意义、语用原则/策略、语境等其他语用学要素的不同理解。"理性主体"的基本假设也为我们审视孔孟的语用主体观提供了参照。

（三）语境

任何一次语用交际都处在一定的环境中，如上下文、时空环境和社会环境。这些言语行为中的环境就是语境。语境贯穿语用的全过程，是交际得以进行的重要条件。语言必须在一定的语境中发挥功能、生成意义，因此考察语境才能对语用意义的生成有真正的了解。语境是个极其复杂的概念，其复杂性主要表现在两个方面：一是语境的构成，二是语境的性质。

关于语境的构成，20 世纪 20 年代，最早提出"语境"概念的英国人类学家马林诺夫斯基把语境分为文化语境和情景语境两个大的类型。这个分类为伦敦学派的弗斯和韩礼德所继承。美国社会语言学家海姆斯把语境分成"话语的形式和内容，背景，参与者，目的，音调，交际工具，风格和互相作用的规范"等要素。英国语言学家利奇认为语境的构成要素包

[①] 冯友兰（2001:12）在谈到"义"具有的"应该"义时曾说："我们应该分别：有功利方面底应该，有道德方面底应该。功利方面的应该是有条件底。因其是有条件底，所以是相对底。假如我们说，一个人应该讲究卫生，此应该是以人类愿求健康，此应该是人类愿求健康为条件。求健康是讲究卫生的目的。讲究卫生是求健康的手段。这种手段，只有要达到这种目的者，方'应该'用之。如一人愿求健康，他应该讲究卫生。如他不愿求健康，则讲究卫生，对于他即是不必是应该底了。这种应该，亦是'当然而然'，但不是'无所为而然'。'义'是道德方面底应该。这种应该是无条件底。无条件底应该，就是所谓'当然而然，无所为而然。'因其是无条件底，所以也是绝对底。无条件底应该，就是所谓义。义是道德行为之所以为道德行为之要素。一个人的行为，若是道德行为，他必须是无条件底做他应该做底事。这就是说，他不能以此事为手段，以求达到其某个人的某种目的。如他以做此事为一种达到其个人的某种目底手段，则做此事，对于他，即不是无条件底。他若愿求达到这种目的，做此事，对于他，是应该底。但他若不愿求达到这种目的，做此事，对于他，即使不应该底了。"从他对功利和道德的"应当"之区别来看，西方语用学中的诸多准则或策略、手段，都在相当程度上成了"功利"方面的"应当"，从而落入了工具理性的逻辑中，失去了其原本具有的价值意义。

括：言语发出者；言语接受者；话语的上下文；话语的目的；作为行为或活动形式的话语——言语行为；作为言辞行为结果的话语等五个方面（王建华，2009：315—318）。我国学者何兆熊（2000：21）认为语境的构成要素可归纳为图1-1所示。

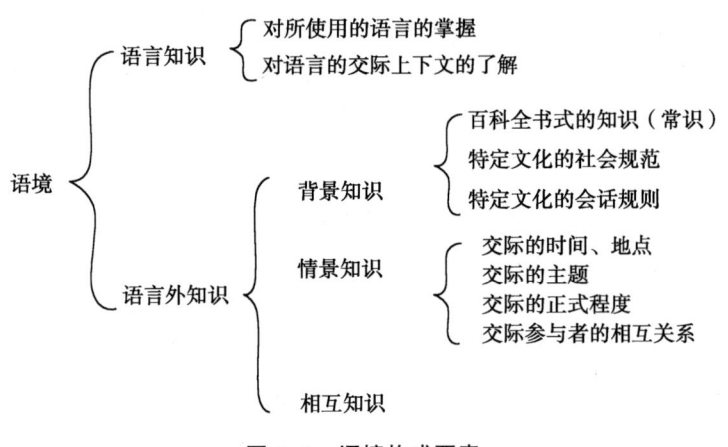

图1-1 语境构成要素

可见对于语境的内部构成，并没有一个统一的标准和公认的答案，各种分类的提出主要服务于研究的特定需要和其所在理论的内部一致性。但有一点是共同的，无论语用意义的表达或语用意义的理解，都需要联系若干语境要素才能实现。

对于语境的性质，早期的学者把语境看作一种静态的客观的东西，但随着研究的深入，人们逐渐认识到语境是在交际过程中不断被主观建构，动态生成的："说话人可以控制上下文的构成、交际题材、交际方式、交际场合、交际时间，是否避开在场人员等，听话者在一定条件下也可以控制交际题材、交际方式、交际场合、交际时间，是否避开在场人员等，他也可以控制听谁说话。"（左思民，2000：40）语境甚至被看作一种心理建构体，集合了一组关于世界的命题集，由逻辑信息、百科信息及语言词语信息组成。听话人的话语理解过程就是需要根据关联性原则，结合话语信息进行语境假设的动态过程，认知语境也会随着交际过程不断变化（斯珀伯、威尔逊，2008：179—190）。

孔孟的语用思想中虽然没有一个相当于语境的术语，但却包含了这个概念中的若干重要因素，并能和西方语用学的语境观进行比较。

（四）语用原则/策略

在意义的表达、理解或交际目的的实现过程中，语用主体要在考虑语境各因素的同时，主动或被动地遵守一定的交际规约或者使用一定的交际手段。这些规约或手段是语用主体主观能动性或应变能力的体现。它们被称为语用原则（原则之下往往还可以包括若干准则）或者语用策略。

原则和策略有一定差别。钱冠连（1997：165）认为："语用原则是指说话如不遵守它们便引起交际失败的一套规则。语用策略就是指说话遵守了它们便使交际更顺畅、使说话人的行为更符合社会规范的一套措施。""语用原则管辖交际如何不失败，语用策略管辖交际如何更有效地接近目的。"不过相对于交际目的的实现来说，原则和策略都可以看作方法层面的概念。

按照表达主体和接受主体的不同，语用原则/策略也可以从表达和理解两方面进行区分。如合作原则和礼貌原则主要是从表达主体角度提出的，关联论则主要是从理解角度提出的，霍恩两原则和列文森三原则则兼顾了两方面。

1. 合作原则及其发展

合作原则是哲学家格赖斯1967年在哈佛大学所作的演讲《逻辑与会话》中正式提出的。他认为人们的互相交际总是遵循一定的目的，互有默契，力求使所说的话能符合交际的公认目的或方向。因而对交际双方来说，存在某种共同遵守的原则，这便是合作原则，包括数量准则、质量准则、关系准则和方式准则。格赖斯认为，人们正是在彼此遵守合作原则及其准则的情况下，通过话语的字面意义，借助语用推理传递非字面的交际意图的。就算表面上蔑视或违反了合作原则的若干准则，但合作原则本身不可能违反，否则交际就无法进行下去。

合作原则显然是建立在理性主体假设之上的。格赖斯通过合作原则试图告诉人们，如果想要在交际中高效传递信息、影响他人的思想，人们最好能够彼此合作，这是最经济的选择。如果不按照合作原则说话或行事，就会付出一定的代价，对交际双方都不利，因而是非理性的。因此有人认为格赖斯对合作原则的强调带有功利的考虑，这种意义理论的核心指导原则"其实也就是工具理性的翻版，是一种工具理性的还原论。……事实上已经被异化为具有明显目的论色彩的认识论的工具理性主义"（转引自于林龙，2011：35）。

格赖斯之后的学者对格赖斯的合作原则做了修正，统称为后格赖斯理论，主要包括霍恩两原则、列文森三原则以及斯珀伯和威尔逊的关联原则。

霍恩根据格赖斯的合作原则和齐波夫的省力原则，提出了 Q 原则和 R 原则。这两条原则同时考虑到了说话人和听话人两方面的利益，既追求相对的省力，又追求交际的效果。前者源于格赖斯的数量准则，是基于听话人的；后者源于格赖斯的关系准则，是基于说话人的。另外，霍恩把 Q 原则说成是"把信息内容最大化的基于听话人的经济原则"，把 R 原则说成是"把形式最小化的基于说话人的经济原则"。也就是说，前者是关于话语内容的，后者是关于话语形式的（转引自姜望琪，2003：156—157）。

列文森提出了数量原则、信息原则和方式原则。其中数量原则和信息原则分别来自格赖斯数量准则的第一次则和第二次则。列文森认为，就现时的交谈目的而言，提供过多信息本身就违反关联原则，关联只是一种话语是否有助于实现交际目的的衡量手段，与信息内容无多大关系，因此，他保留格赖斯数量准则的第一次则为"数量原则"，而把数量准则的第二次则称为"信息原则"，格赖斯的方式准则基本保留为"方式原则"，并把各个原则都分为"说话人准则"和"听话人准则"两部分（何兆熊，2000：172）。

斯珀伯和威尔逊（2008）从认知科学的角度对语言交际进行了尝试性的探讨，提出了有影响的关联理论。他们认为，语言交际是一个认知过程，互明、互知是交际的基础。认知的实现在于它本身所体现出来的关联性，就是通过相关的知识来认识事物，即认知主体与认知现象的相关联，这是关联理论最基本的出发点。关联原则包含两条准则：（1）认知原则，人类的认知倾向于同最大程度的关联性相吻合；（2）交际原则，话语会产生对关联的期待，每一个话语（或推理交际的行为）都应该设想为话语或行为本身具备最佳关联性。他们对最佳关联性的推定是：（1）明示刺激有足够的关联性，值得听话人付出努力进行加工处理；（2）明示刺激与说话人的能力和偏爱相一致，因而最具关联性。在这两位学者看来，关联原则是一条普遍性原则。在语用交际中，人们不必"有意"遵守它，要想违反它也不可能。

后格赖斯理论也有一个共同点，它们都和齐波夫提出的语言经济原则相通，指出了人类语言表达和理解活动中追求省力高效的规律，这的确有很大的解释力。但换个角度来说，它们都是基于人的工具理性来研究语用意义的。关联论走得最远，斯珀伯和威尔逊（1981：155—178）认为，"与格赖斯的理论想要引导大家的期望相反，在制约会话行为的规则中没有明显的道义或者社会原则出现"。他们将格赖斯原本带有价值色彩的"合作"概念替换为代表认知能力的关联原则，试图完全切断工具理性和价值理性之间的关系。

2. 礼貌原则/策略

合作原则解释了话语的字面意义和实际意义之间的关系，但却没有说明人们为何要违反会话准则来含蓄、间接地表达自己。为此，利奇（1983：131—138）提出了礼貌原则作为对合作原则的"援救"。具体地说，礼貌原则包含了六个准则：（1）得体的准则：减少有损于他人的观点，增大有益于他人的观点；（2）宽容的准则：减少有益于自己的观点，增大有损于自己的观点；（3）表扬的准则：减少对他人的贬降，增大对他人的赞誉；（4）谦逊的准则：减少对自己的赞誉，增大对自己的贬降；（5）同意的准则：减少与他人在观点上的不一致，增大与他人在观点上的共同点；（6）减少对他人的反感，增大对他人的同情。

利奇的礼貌原则解释了为什么有的话语比较礼貌，有的不礼貌，为从礼貌的角度研究话语意义开辟了一条道路。几乎是在同一时期，同样聚焦于礼貌问题的面子保全理论也应运而生。在提出者布朗和列文森（P. Brown, P. & S. C. Levinson, 1978）看来，礼貌就是"典型人"为满足面子需求所采取的各种理性行为。"面子保全论"设定，参加交际活动的人都是典型人。典型人是"一个具有面子需求的理性人"，是社会集团中具有正常交际能力的人。典型人所具有的"面子"即是每一个社会成员意欲为自己挣得的那种在公众中的"个人形象"，它又分为积极面子和消极面子两类。前者指希望被人接受，得到肯定和喜爱。后者指不希望别人将意图强加于己，自己的行为不受他人干涉。布朗和列文森认为，许多言语行为本质上是威胁面子的，需要采取一些礼貌的补救策略以减轻言语行为的威胁程度。他们还认为"说话人主要考虑的是听话人的面子，避免冒犯对方"，并用强加程度、社会权势、社会距离三个变量来综合计算不同交际目的下礼貌的程度问题（何兆熊，2000：225—227）。

无论上述哪一种礼貌理论，我们都可以看到工具理性主体的作用。在西方学者看来，在言语交际过程中，礼貌本身不是目的，而是实现交际意图的各种技巧、方法,是一种"工具"。

以上只是列举了西方语用学关于语用原则/策略的一些主要理论。无论表达还是理解,方法的运用具有一定的开放性,但都和语用主体要实现的交际目的联系在一起。孔孟的语用思想中也蕴含着这一维度,同样可以对其进行归纳和比较。

二 阐释视角

除了上述阐释框架,本研究也将尽量悬置西方语用学探索这些基本问题的文化视角和解释路向,以减少先入之见给孔孟语用思想造成的遮蔽。相反,我们会采用以"儒家解释儒家"的阐释视角。因为对孔孟语用思想的研究是一个话语理解的过程。而孔孟本身就是经典文献(六经)的阐释者,其学说中包含了对话语,尤其是经典话语理解的洞见。比如孔子提倡"举一反三"(《论语·述而》)和"温故而知新"(《论语·为政》),这提醒我们对经典的解读要注重推演;《周易·系辞上》说"仁者见之谓之仁,知者见之谓之知",又提示我们不能陷于一偏之见理解经典;孔子的"听其言而观其行"(《论语·公冶长》),孟子的"不以文害辞,不以辞害意""以意逆志"(《孟子·万章上》)、"论其世"(《孟子·万章下》)的诠释思想,又指示我们在理解经典时不可望文生义,既要善于求诸自身体验,又要顾及研究对象所处的具体情境和历史文化语境,并将研究对象的言论和实践相互参验。这些关于话语理解的思想火花,为我们讨论西方的语用学问题照亮了一个明晰的东方视角。

第五节 材料方法

一 研究材料

主要研究材料是记载孔孟言行的典籍,成书时间截至汉朝,兼顾典籍的可靠性和影响力。

孔子是儒学的创立者。据钱穆(1991:1)说:"孔子的生平言行,见载于其门人弟子之所记,复经其再传三传门人弟子之结集而成之《论语》一书中;其有关于政治活动上之大节,则备详于《春秋左氏传》;其他有关孔子言行及家世先后，又散见于先秦古籍如《孟子》《春秋公羊传》《穀梁传》《小戴礼记·檀弓篇》以及《世本》《孔子家语》《易传》等书者，当尚有三十种之多。"此外还有近年的出土文献《郭店楚简》等。在这些材料中，《论语》无疑最为可靠，是我们立说的主要依据，但其他材料也不能罔顾。① 应该说，除了道家学派的寓言，两汉之际的谶纬，众所公认的伪书，以及汉以后人所编的故事，这些材料也是了解孔子思想所不可忽视的（吴龙辉，2006：2）。因此，我们将其视作立论的辅助依据。另外，孔子用来教育弟子的《诗经》《尚书》《春秋》等经书，虽不能确定有无孔子"作"的成分，但至少经过了他的编修，为其所认可，同样也是帮助我们了解其语用思想的辅助材料。

孟子是公认的能够接续孔子思想的"亚圣"。除少量言论载于《韩诗外传》，主要言行都体现在《孟子》一书中。

孔子的其他七十二弟子及其后学，对先秦儒家思想的形成也作出了不可磨灭的贡献。如相传曾子、子思分别作了儒家的重要思想文献《大学》和《中庸》，而孔子的其他学生也发表了一些体现孔子思想的言论，有助于我们更好地理解圣贤的精神，因此，也当得到我们的关注，但不作为研究的重点。

在版本的选择上，我们以通行版本为主要依据，如清阮元校刻《十三经注疏》、朱熹《四书章句集注》，在译文的选择上，如无特别说明，首选今人杨伯峻、钱穆的版本。当然，如采用其他一些学者的版本，一般都会注明。

二 研究方法

较之现代西方语用学，中国古人对语用问题的讨论，并不看重思想

---

① 一些儒家典籍，如《礼记》《孔子家语》，在历史上曾被怀疑其作为先秦文献的真实性。但近年出土的战国《郭店楚简》中的诸多儒家典籍，含有大量与《礼记》相合的篇章，从而大大增加了《礼记》的可靠性。1973年，河北定县八角廊西汉墓出土的竹简《儒家者言》，内容与今本《家语》相近。1977年，安徽阜阳双古堆西汉墓也出土了篇题与《儒家者言》相应的简牍，内容同样和《家语》有关。这些考古发现说明，今本《孔子家语》是有来历的，早在西汉即已有原型存在和流传，并非伪书。可见，这些文献的研究价值都是不能轻易抹杀的。此外，历史上也曾怀疑过孔子读《易》是否属实，但1973年长沙马王堆出土的帛书《要》证明了孔子读《易》是不争的事实，因此《周易》中记载的关于孔子的言论，以及其作为文本所体现的孔子的思想，都是具有参考价值的。

的系统表达，而是往往顺时应境地发论，有结论而无论证，所以多体现为零珠碎玉似的语录体行文。但"形散"未必是"神散"，否则先哲也不会反复强调自己追求的是一以贯之的道。只是在现代汉语学术语境下，我们需要通过另一种学术话语将这种道呈现出来，尽管这种转换有时并不尽如人意，但这也是文化传承的必由之路。为此，在方法上，我们力求：

1. 借助权威注本切实把握记载孔孟言行的相关典籍的文句知识和基本精神。这是了解其语用思想的大前提。

2. 从观点和实践两方面搜集素材，并进行归纳整理。首先，我们从显性元素入手，以汉语中和语言或言语（孔孟实无此二分）相关的概念为线索：如"名""语""言""辞""词""文""说""辩"等，详尽地考察其语用思想。其次，我们也注意到孔孟思想的表述形态并不同于现代学术意义上的理论体系，大多呈现出零散、直觉、情景化的特点，要把握其语用思想的完整逻辑，就不能仅仅依靠一些"零珠碎玉"的言语片段，还需结合其语用实践。孔子曾自道："吾欲托诸空言，不如见诸行事之深切著明也。"（《史记·孔子世家》）对强调知行合一、言行合一的儒家来说，仅研究空言是不能把握其语用精神的，必须结合其语用实践。语用实践是语用观念指导下的产物，可以起到印证语用观念的作用，而且还能从中归纳出一些并未得到明说但显然有意为之的潜在规则。

3. 注重命题之间的联系，合乎逻辑地演绎类推，体系性地重构。同样由于孔孟论说方式的特点，在对其进行现代诠释的时候，仅使用归纳法是不够的，还需大胆推演。钱锺书曾说："眼里只有长篇大论，瞧不起片言只语，甚至陶醉于数量，重视废话一吨，轻视微言一克，那是浅薄庸俗的看法——假使不是懒惰粗浮的借口。"片段思想或三言两语"演绎出来，对文艺理论很有贡献"（钱锺书，1986：1117）——这话对语用学理论也同样有效。

4. 以言语行为为主要分析对象，适当结合非言语行为的分析，以进行整体性的观照。西方语用学最具突破性的观点是把语言看作人类行为的一种，把对语言使用的解释和一般人类行为的解释贯通起来。如格赖斯通过"修车""加油站""导师推荐信"等例子向我们展示的不仅仅是人类语言交际层面的合作性，也是人类一般行为的合作性。我们在梳理孔孟关于语言行为的表达和理解的思考的同时，也会涉及一些非言语行为的材料。目的是说明我们是从行为的角度来解释语言的,而语用行为和普通人类行为背后的方法原则是内在相通的。

5. 对话和比较。在系统重构的基础上,在若干类似层面将孔孟语用思想和西方语用学的一些论题(如合作原则、礼貌原则、语境)进行比较对话,以加深对儒家语用思想独特性的了解。

第二章

研究回顾

本章主要对西方语用学的发展路线及中国学界对西方语用学的研究状况进行整体描述，并对目前中国传统语用思想，尤其是孔孟语用思想的整理情况作一次述评，以便在综合考虑中西方语用研究两方面的实际情况后，在充分肯定并吸取前人研究成果的基础上，能够对孔孟语用思想作一次更加全面、清晰而系统的解读。

第一节 西方语用学发展路线

语用学自20世纪70年代建立以来，以迅猛的速度发展，取得了辉煌的成就：从预设到言语行为理论，从合作原则到礼貌原则，从新格赖斯原则到语言综观论、博弈论，理论不断推陈出新，成为当代语言学研究中最活跃的领域之一。其主要的发展路线可归为三个方面。

一 从单元论到综观论

传统语用学一直把语用学定位为语言学的分支学科，和语法学、语义学等其他学科并列。指示、预设、会话含义、言语行为、礼貌云泽、会话分析等理论组成了语用学的各个意义研究论题或分析单元。这些经典论题无疑是支撑语用学研究的重要支柱。但如果我们把它们和语言学的其他分支学科加以比较，就会发现明显的分类问题。语言学的其他分支学科都是把语言分离成不同的研究对象（比如语音、词法、句法、语义）加以分析，而语用学则不然，它所讨论的对象之间并不互相排斥，也不能形成有机的整体。它们彼此牵扯、重叠，在很大程度上是对同一种现象不同视角的理论解释。如下几条就足以证明单元论自身存在的问题（维索尔伦，2003：41—52）：

1. 言语行为的合适条件往往是更具有普遍性的会话准则的具体使用。
2. 会话准则可以作为导出间接言语行为意义所必须的行事性推导过程中的步骤。
3. 间接言语行为反映了一种会话含义。并且要借助礼貌理论加以解释。
4. 早期对预设的主要定义之一就是一种语言功能,而语言功能一般就是从言语行为出发来讨论的。预设相当于满足了要求的某些预备性条件。
5. 显性施为句具有语篇指示特点。
6. 自然语言的工具性语用概念(言语行为理论)在会话分析中的运用。

除了维索尔伦提到的以上这些联系,我们甚至还可以找到更多:

7. 指示词语的主要意义就是规约隐涵,如社交指示语和语篇指示语。
8. 言语行为的合适条件就是一句话按规约作为一种行为时所需要的语境条件。
9. 预设和话语信息结构的"旧信息""主题"之间存在着重叠关系。

……

这种互相交叠的局面难免让人质疑语用学是否可以作为语言学的分支学科,因为事实上它视角化的分类原则和其他学科产生了冲突。

30多年来,以维索尔伦、梅等学者为代表的欧洲大陆语用学发展迅速,甚至显示出和传统语用学或英美学派(传统语用学的研究论题多发源于英美学者)分庭抗礼的势头。原因是它在很多方面突破了传统语用学的局限。其中一点就是对于语用学学科性质的视角化主张。欧陆学派反对传统语用学或者英美学派把语用学和语法学、语义学、语音学并列起来的作法,认为语用学是关于语言资源的功能性视角或综观,并没有自己的分析单元,语言系统的各个部分都无法躲过语用学的扫视。因此,语用学应该是一门研究语言使用的语言学,和作为语言资源的语言学并列(维索尔伦,2003:8—9)。这种看法其实在《语用学杂志》(*Journal of Pragmatics*)创建之初就已经存在。Haberland 和梅在首期的编辑导言（1977）中声明：

> 可以说，语言学的语用学，……表现出了一种新方法的特征：观察语言现象，而不是明确划分与其他学科的界限。

这显然是说语用学是通过对语言现象的观察视角来界定其学科性质的。

二 从微观研究到宏观研究

尽管话语是语用学公认的研究对象，但英美学派的语用学家将大部分热情投入到脱离实际生活的一两句话之间的微观语用现象。这种偏向正日益引起不满，原因有三。首先，人们实际接触的语篇远为复杂，微观研究不能满足人们对于真实世界中的宏观语篇意义作机制的解释需求。其次，语篇和生活世界（语境）是互相连接的。它在人们的社会生活中发挥怎样的功能性影响，如果不考察社会、政治和文化状况，无法充分认识的。最后，人们并不仅仅满足于解释现实，更想要改变现实。尤其是人类的语用行为受到各种社会因素和意识形态的限制，受到各种形式的权力操控，这种状况造成了人与人之间种种交往形式的扭曲和话语权利分配的失衡，人们需要一门能够帮助弱势群体揭露语篇中掩盖的欺骗、强权等真相的语用学，以改变现实，改善生活。这样的诉求无法在微观语用学当中得到满足，而宏观语用学在这方面展现出了较大的魅力（梅，2001：308—321）。

在这方面，欧陆学派的视野就显得更为开阔一些。他们认为语言的各个层次：语音、词汇、句子以及各种超句单位都可以做语用分析。在实际操作中，他们愿意选择各类大型语篇或者言语事件做全面的剖析，并通过和社会、文化、认知方面的语境因素联系来解释其语用意义。社会语言学、文化语言学、计算语言学、心理语言学和语篇分析等学科，只要赞同语用学的功能主义视角，就都可以云集到语用学的麾下。翻开梅所编的代表欧陆学派研究风格的 *Concise Encyclopedia of Pragmatics*（Jacobl, Mey, 2009），除传统议题以外，还包括人机互动、电邮交流、信息处理等科技语用议题；广播、戏剧、新闻发言、摇滚乐等传播议题；以及批判的语言意识、解放语言学、意识形态与语用、语言的马克思主义理论观、社会阶层等社会政治问题。这和英美学派津津于微观语言分析相比，显得更加丰富多彩，包容多元。

三 从工具理性到交往理性

从英美学派语用学的研究取向来看，对于工具理性的偏爱是其共同的特点，"他们所分析的微观语用现象中显现的大多是人的一些认知特性（比如推理过程）。尽管他们所说的语境也包含有社会的与文化的决定因素，但他们普遍不敢涉足社会语言学和心理语言学的研究领域"（维索尔伦，2003：308）。

相比之下，欧陆学派显示了更多的人文关怀。欧陆学派中有相当一部分受到西方马克思主义、后现代主义思潮的影响，更加关心人的价值理性，注重对社会现实的批判，努力揭示话语中反映的道德失范，权力压迫，意识形态欺骗，体现了一种心忧天下的人文学者的情怀。

其中尤其值得一提的是哈贝马斯的普遍语用学或交往行为理论。这一语用学研究范式正是在批判现代西方社会工具理性主义泛滥的思潮下创立起来。哈贝马斯受到乔姆斯基普遍语法假说的启发，认为人不仅天生具有语言能力，也具有交往能力，即以相互理解为指向的说话人将构成的语句运用于现实并使二者协调一致的能力。哈贝马斯同时吸取并改造了奥斯汀和塞尔的言语行为理论，认为每一个交往行为都是包括陈述行为与施事行为的双重结构，前者不受语境的限制，后者受到各种制度性情境的限制。而每一个言语行为又包含着有效性要求（以言取效），否则就不能看作是以理解为目的的交往行为。这些有效性要求在主体间的交往中体现出合理性，即交往理性。这些有效性要求包括：第一，提供某种真实的陈述，以便他人能共享知识；第二，真诚地表达自己的意向，以便自己能为他人所理解和信任；第三，说出本身是正当的话语，以便得到他人的认同。哈贝马斯把言语行为三个方面的有效性要求或者合理性要求和世界的三个领域对应起来：客观世界、社会世界和主观世界。交往行动的合理性就分为三个不同的层面：主体与客观世界关系的合理性，主体与社会世界关系的合理性，主体与自身主观世界关系的合理性（1998：1—21）。

哈贝马斯通过一个例子详细说明了这三个要求（2004：84）：

假定一个教授在课堂上向一个学生提出一个要求：请给我拿一杯

水。如果学生对这句话的真实性提出质疑,比如认为与现实条件不符合,他会以这样的理由来拒绝教授的要求:不,最近的水管都很远,我无法在下课前赶回来;如果学生对这句话的正确性提出质疑,认为这句话不符合正当的人际关系或者说符合正确的语境,会以这样的理由来拒绝教授:不,您不能把我当成您的助手;如果学生对这句话的真诚性提出质疑,认为教授并不是言出心声,他会以这样的理由来拒绝:不,你实际上不需要水,而是想我在其他学生面前出丑。

哈贝马斯交往行动的概念揭示了在人们日常的交往行为中隐藏着一种对话式的合理性,这种合理性是以主体间的平等对话为基础的。相比而言,以手段——目的为模式的工具理性则是一种独白式的理性,是基于个人利益计算的理性。哈贝马斯把交往双方看成是具有同样工具理性和价值理性的理想主体,而言语交往的相互理解就是在这一基本语用预设中进行的,也是以达成认知和价值两方面的共识为目标的。如果现实交往未能达到这一目标,就需要通过反思、批判和论辩,以揭示导致交往扭曲的各种因素,重建理想的对话语境。他的语用学理论不是以言语交际中的意向为单一的意义研究对象,而是以合乎真、善、美的交往形式为理想的假定与规范,注重对现实言语行为本身的价值考察。这对于英美学派片面注重工具理性,回避或异化价值理性的倾向是一种有力的反拨。

综合以上三个方面,我们可以看到,欧陆学派的语用学研究一方面能够容纳传统语用学的理论成果,另一方面又能弥补它的一些不足,似乎代表了语用学将来的一个重要发展方向。

第二节　国内语用学研究概览

一　理论引介、批判和重构

新文化运动以后,对西方文化的引介、学习、吸收一直是中国学术界的主旋律。语用学也不外如此。早在 20 世纪 40 年代,我国逻辑学家周礼全就翻译了莫里斯的《指号理论基础》和《指号、语言和行为》。西方语用学建立以后,一些具有外语背景的语言学工作者开始大规模地进行引介工作。比如许国璋(1979)摘译了奥斯汀的《言有所为》,何自然

（1983）翻译了《语用学与外语教学》，沈家煊（1985）翻译了《语用学概观》，等等。另外，胡壮麟（1980）在《国外语言学》第 3 期发表了《语用学》一文，对这门外来学科进行了全面的介绍。此后类似针对西方语用学学科或者某一理论的介绍性文章不断涌现。

不过严格来说，理论的引介本身不能算作研究。沈家煊（2009）比较尖锐地指出：英语界的许多学者满足于对理论的引进和解释工作，而对母语的实际情况知之寥寥。随着语言学研究者外语能力的普遍提高，译介工作的重要性也不比当初。不过很多学者在学习、引介西方语用学理论的同时，也在进行评价、修正，提出了许多有价值的见解。这种纯理论研究也能推动语用学理论的发展。如顾曰国（1990，1992，1994）批评了布朗和列文森的面子理论，修订了利奇的策略准则和慷慨准则，重新概括了礼貌在汉文化中的四个基本要素：尊敬他人、谦虚、态度热情、温文尔雅。顾曰国的修正既考虑了礼貌准则的普遍性，又照顾了中国文化的特性，在学界影响较大。Mao（1994）也指出汉语中不存在消极面子，并引用社会心理学家和人类学家关于汉语中面子的研究，指出汉语中的面子具有社会取向，是一种集体形象，而布朗和列文森的面子则是一种自我形象。熊学亮（1999）把关联理论作为基础，提出了从听话人角度出发的含义推导机制，等等。

对西方语用意义理论的批评修正，实际上还反映出许多中国学者对西方语用学理论轻率的"普遍性"假设的不满。无论是合作原则还是礼貌原则，都是对人类言语行为普遍性的假设。格赖斯认为："语言行为是人的理性举动的一种，如果把合作看作是人类的理性行为，那么该原则就具有普遍性。这是因为人类社会是由理性的人构成的，而理性特征是所有人共有的，并不具有文化差异性。准则是合作原则在不同文化背景下的具体体现，这些体现出来的文化差异并不能对合作原则的普遍性构成差异。"（转引自姚晓东，2010：132）布朗和列文森（1978：288）同样把"理性"和"面子"当作人类普遍的共有知识。所谓积极面子和积极礼貌、消极面子和消极礼貌这些概念都是"基本上具有普遍性的原则"，尽管具体的策略会因为文化不同而有别。而此类假设最初是借助有限的英语例子建构起来，经不起不同语言文化的事实验证，一些国际学者对面子理论和礼貌原则的修正就反映了这一点。这些来自不同文化的学术挑战，也促使一些西方理论家在坚持普遍性主张的同时也不得不更多地考虑文化特殊性。如布朗和列文森就在 1987 出版的专著 Politeness: Some Universals in Language Use 中把以前的"universals"改成了"some universals"。而利奇（2005）也认为，礼貌作为一种利他的现象虽然是普遍的，但在各条策略的重要性上，东西方文化确实存在着不同的偏向。由此看来，中国学者的研究对语用学理论的发展是有不可抹杀的贡献的。

也有的中国学者对汉语语用的特殊性怀有更远大的理论追求。如钱冠连就认为"不同的语言文化升华出不同的语用原理"，在 1997 年出版的《汉语文化语用学》一书中，他受到维索尔伦综观论的启发，认为语用学是用语境、符号束和智力三个因素对多于话面的意义进行解释，并研究人们如何理解和运用话语。他以地道的汉语语料和汉文化背景，建立了一门"人文网络言语学"。但中国学者似乎也不能放弃对普通语用学的理论创新和探索，以对人类语言运用中的种种问题做出更为一般性的解释。仅有西方的视角固然是片面的，但当他们要求我们谈一些对普通语用问题的看法时，我们能说出自己的见解么？能让他们对语用学有新的认识吗？在东西方的语用学学术对话中，为自己争取更为平等的话语权，是我们面临的更大挑战。

二 理论运用和现象解释

西方语用学的研究成果，可以运用的范围很广，既可以用于对各种类型语言语用现象进行描写和解释，也可以用于各种语域的研究，如计算机信息处理、网络语言、新闻传播、广告语言、语言教学等等。这里主要谈两个方面，一是汉语本体研究；二是汉语教学。

关于汉语本体的研究，首先要提的是语用和语法的结合。我国学者很早就将语用学的理论纳入语法研究中。比如胡裕树和范晓（1985）、范开泰（1985）、施关淦（1993）提出并发展了汉语语法研究的句法、语义、语用三个平面学说。他们所说的语用是专指跟句子语用意义有关的因素，诸如主题和述题，焦点和重心，语气和插入性成分，等等。刘丹青（1995）更认为汉语的句法独立性太弱，难以独立于语义、语用。而语用在汉语中处于优先地位，因此句法应更多地从语用上找依据。1994 年由北京语言大学出版社出版的《语用研究论集》、2005 年商务印书馆出版的《现代汉语语法的功能语用认知研究》都收录了许多这方面的优秀论文。

对汉语本体的研究，还有一方面是直接面向汉语篇章的。篇章中存在很多语用意义问题。比如篇章的意义衔接和连贯，篇章的宏观意义结构，等等。北京语言学院出版社1992年出版了《廖秋忠文集》，里面除了收录廖秋忠介绍国外篇章语言学、语用学方面的文章，还有不少关于汉语的篇章语用意义分析的研究，内容涵盖上面谈及的各个方面，是汉语篇章研究的经典作品。此外，屈承熹（2006）的《汉语篇章语法》、徐纠纠（2010）的《现代汉语篇章语言学》都可以看作西方语用理论和现代汉语篇章现象结合的代表作。

语用学研究对于语言教学的帮助是非常直接的，但由于语用学作为新兴学科在国内传播时间不长，它在这方面还没有充分发力，特别是在母语教学方面，能够主动运用语用学来进行课堂语文教学的例子并不多。王建华2000年的专著《语用学与语文教学》是国内最早运用于母语教学的语用学著作。该书以通俗易懂的方式介绍了语用学的主要意义研究论题，并且以大量的汉语材料加以说明。它向以教师为主的目标读者示范了如何运用语用学理论来剖析中学语文课文中的复杂语用现象，为语用学和语文教学的结合作出了宝贵的尝试。

语用学在对外汉语教学中的应用更受重视。普遍做法是把语用学理论和汉语本体相结合的研究，尤其是把语用语法界面研究的成果转化为对外汉语教学的资源。比如屈承熹（1987）探讨了语言语用学对解释对外汉语教学中原来无法说清楚的语法现象的作用。陈作宏（2004）从语用因素对汉语句法的制约作用着眼，从语用因素和句法语序，语境的干涉作用，关注话题、焦点和新旧信息，语用的语序，以及会话含义分析五个方面探讨教师应该如何在对外汉语教学中更合理地利用语用方面的知识。宗世海（2002）、吕俞辉（2002）都分析了用含义理论解释汉语语言现象在对外汉语教学上的作用。

语际语也是近年来兴起的跨文化语用学的重要研究对象，内容包括静态语际语研究和动态语际语研究。前者是指从某一断面来分析学习者的语用理解、语言表达、语用迁移和语用失误，后者是对学习者语用能力和发展进行的研究（何兆熊，2000：262—268）。可以预见，在不远的将来，对外汉语教学与跨文化语用学的联合将会越来越紧密。

从语用学研究以上两方面的实际应用情况可知，它对于深化汉语本体研究、提高汉语教学效果都有巨大的帮助。因此，这一类探索也应当得到大力提倡。不过我们也遗憾地看到，理论应当在具体的应用中得到发展，哪怕是推翻原有理论、创造新理论，但我们似乎至今还拿不出多少源自应用的理论贡献。

三 传统语用思想梳理

如前所说，西方语用学的发展，经历了从单元论或组合论到视角论的转变。而视角论的提出，也为语用学研究范式的多元化提供了理论支持。事实上，中国学者在借助西方语用学的视角来研究汉语语用问题的同时，也并没有忘记整理传统典籍对语用问题探索的成就。

陈宗明在《中国语用学思想》（1996：11）中认为："人们围绕言语交际，研究表达和理解的相关问题，由此得出的理论或观念，都可以看成语用学思想。"从语用学要回答的问题和解释的现象出发来界定语用学或语用思想，无疑会大大拓展语用学的视野。在这样一种标准下，中国古圣先贤关于语言使用的一些真知灼见，才得以理直气壮地进入语用学的研究领域，为现代语用学的发展提供资源。《中国语用学思想》总结了先秦诸子和历代大儒、文论诗话、训诂学以及佛家的语用思想。其内容之丰富，已经使我们能直观地感觉到传统文化在解决语用学问题方面的巨大潜力。

如果再审视和语用学密切相关的修辞学、阐释学等姐妹学科，我们就有了更大的惊喜。这三门学科的界限不甚分明，这里权且引用王希杰（1996：45）的看法："修辞学是研究编码过程中的表达效果问题的，而阐释学则是专门研究解码过程中的接受问题的，也许把两者相加，才大体上相当于语用学的研究范围，因此，语用学＝修辞学＋阐释学。"在这个意义上，中国修辞学史和中国阐释学史中关于传统语言运用思想的整理，也不妨看作中国语用思想成果，如周振甫的《中国修辞学史》，郑子瑜、宗廷虎主编的《中国修辞学通史》五卷本（1998），李清良的《中国阐释学》（2001），周裕锴的《中国古代阐释学研究》（2003），等等。而中国阐释学研究更是具有了明确的视角意识和对话主张。如李清良（2001：18）就"从来没有阐释学的中国文化，有阐释学理论吗"这个问题作出了两点回答：

其一，任何独立自足的文化传统都必须面对理解与阐释的问题，都必须思考何以能够理解以及如何去理解与阐释等问题，因此都具有其阐释学理论。换言之，凡于理解与阐释问题有思考有探讨之处，即有阐释学理论存在。并不是只有西方文化中才有阐释学理论,中国文化、印度文化、阿拉伯文化等等,同样各有其独特的理解观念与阐释方式,各有其独立自足的阐释学理论。因此,中国文化虽然没有阐释学之名,却有阐释学理论之实。

其二,阐释学乃是对阐释学理论的系统清理。建立阐释学,并不是要在哲学、文学、艺术、宗教、历史、法律、政治等学科之外圈定一块领地,名之曰"阐释学";而是对所有这些学科之中所蕴含的或隐或显的阐释学观念与理论进行系统的清理与阐释。故而阐释学可以细分为哲学阐释学、宗教阐释学、文学阐释学、历史阐释学、法律阐释学、政治阐释学等等。也就是说,阐释学不是圈定一块"闲人免进"的领地,而是为所有学科提供一个新的观察角度,一种新的关注中心。

显然,他所说的各种文化都具备阐释学思想以及阐释学是为所有学科提供一个新的观察角度的观点,与我们对语用学的看法是一致的。

周裕锴(2003:18)也表达了类似的主张,但它更强调对话的平等性和理论重构的重要性:

只要面对语言与世界的关系问题,就有阐释的现象发生;只要有文本需要阅读和理解,就一定有相应的阐释学理论,不论其理论形态如何。因此,尽管阐释学作为一种理论是从德国传统发展而来的,但并不妨碍中国文化中同样存在着一套有关文本理解的阐释学思路。

……

事实上,当我们把散布在浩如烟海的中国古代典籍中的真知灼见汇集在一起时,就会发现中国古代有一套内在具足的阐释学理论和诞生于中国文化土壤的阐释学传统。它之于西方阐释学,有如笔直的铁路旁那蜿蜒的公路,尽管与铁路颇有交叉重叠之处,但其随意曲折的风景却非西方严谨的逻辑轨道所能望及。换言之,由于中国和西方的阐释学是在不同的存在方式的基础上对不同的言说文本的理解,因此在其同一普遍的理论原则之后,存在着一种历史背景和文化精神的深刻差异。而只有认识到这种差异,才能避免"把西方的研究方法生硬地强加在非西方的作品之上"的做法,才能避免在西方阐释学术语和概念解释中国古代理论时的削足适履。

我所理解的跨文化的对话,应该是不同的文化传统之间有体系的对话,而非某些相似观点的比较,更非一种文化向另一种文化的认同。既然如此,只有将中国古代散若繁星的真知灼见建构成有理论形态的阐释学体系,才能完成中国和西方跨文化之间的平等对话。

由此可见,在承认共同研究对象和问题的基础上,强调不同文化(不同视角)中诞生的理论各自的价值,以及先通过系统建构传统思想再进行不同文化之间的平等对话的必要性,也成为阐释学史研究的重要前提。这对于传统语用思想的研究也是极富启示的。

四　孔孟语用思想梳理

从语言学史来看,孔孟有关语言的思想并不占重要地位。语言学史对孔孟语用思想或语言思想的总结基本限于"正名"论,并认为孔子的"正名"理论主要和政治伦理有关。如何九盈(1995)、赵振铎(2000)、濮之珍(2002)都作如是观。其中何九盈认为孔子的"正名"主要是为了维护君臣父子这些名词的内涵并规定其外延,而人们日常生活运用语言也要按照旧的名分来选择词语。他的下述观点似能代表一般语言学史的立场:"从现代语言学看,语言与政治伦理的关系问题,在语言理论方面没有什么重大的意义,但在春秋末年和战国时代却是极其重要的一件事,而且影响及于后代,不可置而不论。"(何九盈,1995:10)语言和政治伦理的关系,显然属于语用学的研究范围,不在语言学史的重点讨论对象之列,也是情有可原的。

但从语用的角度审视孔孟,则其中包含的丰富思想内涵就不能不为人所重视,且前人已经做过一些梳理。

陈宗明(1997)的《中国语用学思想》是十几年来目前仅见的汉语语用学史方面的专著。在其"儒家语用学思想"一章中,作者指出孔孟的语用学思想,都散见于《论语》《孟子》等著作关于政治或伦理等的论述之中,实为政治伦理的应用语用学。作者总结了其语用思想的三个方面:言语交际理论、辩学和正名论。言语交际理论是指《论语》中反映的有关言语功能,言语准则以及表达和语效等内容,以及孟子的"知言"之术。辩学是指孟子的善譬,善推的辩论实践经验。正名论被认为是最重要的理论，包括孔子的"名正言顺"的政治伦理主张和孟子的正人心思想。作者准确地抓住了儒家语用思想的政治伦理特色，同时注重用逻辑分析和语用推理手段来诠释儒家语用思想，在对其进行现代学术话语的转换上用力甚勤。但作者将儒家语用思想定位为"应用语用学"，似乎也值得商榷。孔孟关于人的根本属性的认识决定了其语用思想是伦理主义的，但这毋宁说是普通语用思想的一个研究视角，而不是一种应用语用学。

除该书以外，我们还未发现以语用学的名义研究孔孟儒家思想的成规模的著作，但也有几篇论文涉及这个领域，如陈启庆（2006）通过对孟子语用思想的梳理与总结，指出孟子从自己的政治伦理观出发，明确提出了"尊德乐义"的"游说"观。与英美学派语用学缺乏统领概念相比，"尊德乐义"却成为孟子语用思想的核心，也是其谈说论辩的总原则。这是对"立言"先"立德"的儒家传统伦理思想的继承和发扬。朱妍（2008）认为，孔子从"君子"这一高度，将其"文质彬彬"的特质全部融进了对语用的要求之中，形成了以道德修养为基础，以礼乐制度为外在标准，以文质彬彬为最高境界，兼顾表达和理解的相对完整的语用思想体系。王中磊（2009）认为，言语在孔门中占有重要地位，孔子在对待伦理政治方面非常重视教育弟子注意言谈或说话，这在《论语》中有全面的体现。作者主要从言谈的原则和说话的方式两方面阐述了孔子的伦理语用观。蔡英俊（2011）从语用学角度专文讨论孔子提出的"修辞立其诚"的论题。他依据奥斯汀的言语行为理论，认为"修辞立其诚"是关于语用情境的恰当性问题，应看作一条类似合作原则的"互相信赖"原则，而不能从语义学角度，将其理解为对命题真实性的要求。

修辞学与语用学的关系是非常密切的。莫里斯甚至把两者等同起来。他说"符号学的三个分支是现代形式下的斯多亚派——中世纪的语法、逻辑与修辞"。符号学就是"一个安装古代逻辑、语法和修辞三学艺的现代等价物的框架"（姜望琪，2003：8—9）。因此，修辞学史中对孔孟语言运用思想的总结同样是值得我们借鉴的。

郑子瑜（1984）、吴礼权（1995）、周振甫（2004）都对孔孟的诸如"正名""辞达辞巧""文质""修辞立其诚""以意逆志"等修辞思想作了阐释评价。其中吴礼权的总结最为精要，概括了孔孟关于修辞的功能（鼓动天下、名正言顺），内容与形式关系（文质彬彬），修辞准则（修辞立其诚、言有物、有序、慎言），修辞与题旨情境（时机、场合），修辞鉴赏（以意逆志、知人论世），修辞方法（取譬、言近旨远）等重要内容。以上结论都是以现代修辞学（主要是以陈望道的《修辞学发凡》作为视点）的理论视角和框架对儒家修辞思想进行梳理的，因而显得脉络清楚，层次分明。但因此也就更偏重于孔孟修辞思想中对于"普通修辞学"的印证，而对儒家伦理主义修辞观的独特性开掘不足。

相较之下，最具代表性的《中国修辞学通史》（陈光磊、王俊衡，1998：4—74）则一语道出了先秦修辞思想的伦理特色："强调立言修辞切合政治伦理需要的社会功用性及结合自身道德修养的言行一致性。""儒家的修辞思想"一章分别阐述了孔孟的修辞论。其中包括孔子的"修辞立其诚""非礼勿言"和"正名"说，"易其心而后语""辞达""辞巧""文质"以及"修辞与情境"的修辞观，孟子"言近而知旨远""不以文害辞，不以辞害志""知言"的修辞观。该书对包括孔孟在内的儒家修辞思想的整理基本贯穿了"修辞立其诚"的道德原则，可谓抓住了其精神主干，但在系统重构的功夫上稍显不足，总体显得零散。

关于孔孟修辞研究的专题性著作首先要推丁秀菊的博士学位论文（2007）。作者认为：儒家无论是理论上还是实践上，都表现出浓郁的道德伦理色彩、经世致用倾向、内容与形式并重的特点，立言修辞是工具手段，人们运用的目的就是为道德教化、政治统治服务的，就是为个人修身服务的。对于"说什么""怎么说""怎么听"等修辞学问题，儒家都有自己的见解，认为一个人说话要谨慎，说出的话要符合仁、义、礼、忠、信等儒家伦理道德规范，既要"情信"又要"辞巧"，言语表达要适合具体时间、场合、对象等方面的需要，做到恰切、得体、合宜。另一方面，在话语理解方面，孔子提出了"知言"主张，孟子则作了进一步阐发，提出了"知言养气""以意逆志"等方法。作者还对《论语》《孟子》各自的修辞特点做了分析，并且对儒道墨法的修辞观进行了比较。相对于修辞学史的研究，该文的阐发更为深入系统，能够将儒家修辞思想在伦理道德基础上进行整合，既关注表达也关注理解，既讲修辞观也讲修辞实践，还注重同一时期不同学派修辞思想的对比。不过文章的问题也比较明显，就是分析儒家典籍的修辞特色时，并没有充分联系其修辞思想，而是转而采用现代修辞学的理论框架，这在一定程度上造成了修辞思想和其修辞特点两张皮的问题。

池昌海（2012）从普通修辞学和儒学修辞学两方面对孔孟的修辞思

想进行了较为详尽的梳理。普通修辞学涉及的是儒家关于修辞的功能特点、修辞的形式与内容/效果、修辞与语境各要素的关系等一般问题的论述。而儒学修辞学方面，则侧重于儒家的主要德目：仁义礼智信及君子与修辞的关系。作者总结了儒家修辞思想的五个特点：伦理道德主色彩，使命意识贯始终；二元对立显极端，精英取向在君子；文质彬彬有轻重，根本标准归礼义；叙述模式呈零散，结构体系欠严谨；断言推理凭体悟，逻辑论证多乏力。作者还深入分析了《诗经》的语音修辞、"赋比兴"手法与"春秋笔法"，并且在一定程度上揭示了这些修辞行为与孔孟语用思想的关联。该研究的特点在于对反映儒家某些修辞特点的修辞材料进行穷尽性搜罗与归纳，使得结论信实可靠，还努力做到了孔孟修辞思想和修辞实践的相互印证。不过，儒家的修辞思想有无必要作"普通修辞"和"儒家修辞"的二分？能否用"一以贯之"的方式进行阐述？这仍是值得进一步考虑的问题。

除了修辞学通史和专著以外，还涌现了一些探讨儒家修辞的论文。如申小龙（1992）认为，中国古代的修辞学（主要指以孔孟为代表的儒家修辞学）浸润着浓厚的伦理观念，渗透"天下之本在国，国之本在家，家之本在身"（《孟子》），"心正而后身修，身修而后家齐，家齐而后国治，民治而后天下平"（《礼记》）的人际关系原则。这一语文传统为人类的语言视界提供了一种与西方语文传统迥然不同的观点，极大地丰富了人类对语言修辞的认识。但中国古代修辞学传统也为此付出了巨大的代价，一是它每每成为封建统治阶级强化其道德伦理、意识形态的工具，陷入种种非科学的牵强附会；二是它在对文辞形式美内在规律的探求上步履维艰，终未有系统的建树。杨清（1996）总结了儒家修辞思想的三个方面：对仁政仁德的依附性、礼乐教化导向的功利性和文质彬彬的审美性。陈炯（2002）同样认为，中国古代修辞学有儒家的伦理性。受儒家思想的影响，人们往往把修辞与社会政治、伦理道德、社会风气等联系起来。孔子主张"情欲信、辞欲巧"，认为无论"辞达""辞巧"都必须服从于仁德礼义；孟子有关解《诗》的修辞理论配合着孔子的诗教说，共同构成了悠久的儒家诗歌乐教传统。中国古代修辞学思想及其发展史，同伦理哲学思想一样，是以儒家为主体的，儒家修辞思想代表着中国古代修辞学的基本面貌。施旭（2010）从话语分析角度，简要归纳了儒家话语思想的三个方面：a. 关于话语意义生成和理解的理论——言不尽意；b. 关于话语的范畴——意境风骨神韵文气等；c. 关于话语生成和理解的道德标准——言德辩证关系。此外还有如代磊等（1995）对孔子修辞思想的总结，关飞（2010）对孔孟各自修辞实践的特色及成因的比较，吴龚（2009）、孔亚飞（2011）对孟子修辞思想的研究。但基本观点并没有超出以上几家的范围。

相对于语用学的研究，修辞学对孔孟的语言运用思想讨论得更多，挖掘得更深。当然由于两个学科研究的不同侧重，修辞学更多地关注孔孟对语言表达效果的观点，对话语理解总体上未给予同等的重视。这方面的研究在阐释学中得到了一定的弥补。如刘耘华（2002）立足于比较文学的阐释学基础，以西方阐释学的基本问题为出发点，围绕儒家道德或者义理问题，对《论语》《孟子》的诠释立场，意义指向和意义生成方式分别进行了梳理，并以《诗经》《尚书》为例分析了孔孟的诠释实践。周裕锴（2003）讨论了孔子的名实观（指称与世界）、言意观（语言和道），并参照了西方诠释学的理论框架，从理解的多元性角度阐释孟子的"以意逆志"论，从"理解的循环"解释了孟子的"知言""知人"的相互关系。李侃（2008）从诠释学的基本问题出发，深入讨论了孟子诠释学的本体论意涵、方法论内涵、孟子的诠释实践，以及孟子和庄子、荀子诠释思想的比较，并和西方诠释学对话，总结了孟子诠释思想对后世的影响。该文对孟子语言理解和诠释思想的体系性重构方式非常值得语用学研究借鉴。

第三节　小结

本章首先对西方语用学的发展路线做了整体描述。通过这种描述，我们对本书的立论基础和研究目标有了更为清晰的认识：语用学科本身的视角性质，为我们从孔孟思想中寻找一个新的研究立场的努力找到了合法依据。语用学研究对象的宏观性，也使我们不必拘泥于英美学派的微观研究，可以将孔孟讨论的有关语言使用的一切现象作为语用问题来审视。而西方语用学最新发展趋势中对人的理性假定，尤其是工具理性主体预设的质疑和批判，也使我们可以基于孔孟关于人的根本属性的认识，来重新确立语用意义的内涵和范围。

其次，本章回顾了国内语用学的研究概况。我们发现，国内语用学的研究重心主要还是对西方语用学经典理论批判性地加以接受、发展和应用。对语用学理论的创新不够重视，为数不多的几家也只是针对汉语的个别语用学视角，不具备和西方普通语用学对话的平等立场。究其原因，应是对人的根本属性与语言使用之间的关系的西方视角反思的不足。而这一工作的缺失，也使我们觉得更有必要回归作为"人学"的孔孟思想，为语用学理论创新寻找资源。

最后，本章简要述评了传统语用思想的整理工作。这一领域并非无所建树，但从中暴露的以下几个问题是尤其值得注意的。

1. 完全陷入西方学科的理论框架，全盘套用西方学术话语体系来切割和评价儒家语用思想，比如将"文质"说看成内容与形式的关系，"辞达""辞巧"看成言语风格问题，把"正名说"看成语言与社会的问题。事实上，以孔孟为代表的儒家并无意于关注这些抽象的语言理论范畴，对这些问题的讨论始终离不开道伦理哲学基础。抛弃这个基础是有悖于儒家本意的。正如陈宗明（1997：17）所说，研究语用学史"必须实事求是，防止用古代史料去填现代语用学的框框"，否则，整理出来的结果依然只能是西方语用学的注脚，最终丧失自己的品格。

2. 将西方的语用学看作"普通"，将儒家语用思想看作"应用"或"特殊"。语用学是研究语言符号与使用者关系的学科，而西方的语用学往往以普通语用学自命。之所以称为"普通"，乃因它们所建构的普通语用学是基于对人的本质属性的根本预设和一般性的人类语言运用问题的体系性思考。但以孔孟为代表的儒家思想，包括语用思想，也同样具有一种"普通"的旨趣，并不特指中国人或者汉语。《孔子家语·好生》载：

> 楚王出游，亡弓，左右请求之。王曰："止，楚王失弓，楚人得之，又何求之！"孔子闻之，惜乎其不大也，不曰人遗弓，人得之而已，何必楚也。

从孔子对于楚王失弓的评价中不难看出，他是把一般意义上的人的问题来作为思考对象的。具体到语用问题，其语用道德观念并不仅适用于华夏民族，故孔子才会说"言忠信，行笃敬，虽蛮貊之邦行矣"（《论语·卫灵公》）。《春秋穀梁传·僖公二十二年》中也说道："人之所以为人者，言也；人而不能言，何以为人？言之所以为言也，信也；言而不信，何以为言？"这显然也是就一般的言人关系和语用道德所作的论断。而且以孔孟为代表的儒家语用思想并不仅服务于诸如政治这样的具体领域,而是贯通于各种人伦关系和社会事务中。他们从政的目的也并不在于从政本身,而是本乎儒家眼中的人本应具备的社会良心和文化批判意识,说到底是与他们对人的终极关怀分不开的。因此,我们不宜将其看成是一种应用性、个别的东西,而同样应视作一种普遍性学说。唯有在这样的立场上进行重构,才能平等地和西方语用学进行对话。

3. 偏好个别研究,系统性不足。研究者多数喜欢逐条解释一些零散的语用观点。这虽然有助于我们具体了解各家学说的局部细节,但却不利于融会贯通,形成完整的体系。按照孟子的说法,是做了"博学而详说之"的工夫,但忽略了"将以反说约也"(《孟子·离娄下》)。无论是"吾道一以贯之"(《论语·里仁》),还是"天下定于一"(《孟子·梁惠王上》),都提醒我们有个一以贯之的"道"贯穿于孔孟的语用思想中。此道势必能串起以下问题:如何看待作为语用道德的来源和理据的主体问题?语用道德在话语表达和理解过程中如何生成?孔孟如何从道德实现的角度看待语言运用与语境的关系?诸如此类,如果不经过"反说约之"的工夫,是无法得到解答的。

因此,在充分肯定并吸取前人研究成果的基础上,我们希望自己的研究能在一定程度上克服上述偏颇,还原孔孟语用思想的本真面貌,对其作一次更加全面、清晰而系统的解读。

第三章

孔子语用思想（上）

第一节 孔子其人

孔子名丘，字仲尼。生于公元前551年（一说552年），卒于公元前479年。孔子一生好学，博闻强识，因处在礼崩乐坏的春秋中晚期，故怀抱济危救世的使命，积极干政行道，做过鲁国的司空、司寇等职，后因与当政者意见不合，弃官周游列国。孔子除在政治上有所作为外，也收徒讲学，开创平民教育，门下弟子三千，贤者七十二，实为成功的教育家。此外，孔子传道授徒，晚年致力于整理古代文献，删《诗》《书》、定《礼》《乐》、修《春秋》、序《周易》，又堪称伟大的文献家、文学家和历史学家。

孔子"述而不作"，没有自己的专著。故要了解其语用思想，只能通过其弟子的传述，如《论语》，和孔子自己经手的文献，如《周易》。其他一些记录孔子言行的著述，如《礼记》《孝经》《孔子家语》等，虽不似《论语》一般精准可靠，但也颇有参照佐证之价值。

第二节 思想背景

一 传统沉积

孔子被看作中国传统文化的集大成者。在先秦时期，对语言使用的反思并非肇始于孔子。根据经典的记载，商周的先民从筮辞、祝嘏、礼辞、讳制、谥法、行人辞令等语言使用的具体实践过程中，早已开始对语言使用行为本身进行反思。如沈立岩（2005：417）就发现："在周人传统的语言态度中，有一种明显的慎言倾向，它导源于原始宗教的语言禁忌，并为周人尊德尚礼的文化精神重塑。因此在周代的文献中，常常可以看到关于'慎言'的反复叮咛和告诫，一方面，它以'于言不苟'作为贵族阶层人格修养的重要标尺，另一方面，又以等级差别为准对社会成员的语言权力加以种种的限制，于是上至于朝堂，下至闺阃，皆规划綦严而概莫能外。可以想象，在礼教森严的时代，周人的语言冲动受到普遍的压抑。"我们在传世儒经及一些出土文献中，也不难找到关于这一论断的某些例证。比如：

禹曰："吁！咸若时，惟帝其难之。知人则哲，能官人；安民则惠，黎民怀之。能哲而惠，何忧乎驩兜？何迁乎有苗？何畏乎巧言令色孔壬？"（《尚书·皋陶谟》）

慎简乃僚，无以巧言令色，便辟侧媚，其惟吉士。（《尚书·冏命》）

这里已经体现出先民对巧言令色的憎恶，对慎言的强调。但这种"慎言"态度与其说是对语言冲动的压抑，而毋宁说是先民对语言使用已经具备了一种理性的态度，已经有能力让语言的功能得到恰当的实现。近年出土的铭文当中，就不乏另外一个维度的语用思考：

谏、罚，朕、庶民，左右毋讳。（叔夷钟）

意思是对于进谏与责罚，不论我、庶民，或是尊卑贵贱，都可以不必隐讳。这显然是鼓励人们在某些场合充分地使用语言。

另外，《诗经》中也有不少诗亦体现了先民对言语的反思。如《板》中"辞之辑矣，民之洽矣；辞之怿矣，民之莫矣"所反映的对言语社会政治作用的认识，另如《柏舟》的重诺言，《墙有茨》的非礼不言，《采苓》的恶谗言，《巷伯》《青蝇》的反巧言，《抑》的尚慎言，等等。

这些传统文献关于语言使用现象的认识，理应是孔子语用思想的重要资源。

二 时代需求

（一）礼崩乐坏

周朝自幽王见杀、平王东迁后，威信骤降，诸侯国拥兵自重，形成春秋争霸的局面（公元前770—前476年中国各诸侯国争霸的时代）。其时诸侯国内乱频仍，诸侯国之间又互相兼并，戎狄滋扰，接之齐桓晋文霸业雄起，打着"尊王攘夷"的旗号，四处征伐，而一些有权势的卿大夫在混战中势力壮大，出现了礼乐征伐自诸侯出，自卿大夫出，陪臣执国命的局面。到孔子之世，已近王纲解纽。周王朝制定的礼制，或者说由话语构建的社会秩序已经面目全非。执政者纷纷僭越名分，行使着不恰当的话语权力，而百姓的日常行为，也越来越没有稳定的符号秩序可以参照，几近"无所措手足"。

（二）处士横议

那个时代，孟子形容为"邪说暴行有作""处士横议"（《孟子·滕文公下》）。群言蜂出，对本已摇摇欲坠的周朝话语体系，产生了强烈的冲击。这从当时的一些事例中不难看出迹象。如传说郑国大夫子产不毁乡校，以保持一定的言论自由（《左传·襄公三十一年》），但对"不法先王，不是礼义"（《荀子·非十二子》）、"操两可之说，设无穷之辞"（《列子·力命》）、靠帮助老百姓打官司的"诈伪之民"邓析，还是难以容忍而将其诛杀。

《荀子·宥坐》记载了孔子杀少正卯的故事：

> 孔子为鲁摄相，朝七日而诛少正卯。门人进问曰："夫少正卯鲁之闻人也，夫子为政而始诛之，得无失乎？"孔子曰："居，吾语女其故。人有恶者五，而盗窃不与焉：一曰：心达而险；二曰：行辟而坚；三曰：言伪而辩；四曰：记丑而博；五曰：顺非而泽——此五者有一于人，则不得免于君子之诛，而少正卯兼有之。故居处足以聚徒成群，言谈足饰邪营众，强足以反是独立，此小人之桀雄也，不可不诛也。是以汤诛尹谐，文王诛潘止，周公诛管叔，太公诛华仕，管仲诛付里乙，子产诛邓析史付，此七子者，皆异世同心，不可不诛也。诗曰：'忧心悄悄，愠于群小。'小人成群，斯足忧也。"

孔子诛杀少正卯的重要原因之一是他"言伪而辩""言谈足以饰邪营众"，有严重的社会危害。此事虽不必真，但足见当时各种异端言论所造成的文化动荡和价值观的混乱。

其实在《论语》中，也记载了一些"异端"，如荷蓧丈人、长沮桀溺、楚狂接舆等隐士。这些人对周朝的统治秩序不抱希望，主张避世而自保，且能"持之有故，言之成理"（《荀子·非十二子》），他们的存在无疑也是加剧礼崩乐坏的催化因素，依孔子弟子子路的话说是"欲洁其身，而乱大伦"（《论语·微子》），孔子也"恶利口之覆邦家者"，主张"放郑声，远佞人"（《论语·阳货》），对巧言乱德之人甚为戒惧。这样的文化大环境也促使他对语言运用进行深刻的思考。

（三）人文的觉醒

就逻辑上来说，如果没有对人的发现和认识，则对于作为人创造的工具语言与人的关系问题，也是无从谈起的。在殷商时代，人们敬事鬼神与上帝，将人间的安危祸福都归因于神灵，人的主体性尚未觉醒。商纣仗着神灵庇护，滥施暴政，结果被周武王革命推翻。而周朝的统治者周厉王也因失德而被驱逐。在这样的历史流变中，周朝的统治者逐渐意识到单凭敬奉神灵不足以维系统治，人的命运更多的是取决于人自身，人文思想开始萌发。

周朝虽然依旧重视祭天（天的概念接近于商所说的帝），但周朝的天已经被赋予了新的含义，具有了价值属性。周人既说"侯服于周，天命靡常"（《诗经·文王》），又说"惟我周王，灵承于旅，克堪用德，惟典神天。天惟式教我用休，简畀殷命，尹尔多方"（《尚书·多方》），说明他们已经认识到天命并不是固定于某些特定人群身上，而是会将国之权柄交予有德之人。《国语·周语中》说"天道赏善而罚淫"，《国语·晋语六》说"天道无亲，唯德是授"，《左传·襄公二十二年》说"忠信笃敬，上下同之，天之道也"，都显示了天道与德的密切关系，成为后代天人合德的滥觞。而人对于世界与自身的责任与价值，也逐渐凸显出来。因此，当统治者意欲假天之名行无德之事时，百姓便以对天的诅咒、质疑加以回敬，如"荡荡上帝，下民之辟。疾威上帝，其命多辟"（《诗经·荡》），"昊天不佣，降此鞠讻；昊天不惠，降此大戾"（《诗经·节南山》），而《诗经》中的变风、变雅之诗，就出现于西周暴君厉王、幽王的时代。换言之，只有当统治者所代表的天能够施德于人时，才能得到人的尊敬。天在统治者和被统治者之间的桥梁作用日渐削弱，人自身的道德力量日渐强化。当统治者不再能够仗恃天命肆意妄为之时，其重视道德、强调爱民贵民的思想也就激发出来，而"随着明德和保民的作用在政治生活中日益显现，统治阶级必将越来越重视这些现实中的行为，神权将迟早被抽空，社会生活也将最终由面向神转而面向人"（王保国，2004：53）。

伴随着国命决定者从天到人的下移，人类社会中的各种行为制度，也因而有了人文的解释，从起初的以为是天帝所作，如《尚书·皋陶谟》说"天叙有典，敕我五典五惇哉；天秩有礼，自我五礼有庸哉"，《孟子·梁惠王》引《书》说"天降下民，作之君，作之师"，《诗经·大雅》说"天生烝民，有物有则"，到慢慢转向从人自身寻找原因。比如当时于国家社稷最重要的祭祀行为，在商朝被看作向先祖祈福的重要手段，而到了周朝，则已被视为对有功之先祖的报恩行为，《国语·鲁语·展禽使乙喜以膏沫犒师》记载"夫圣王之制祀也，法施于民则祀之，以死勤事则祀之，以劳定国则祀之，能御大灾则祀之，能捍大患则祀之"。从"求"到"报"的转化，实则是将祭祀从鬼道转为了人道。而对于礼乐政刑的起源和作用，也都落实到人本身。如《左传·桓公二年》中臧哀伯说"夫德俭而有度，登降有数，文物以纪之，声明以发之，以照临百官，百官于是乎戒惧，而不敢易纪律"，已将制度的设定看作维持统治的工具。又《左传·昭公二十五年》记子产言："夫礼，天之经也，地之义也，民之行也。天地之经，而民实则之。则天之命，因地之性，生其六气，用其五行。气为五味，发为五色，章为五声，淫则混乱，民失其性。是故为礼以奉之。"意谓"礼的功用在于防止民失其性，又说明了礼的起源在于民对天地的模仿（则之）"（冯友兰，2001：287）。

在这样一些变化中，人的主体性充分觉醒，一种类似于"人为万物之尺度"的意识在那个时代充分酝酿。在这样的背景下，人类社会的一切现象，包括与人类生活须臾不可分割的语用现象，自然也得到了先哲的关注，并尝试要从人本身去作出解释。

人的主体性觉醒也即意味着人文意识的觉醒，而在春秋时期，主要表现为道德意识的流行。据钱穆（1993：191）的见解，彼时的人们已经有了洋溢充沛的道德精神，忠孝仁义之各种道德行为普遍存在，在《左传》记录的史实中有丰富的证据可循。这些仁人志士的言论事迹，自然也是孔子形成其语用思想的助因。

第三节　语用主体

一　君子及其内涵转变

研究一个人的语用思想，须先看他对于语用主体——人的理解。这一点我们已在第二章有过论述。因此要了解孔子的语用思想，也必须先了解孔子对语用主体的认识。而他的主体观，则主要体现为对一种理想人格的描述和追求。所谓的理想人格，也就是"在一定文化环境和社会制度中，出于现实的需要，人们的利益、要求、期望集中于一个楷模身上"（朱义禄，1991：7）。这个楷模基本上可以用一个词概括——"君子"。

"君子"一词并非孔子首创，在"六经"中已多次出现。"君子"的本义，原指贵族统治者，"君子就像诸侯之子称公子，天子之子称王子一样，君子就是君之子。君之子当然是贵族，是统治者"（金景芳、吕绍刚，1989：20）。如《左传·襄公九年》知武子曰："君子劳心，小人劳力，先王之制也"；《诗经·小雅·谷风之什·大东》中说"周道如砥，其直如矢；君子所履，小人所视"，其中的"君子"，显然是指在位的贵族，与表示下层百姓的"小人"一样，都没有道德的意义。"君子"后来在内涵上发生了转换："君子云者，本皆有位者之称，而后世以称有德者耳。"（崔述，1983：352）这种转换，使"君子"从一个具有阶级属性的概念变成了一种具有理想主体性质的普适概念。其中的演变经历了长期的过程，与上述人文思潮的兴起也有密切的关系，但最终的完成却是在孔子的手里（余英时，2003：121）。

孔子言"君子"，仅《论语》中就达107次，虽有时仍指有位之人，如"君子学道则爱人，小人学道则易使也"（《论语·阳货》），但更多的是指有德之人，或者兼指有德有位者。作为教育家，"君子"正是孔子终生教育培养学生的目标，"就孔子行事论，其最大之成就为根据旧闻，树立一士君子仕进致用之学术，复以此学术授之平民，而培养一以知识德能为主之新统治阶级"（萧公权，2002：319）。孔子"有教无类"的教育思想打破了周朝贵族对教育权利的垄断，使众多地位低下的"小人"有机会得以通过学习和实践成为君子，并获得干政的机会。据《荀子·子道》记载："南郭惠子问于子贡曰：'夫子之门，何其杂也？'子贡曰：'君子正身以俟，欲来者不距，欲去者不止。且夫良医之门多病人，隐栝之侧多枉木。是以杂也。"孔子亦自谓"自行束脩以上，吾未尝无诲焉"（《论语·述而》），只要行过"束脩"之礼，到了适合接受君子教育的年龄，孔子一律愿意接纳。在孔子的徒弟中，也只有孟懿子、南宫敬叔、司马牛等少数人为贵族出身，多数则是像颜回、子路这样的寒门弟子。

因此不妨说，孔子使"君子"成为人人可以追求的具有普适性的理想人格。孔子的学问在很大程度上是一门"君子"之学。从《论语》看，孔子所论及的语用主体就或明或暗地指向了"君子"，或与其相类的一些概念如"成人""士""仁者"①。

二 君子人格

如前所述，孔子的学问是"君子"之学。而"君子"则主要是一个理想人格主体，是"动而世为天下道，行而世为天下法，言而世为天下则"（《礼记·中庸》）的道德典范。君子所具备的道德素质有很多。按照《论语》中提到的有关概念，包括"仁""义""礼""智""信""忠""孝""悌""勇""中庸""清""直""爱"等。不过，这些道德概念并不处在同一层次，地位各不相同。其中最为核心的是"仁""礼"两个概念，需要单独阐释，其他的一些道德概念，我们只选与语言使用密切相关的几个给予讨论。

（一）"仁"

《吕氏春秋·不二》篇说："孔子贵仁。"而据刘耘华（2002：56—57）统计，"仁"在《论语》中共提及109次。而《论语》之前的文本中，《尚书》6次，《诗经》2次，《周易》0次，频率远低于《论语》。另外笔者也发现，"仁"在《仪礼》中不见，《周礼》中仅出现一次，而在孔子及后学对礼制进行义理阐释的文本《礼记》中"仁"则达128次。从中我们不难看出，"仁"在经过孔子的理论提升后在思想史上的地位变化。

"仁"在《论语》中的意义是极为丰富而宽泛的。这和孔子的言说方式有关。和孔子谈论其他的道德条目一样，他总是和学生或其他一些问道的从政者就某个具体方面谈论"仁"，并应时应景地启发点拨，因此经常出现"夫子有为言之"的情况。孔子自己也提醒学生说："夫言，岂一端而已？夫各有所当也。"（《礼记·祭义》）因此，我们很难从某几句具体的话来落实"仁"的定义。但大体来说，"仁"具有如下特征：

---

① 在孔子的话语中，另一个经常出现的道德主体概念是"圣人"。圣人在孔子之前专指尧舜汤武周公这些有德有功有位之人，比孔子所说的君子拘于更高的层次。随着孔子死后也逐渐被封为圣人，圣人概念才失去了专指的意义。相较而言，君子比圣人更具有普适性，圣人无不是君子，而君子则未必是圣人。故本章以君子作为孔子理想主体的名称。

从属性上讲，仁是情（爱）和理的统一（冯契，1983：87—90）。它首先是一种情感，"仁者，爱人"（《论语·里仁》）。故当宰我主张废三年之丧时，孔子问起"于女安否""安则为之"，并因而斥其"不仁"（《论语·阳货》）。安或不安，正是人的一种心理反应，体现了"仁"的情感特征。但"仁"也包含着理性的要求。孔子认为"仁者安仁，知者利仁"（《论语·里仁》），认为通过认识人们之间的伦理关系，有利于人们实现"仁"。他又认为"能近取譬，可谓仁之方也"，具体表现为"己欲立而立人，己欲达而达人""己所不欲，勿施于人"，可见他把类推作为一种重要的道德行为的理性原则，因此"仁"也具有理性的特征。

从"仁"的来源说，孔子认为："仁远乎哉？我欲仁，斯仁至矣。"（《论语·述而》）又说："为仁由己，而由人乎哉？"（《论语·颜渊》）认为"仁"是人自我的选择和内在要求，而不是外加的规范。换句话说，作为道德，"仁"是自律型的而非他律型的。故孔子说"知之者不如好之者，好之者不如乐之者"（《论语·雍也》）。也就是说，知道什么是"仁"的，不如喜好"仁"的，喜好"仁"的，又不如以"仁"为快乐的。因为"好"可以只是出于一时的兴趣，而"乐"则是内心情感的要求和满足，不因外部的环境而改变（李泽厚、刘纲纪，1984：117）。而所谓的"孔颜之乐"，亦即在"仁"的实践中得到的快乐，是"仁"作为人最本质的内在需要的证据。

从内容上讲，"仁"包含着人的全德，统摄着其他各种德目。

> 子张问仁于孔子。孔子曰："能行五者于天下，为仁矣。"请问之。曰："恭、宽、信、敏、惠。恭则不侮，宽则得众，信则人任焉，敏则有功，惠则足以使人。"（《论语·阳货》）
>
> 樊迟问仁。子曰："居处恭，执事敬，与人忠；虽之夷狄，不可弃也。"（《论语·子路》）
>
> 子曰："刚、毅、木、讷，近仁。"（《论语·子路》）
>
> 子曰："不仁者，不可以久处约，不可以长处乐。仁者安仁，知者利仁。"（《论语·里仁》）
>
> 子曰："有德者必有言，有言者不必有德；仁者必有勇，勇者不必有仁。"（《论语·宪问》）

从这些文字中我们不难看到，诸如"勇""敏""惠""知""刚"等诸德，最终都统摄于"仁"，服从于"仁"，甚至可说是"仁"的不同面向。此外，我们还可以从一些事例中推出"仁"为全德的暗含之义。比如宰我不认同三年之丧，孔子斥其"不仁"，因此"孝"内含于"仁"。孔子因"微子去之，箕子为之奴，比干谏而死"而称"殷有三仁"（《论语·微子》），可见"仁"包括了"忠"。

《礼记·中庸》中记孔子之言更明："忠恕违道不远，施诸己而不愿，亦勿施于人。君子之道四，丘未能一焉：所求乎子以事父，未能也；所求乎臣以事君，未能也；所求乎弟以事兄，未能也；所求乎朋友先施之，未能也。"这里所说的"道"，显然是指"仁"。而仁道分四：父子、君臣、兄弟、朋友，也就是说"仁"包含着"忠""孝""悌""信"等诸德。

最后，从地位上讲，"仁"是君子修身的最高目标。正因为"仁"在孔子心中是全德，是君子修身的终极境界，所谓"修身以道，修道以仁"（《礼记·中庸》），所以他才要求君子"无终食之间违仁，造次必于是，颠沛必于是"（《论语·里仁》），无时无刻无地都不能违背"仁"。对当时贤达，他可赞其"忠""直""清"等，却极少许人以"仁"（《论语·公冶长》），即使是称许最喜爱的学生颜回，也不过是"其心三月不违仁"，而评价其余学生则"日月至焉而已矣"（《论语·雍也》）。即便对自己他也不敢自诩："若圣与仁，则吾岂敢。抑为之不厌，诲人不倦，则可谓云尔已矣。"（《论语·述而》）

总之，孔子认为"仁"是需要拿生命去实践的价值，所以说："志士仁人，无求生以害仁，有杀身以成仁。"（《论语·卫灵公》）其弟子曾子也说："士不可以不弘毅，任重而道远。仁以为己任，不亦重乎？死而后已，不亦远乎？"（《论语·泰伯》）这都反映了"仁"是一种比生命更重要的价值。

（二）"礼"

"礼"可能是除"仁"以外，在孔子的君子之学中最为重要的德目了。"礼"的概念在孔子之前就已经存在，它主要指的是传为周公所制的一整套社会行为规范制度。这一制度内容极为繁复，"《经礼》三百，《曲礼》三千"（《礼记·礼器》），"礼仪三百，威仪三千"（《礼记·中庸》）。小到个人生活起居，大到祭祀刑法，无所不包。在很长一段时间内，"礼"和道德相互配合，维系着周朝社会的稳定："成礼义，德之则也。……且礼所以观忠信仁义也。"(《国语·周语上》)但到了春秋晚期，王朝衰落，诸侯征战，越来越多的人对于"礼"的规范，开始陌生乃至淡忘，对于"礼"的精神，也已经茫然不解。以至于有些贤达之士需要重新对其加以解释，以试图延续周代的文明。如前述《左传·昭公五年》中女叔齐对于"礼"和"仪"的区分，就是这方面的例子。①

而孔子无疑是对周礼制度和精神理解得最为深刻的人。他极为崇尚周礼，"周监于二代，郁郁乎文哉！"(《论语·八佾》)因此，"信而好古""述而不作"，自视为周代文明的继承者："文王既没，文不在兹乎？"(《论语·子罕》)他一方面周游列国，试图寻机重建理想中的周代礼制社会；另一方面，他通过收徒讲学，将"礼"的教育纳入君子人格的培养过程中，故有"兴于《诗》，立于礼，成于乐"(《论语·泰伯》)，"不学礼，无以立"(《论语·季氏》)，"不知命，无以为君子；不知礼，无以立也；不知言，无以知人也"(《论语·尧曰》)等说。

但需要注意的是，孔子并不主张一成不变地守"礼"，而是主张变革损益的。他说："殷因于夏礼，所损益可知也；周因于殷礼，所损益可知也；其或继周者，虽百世可知也。"(《论语·八佾》)可见，他了解历朝的礼制是在继承中变化发展的。他又说："麻冕，礼也；今也纯，俭。吾从众。拜下，礼也；今拜乎上，泰也。虽违众，吾从下。"(《论语·泰伯》)可见，在不违背"礼"的精神的前提下，他是不反对将礼的表面形式进行一些改造的。《礼记·礼器》中说："礼，时为大，顺次之。"所谓的"时"也就是因应各种条件而变化。尽管总体上看，孔子对于"礼"的变革是审慎的，趋于保守的。变革的前提是不能损害"礼"的精神，而所谓的"礼"的精神，也就是"仁"。

(三)"仁""礼"关系

在孔子看来，要复兴周代的文明，必须落实到每个个体对于"仁"的追求。而要达到"仁"的境界，则又须经由"礼"的实践。因此，他

---

① 《左传·昭公五年》："公如晋，自郊劳至于赠贿，无失礼。晋侯谓女叔齐曰：'鲁侯不亦善于礼乎？'对曰：'鲁侯焉知礼！'公曰：'何为？自郊劳至于赠贿，礼无违者，何故不知？'对曰：'是仪也，不可谓礼。礼，所以守其国、行其政令、无失其民者也。今政令在家，不能取也；有子家羁，弗能用也；奸大国之盟，陵虐小国；利人之难，不知其私。公室四分，民食于他。思莫在公，不图其终。为国君，难将及身，不恤其所。礼之本末将于此乎在，而屑屑焉习仪以亟。言善于礼，不亦远乎？'君子谓叔侯于是乎知礼。"

说"克己复礼为仁。一日克己复礼，天下归仁焉"（《论语·颜渊》），认为自觉遵行"礼"的要求就是"仁"（傅佩荣，2006：202）。

因此，在孔子手里，由"仁"释"礼"，由"礼"行"仁"，两者二而一、一而二，须臾不可分离。①细而论之：

1. "仁"之诸德（情）皆由"礼"来实行、实践。《说文解字》释"礼"："礼者，履也。"《白虎通·礼乐》说："礼之为言履也，可履践而行。"这已经道出了"礼"的实践性质。"故朝觐之礼，所以明君臣之义也。聘问之礼，所以使诸侯相尊敬也。丧祭之礼，所以明臣子之恩也。乡饮酒之礼，所以明长幼之序也。昏姻之礼，所以明男女之别也。"没有这种种礼节形式，道德便落空了。孔子认为"礼节者，仁之貌也"（《礼记·儒行》），"故《经礼》三百，《曲礼》三千，其致一也。未有入室而不由户者"，"谁能出不由户？何莫由斯道也？"（《论语·雍也》）可见，如果没有"礼"的外在形式，伦理情感就无所措置。

2. "仁"之诸德（情）又须"礼"来调节、修饰。孔子明确说"礼者，因人之情而为之节文，以为民坊者也"（《礼记·坊记》）。可见，"礼"不仅顺应人情，还具有节制、文饰情感的作用。又说"恭而无礼则劳，慎而无礼则葸，勇而无礼则乱，直而无礼则绞"（《论语·泰伯》），"敬而不中礼，谓之野；恭而不中礼，谓之给；勇而不中礼，谓之逆"（《礼记·仲尼燕居》），可见，"礼"具有对于各种美好情感的调和、规范作用。通过"礼"的这种调和、规范，可以让情感的发挥恰到好处，所以孔子说"礼乎礼！夫礼所以制中也"（《礼节·仲尼燕居》）。孔子的弟子有子说"礼之用，和为贵。先王之道，斯为美；小大由之"（《论语·学而》）。讲的都是"礼"对于情感的规导作用。如果没有"礼"，各种情感就会失度，或过或不及。

3. "礼"之形式必须具有"仁"之内涵。也就是说，"礼"一定是真心实意的情感流露，绝非华而不实的伪装。孔子说"薄于德，于礼虚"（《礼记·仲尼燕居》），又说"人而不仁，如礼何？人而不仁，如乐何？"（《论语·八佾》），"礼云礼云！玉帛云乎哉？乐云乐云！钟鼓云乎

---

① 《荀子·大略》说："人主仁心设焉；知，其役也；礼，其尽也。故王者先仁而后礼，天施然也。"可谓道出了"仁""礼"的内外关系。

哉?"①(《论语·阳货》)都在提醒世人不要忘了"礼"的道德内涵。也因此可见，孔子是反对形式主义的。他甚至认为没有良好品德的人，学礼也没有什么意义，故说"甘受和，白受采；忠信之人，可以学礼。苟无忠信之人，则礼不虚道"(《礼记·礼器》)。《论语·八佾》中有一段子夏和孔子的对话，也可以印证孔子对于"仁""礼"关系的这种认识。

> 子夏问曰："'巧笑倩兮，美目盼兮，素以为绚兮。'何谓也？"子曰："绘事后素。"曰："礼后乎？"子曰："起予者商也，始可与言《诗》已矣！"

子夏所引之诗，本义是讲美好的容貌是通过先有白色的底子，然后再画花形成的。子夏认为这表明了"礼"是在仁义的基础上产生的。孔子对这种观点给予了肯定。

第四节 君子和语言使用

孔子以"仁"释"礼"，以"礼"践"仁"的君子之学，决定了孔子对语言使用这一社会现象作出的具有普遍意义和深远价值的解释路向，因为任何语用思想总是离不开对人本质的认识。

一 君子重"言"

语言运用的学问在这门君子之学中占有怎样的位置呢？据《论语·先进》所载，孔门设科四门：德行，言语，政事，文学。对这四科的关系，按照钱穆（2002：296）的说法，是"自德行言之，其余三科皆其分支，皆当隶于德行之下"。德行则需通过言语、政事、文学等具体科目体现。而在这些科目中，言语科则排在三个分支学科之首，可见孔子对语用能力培养的重视。

再以最能代表孔子对语用的思考的"言"为例，在一部《论语》中，提及"言"者共75章，字见126，比"仁"（109）、"礼"（74）、"德"（38）都要多。在这些"言"中，分为名词"言语"，"一个字或一句

---

① 孔子经常礼乐并提。狭义的礼不包括乐，而广义的礼则包括乐在内。

话",动词"说",大部分与语言运用有关。可见,孔子在日常教学中是贯彻了言语教学的。

另外,孔子的学生中宰我"利口辩辞",子贡"利口巧辩"(《史记·仲尼弟子列传》),都是言语科的高才生,而公西华"束带于朝,可使与宾客言也"(《论语·公冶长》),亦是这方面的人才。可见,孔子对学生的语用教学也是颇有成效的。而孔子自己,也被形容为"饰羽而画,从事华辞"(《庄子·列御寇》),可见也是极富言语修养的。

二 "言"的语用性质

孔子对"言"并没有类似语言/言语的二分认识。在孔子看来,语言固然是思想感情的表达工具,所谓"言以足志……不言,谁知其志"(《左传·襄公二十五年》),但他并没有把语言和思维等同起来。他所说的言是人际交往中的语言。言在身外而意在心内,两者是不可以画等号的。《周易·系辞上》中说:

> 极天下之赜存乎卦,鼓天下之动者存乎辞,化而裁之存乎变,退而行之存乎通,神而明之存乎人。

在这段文字中,属于语言或符号的"卦"和"辞"的功能是"极天下之赜",而"神而明之,存乎其人"这句话则表明意义的生成全赖于人,而不在于语言符号本身。

芬格莱特(2005:417)曾用奥斯汀的言语行为理论解释孔子关于礼和语言的思想。

> 人存在的领域是多么的宽阔,其中,存在的本质便是礼仪。承诺、信守、宽恕、问候、盟约,这些以及诸如此类更多的东西都是各种各样的礼仪,否则它们什么也不是。因此,正是以礼仪为媒介,我们生命特有的人性成分,才得以有鲜活的表现。礼仪行为是第一性的、不可化约的重要事件。脱离了它所植根于其中的传统习俗,语言便是不可能被理解的;脱离了界定它并且构成其组成部分的语言,传统习俗也同样不可理解。

显然，他也认为孔子的语言观特别适合于从行为、语用的角度得到阐释。沈立岩（2005：417）认为"就当时知识状况而言，将语言从行为之流剥离出来并对象化为一个客观的实体，其条件尚不具备，因此不是符号系统的'语言'，而是行为活动的'言语'，才是其知识的适当对象"。他的见解同样表明，孔子的语言思想带有强烈的语用学性质。

三 言人关系

（一）"言"的功能

庄子形容儒家所追求的理想人格是"内圣外王"（《庄子·天下》）。"内圣"是指修身立德，做一个有德之人；"外王"强调建立功业，具体表现为齐家、治国、平天下。"内圣外王"的统一是儒家追求的最高境界。而孔子认为语言使用在儒家的"内圣外王"之业中都起到了重要的作用。

从"内圣"的角度看，语言使用是个人内在道德修养的表现。因此，《论语·尧曰》说："不知言，无以知人也。"不了解语言，就无法了解他人的道德面貌。《周易·系辞下》也说："将叛者其辞惭，中心疑者其辞枝。吉人之辞寡，躁人之辞多。诬善之人其辞游，失其守者其辞屈。"也即有叛心的人说话会惭愧，多疑的人言语枝蔓，贤良的人言语精少，狂躁的人话多，诬陷好人的人言辞游荡，丧失操守的人说话无气势。孔子弟子子贡也认为"君子一言以为知，一言以为不知"（《论语·子张》）。君子说一句话就可以让人知道他聪明与否。可见，一个人的言语表现和其道德水平是密切相关的。

从"外王"的角度看，假如君子处于统治者的地位，则其语言使用关乎国命的安危。《论语·子路》有载：

> 定公问："一言而可以兴邦，有诸？"孔子对曰："言不可以若是其几也。人之言曰：'为君难，为臣不易。'如知为君之难也，不几乎一言而兴邦乎！"曰："一言而丧邦，有诸？"孔子对曰："言不可以若是其几也，人之言曰：'予无乐乎为君。唯其言而莫予违也。'如其善而莫之违也，不亦善乎！如不善而莫之违也，不几乎一言而丧邦乎！"

这里，孔子对语言的行事力量进行了充分的肯定：统治者的"言"可能会对政治，乃至一个国家产生存亡兴灭的影响。

不仅对于统治者，对于一般的君子士族来讲，语言也发挥着重要的政治功能。比如学《诗经》是孔子培养弟子语用能力的一个重要方面，他甚至说"不学《诗经》，无以言"（《论语·季氏》），而学《诗经》的目的却是经世致用："诵《诗》三百，授之以政，不达；使于四方，不能专对；虽多，亦奚以为？"（《论语·子路》）掌握诗歌是为了帮助弟子在政事、外交中应对，如果不能在这些事务中发挥作用，仅是为记诵而记诵，也是不足为训的。

对于"言"的这两方面作用，《周易·系辞上》中孔子说得更为明确：

> 君子居其室，出其言善，则千里之外应之，况其迩者乎？居其室，出其言不善则千里之外违之，况其迩者乎？言出乎身，加乎民；行发乎迩，见乎远。言行，君子之枢机，枢机之发，荣辱之主也。言行，君子之所以动天地也，可不慎乎？

君子的"言"，不仅关乎个人的荣辱，也会影响周围的人，产生重要的社会影响。所谓"荣"是"志意修，德行厚，知虑明，是荣之由中出者也"，所谓"辱"是"流淫污僈，犯分乱理，骄暴贪利，是辱之由中出者也"（《荀子·正论》），可见个人的荣辱强调的是"内圣"的一面。而"动天地"，则主要讲的君子通过语言产生的"外王"方面的社会影响。因此，孔子的弟子子贡也说："出言陈词，身之得失，国之安危也。"（《说苑·善说》）可见，在"修身齐家治国平天下"的儒家一贯之道中，"言"的作用都是不可忽视的。

不过，尽管孔子深刻认识到"言"对"内圣外王"两方面的积极作用，但孔子最重视的还是言语和个人修身之间的关系。因为要实现一个理想的社会，就必须要求每个社会成员具有纯洁的伦理道德情感并能付诸道德的实践。因此，个人修身成为"内圣外王"诸业的起点。

> 子路问君子。子曰："修己以敬。"曰："如斯而已乎？"曰："修己以安人。"曰："如斯而已乎？"曰："修己以安百姓。修己以安百

姓，尧、舜其犹病诸！"(《论语·子路》)

自天子以至于庶人，壹是皆以修身为本。其本乱而末治者，否矣。其所厚者薄，而其所薄者厚，未之有也！此谓知本，此谓知之至也。(《礼记·大学》)①

孔子认为通过自我修养可以使上层人物和老百姓都得到安乐。《礼记·大学》进一步将君子的大学之道分为八个条目：格物、致知、诚意、正心、修身、齐家、治国、平天下，并将修身作为一切学问的根本（见图2-1）。

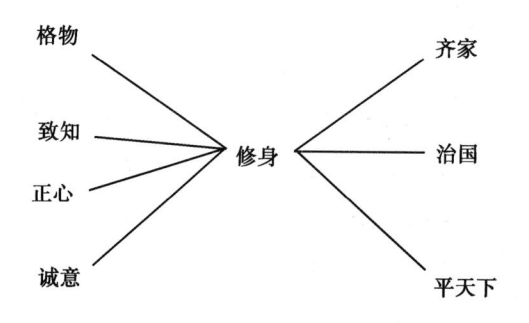

图 2-1　大学之道（胡适，1997：204）

而所谓修身即在于个人道德的完善，君子人格的培养。孔子说"德之不修，学之不讲，闻义不能徙，不善不能改，是吾忧也"（《论语·述而》）。所忧之事以修德为首。而言语行为的修养自然也是不可忽视的一环，所以他才会强调"修辞立其诚"（《周易·乾》），认为修辞（语言运用）的目的是用来树立诚德（在《礼记·中庸》中，"诚"被描述为一种代表天道、人道的最高道德），还说"修身践言，谓之善行；行修言道，礼之质也"（《礼记·曲礼》），将行动、言语的修养和德行的完善和礼的本质结合起来。

（二）"言"的局限

但问题还有另外一面。虽然孔子认识到语言对于人类的巨大影响，但

---

① 朱熹（《四书章句集注》）认为此句属"盖孔子之言，而曾子述之"的部分，但即便不是孔子原话，说它反映了孔子的思想，也是大致不错的。

并没有像西方许多语言哲学家那样极度强调其作用。索绪尔（1985：157）认为"从心理方面看，思想离开了词的表达，只是一团没有定形的、模糊不清的浑然之物。哲学家和语言学家常一致承认，没有符号的帮助，我们就没法清楚地、坚实地区分两个观念。思想本身就好像一团星云，其中没有必然的界限。预先确定的观念是没有的。在语言出现之前，一切都是模糊不清的"。维特根斯坦（1996：5—6）认为"我们的语言的界限就是我们的世界的界限"，伽达默尔（2007：358）说"世界之所以称为世界，只是由于它进入到语言之中"。由于将人的思维世界和语言世界等同起来，语言就获得了主宰一切的力量，从工具而跃升到本体的地位。而在孔子那里，由于一开始就把语言定性为人与人之间的交际手段之一，将语言和人的意义世界作出了区隔，因此语言始终是被看作一个有局限性的甚至有时是极其不能信任的工具。

首先，孔子认为，君子有某些意义（主要是道德）的表达是可以不依赖于"言"的。他说"君子隐而显，不矜而庄，不厉而威，不言而信"（《礼记·表记》），"默而成之，不言而信，存乎德行"（《周易·系辞上》）[1]，都提到了"信"德的彰显可以不借助言语。而君子之间可以仅用一些合乎礼乐的非语言（多模态）符号手段来实现理想的交往，如《礼记·仲尼燕居》中记载孔子的话说"是故古之君子，不必亲相与言也，以礼乐相示而已"。《吕氏春秋·审应篇》中也载有孔子与温伯雪子不以言相交的故事：

> 孔子见温伯雪子，不言而出。子贡曰："夫子之欲见温伯雪子好矣，今也见之而不言，其故何也？"孔子曰："若夫人者，目击而道存矣，不可以容声矣。"（事亦见《庄子·外篇·田子方》）

而超越语言的意义表达方式甚至成了孔子的主动追求，故他说"君子以行言，小人以舌言"（《孔子家语·颜回》），认为行动是比言语更能表达君子人格的手段。《论语·阳货》中有这样一段对话：

---

[1] 《礼记·乐记》和《礼记·祭义》都出现过"天则不言而信，神则不怒而威"这样的说法，《礼记·中庸》则说"君子不动而敬，不言而信"。

>子曰："予欲无言。"子贡曰："子如不言，则小子何述焉？"子曰："天何言哉？四时行焉，百物生焉，天何言哉？"

孔子认为，天生百物，可谓大德，然而并不需要借助语言来实现。因此，效法天地的君子，自然也应该达到这样的境界。最高的道德是可以不依赖言语的。《礼记·中庸》中这样描述君子法天行德的至高境界：

>《诗》曰："予怀明德，不大声以色。"子曰："声色之于以化民，末也。"《诗》曰："德輶如毛。"毛犹有伦。"上天之载，无声无臭"，至矣！

从这段话中可看出孔子对于至德不假言语声色的独特见解。另外他又说"天下有道，则庶人不议"（《论语·季氏》）。在天地社会秩序井然的理想状态下，语言交往俨然成了一种累赘。

由于至德超越言语，因此言语的表达功能是有限的。孔子直截了当地说"书不尽言，言不尽意"（《周易·系辞上》），又说"我欲载之空言，不如见之于行事之深切著明也"（《史记·太史公自序》）。可见，有些东西依靠"空言"不够深刻显著，不如用行动来表达。[①]

其次，语言不仅不能完全地表达意义，甚至会遮蔽一个人的道德本质，具有欺骗性。一个言语动听的人，并不等同于有道德的君子，而往往是无所不为的小人。《论语》中多次表达了孔子对言语的不信任，如"巧言令色，鲜矣仁"（《学而》）；"巧言、令色、足恭，左丘明耻之，丘亦耻之"（《公冶长》）；"放郑声，远佞人。放郑声，远佞人。郑声淫，佞人殆"（《卫灵公》）；"友便辟，友善柔，友便佞，损矣"（《季氏》）；"巧言乱德"（《卫灵公》）；等等。孔子还谆谆以告："论笃是与，君子者乎？色庄者乎？"（《先进》）一听他谈论笃实便称赞他，哪知他是真的君子呢？还是仅仅容貌庄严呢？这显然是提醒人们对"言"保持警惕。

最后，语言使用不仅可能对个人的修身具有负面的影响，甚至也会导致社会的混乱。因此孔子说"乱之所生也，则言语以为阶……"（《周

[①] 《毛诗正义·毛诗序》中说："言之不足，故嗟叹之，嗟叹之不足，故永歌之，永歌之不足，不知手之舞之，足之蹈之。"可见在表达心志时，言的作用是有限的。

易·系辞上》)并阐述了名不正言不顺造成的政治危害:"名不正,则言不顺;言不顺,则事不成;事不成,则礼乐不兴;礼乐不兴,则刑罚不中;刑罚不中,则民无所措手足。"(《论语·子路》)

由于对语言表意的局限性、语言形式的欺骗性以及可能产生的负面社会功能的认识,孔子在教育学生的过程中,表现出一种反对滥用语言的倾向,主张"慎密而不出""易其心而后语"(《周易·系辞下》)。如《论语·先进》载:

> 子路使子羔为费宰。子曰:"贼夫人之子。"子路曰:"有民人焉,有社稷焉。何必读书,然后为学?"子曰:"是故恶夫佞者。"

此处孔子对子路的强词夺理之"佞"加以斥责。

《论语·公冶长》又记孔子批评宰我昼寝:"说始吾于人也,听其言而信其行;今吾于人也,听其言而观其行。于予与改是。"《孔子家语·子路初见》也记"宰我有文雅之辞,而智不充其辩",故孔子说"以辞取人,则失之宰予"。

反之,当有人评价孔子的弟子冉雍:"雍也仁而不佞。"孔子马上维护说:"焉用佞?御人以口给,屡憎于人。不知其仁,焉用佞?"(《公冶长》)

《孔子家语·五仪解》中,孔子也表现了对"啍啍"(意即能说会道)之徒的反感:

> 哀公问于孔子曰:"请问取人之法。"孔子对曰:"事任于官,无取捷捷,无取钳钳,无取啍啍。捷捷,贪也;钳钳,乱也;啍啍,诞也。故弓调而后求劲焉,马服而后求良焉,士必悫而后求智能者焉,不悫而多能,譬之豺狼不可迩。"

孔子认为"啍啍"之辈能言善辩而不诚实,容易制造混乱怪诞,不可作为政治人才。可见,有时候一个人的道德水平是不能从语言使用的能力上去判断的。这也是语言功能局限性的表现。

(三) 人对"言"的主导和规范

孔子肯定道德行为是发自人的内心(理性)的要求(冯契,1983:

88），因此他说：

> 人能弘道，非道弘人。（《论语·卫灵公》）
> 仁远乎哉？我欲仁，斯仁至矣！（《论语·雍也》）
> 为仁由己，而由人乎哉？（《论语·颜渊》）
> 制度在礼，文为在礼，行之，其在人乎！（《礼记·仲尼燕居》）

这些话都说明了人是道德的主体，对道德具有自由选择的能力和需要，道德是自律而非他律的。人而德，德而人，是二位一体的。而人的道德，对语言起着主导和规范作用，甚至决定了言的价值高低或者说言是否具有人性。

由于肯定了人自身的价值主体性和选择自由，因此，人对"言"起着决定作用："有德者必有言，有言者不必有德。"（《论语·宪问》）[1]一个有德之人，必然会有可称道之言，而善言之人却未必道德高尚。"言"是依附于道德主体的。如果言语失去了道德，在孔子眼里失去了存在的价值。"是故君子之于言也，非从末流者之贵，穷源反本者之贵。苟不从其由，不反其本，未有可得也者。"（《郭店楚简·成之闻之》）这里所谓的"本"，便是主体的道德。

总的看来，孔子一方面重视"言"对造就"内圣外王"的君子人格的伦理功能，另一方面也看到了"言"对君子人格形成的局限性和危害性，反对人过分地依恋、执着于言。在言人关系中，人始终是处于主导地位的，语言的意义和价值由人赋予，一切语用行为当"以人为本"，这充

---

[1] 孔子讲的前后言的意义有区别。前面是有价值判断的有德之言，后面则是一般意义上的言。先秦古人往往两种言不分，用同一个词来指代。比如："猩猩能言，不离禽兽。今人而无礼，虽能言，不亦禽兽之心乎？"（《礼记·曲礼》）这里的言是指一般性的，不带道德价值判断的语言。而"人之所以为人者，言也；人而不能言，何以为人？言之所以为言也，信也；言而不信，何以为言？信之所以为信者，道也；信而不道，何以为道？道之贵者时，其行势也"（《春秋榖梁传》），其中的言，就是含价值判断的有道德的语言。再如"大上有立德，其次有立功，其次有立言"（《左传·襄公》），其中的言，也是含有道德属性的善言。《论语》中，有些"言"是含有道德判断的，比如孔子讲言行需要合一时，所指的言当是有德之言。当孔子讲慎言时，就是指一般意义的语言。在孔子看来，能够将人与非人，君子与小人区别开来的，便是合乎礼、依乎德的言。

分体现了孔子语用思想的人文主义基调。

四 诸德与"言"

(一)"仁"与"言"

"仁"在孔子心中是至德、全德。它与"言"有密切的关系。

首先，孔子说"言谈者，仁之文也"(《礼记·儒行》)，这说明言谈是"仁"的外在表现、修饰。而作为外在的表现、修饰，必然又要符合"礼"的要求。

> 颜渊问仁。子曰："克己复礼为仁。一日克己复礼，天下归仁焉。为仁由己，而由人乎哉？"颜渊曰："请问其目？"子曰："非礼勿视，非礼勿听，非礼勿言，非礼勿动。"(《论语·颜渊》)

可见，孔子认为"非礼勿听""非礼勿言"是实现"仁"的方法之一。

其次，由于孔子对语言伦理功能的局限性上有充分的认识，所以他反复提醒人们不能脱离"仁"去追求巧言。

> 或曰："雍也仁而不佞。"子曰："焉用佞？御人以口给，屡憎于人。不知其仁，焉用佞？"(《论语·公冶长》)
> 司马牛问仁。子曰："仁者，其言也讱。"
> 曰："其言也讱，斯谓之仁已乎？"子曰："为之难，言之得无讱乎？"(《论语·颜渊》)
> 子曰："刚、毅、木、讷近仁。"(《论语·子路》)
> 巧言令色，鲜矣仁！(《论语·学而》《论语·阳货》)

孔子认为说话迟缓(讱)谨慎(讷)是"仁者"的特征，花言巧语(巧言)之人很少能够"仁"。这都是提醒人们认识语言的局限性和危害性。

不过，这并不能理解为孔子反对人们重视语用能力，否则他开设"言语"科就匪夷所思了。孔子在别的场合也说过"情欲信，辞欲巧"(《礼记·表记》)、"言之无文，行而不远"(《左传·襄公二十五年》)等赞赏口才的话。不妨认为，正是因为孔子认识到了语言使用对"内圣外王"之事的巨大作用（特别是执政者的言语往往会转化成政令，从而产生重大的社会后果），才格外强调对言语的谨慎与不苟，以杜绝那些"御人以口给，屡憎于人"的强词夺理以及"恶紫之夺朱也，恶郑声之乱雅乐也，恶利口之覆邦家者"（《论语·阳货》）的"以言害仁"现象。

（二）"仁"下诸德与语用

1. "直"与"言"

一般谈儒家道德，除"仁"之外，多为"义""礼""智""信""孝"等，而对"直"关注较少。冯友兰和钱穆都格外强调"直"的重要性。冯友兰（2001：311）在《中国哲学史》中最先阐释的就是"直"，而钱穆（2010：67）则认为"直"仅次于"仁"，"求仁者莫善于先直"。我们认为"直"是一个重要的伦理概念，且与语用有密切的关系。

"直"，《说文解字》注为"正见"，徐锴曰："乚，隐也。今十目所见是直也。"可见，能为人所见而无所隐就是"直"。

作为一个道德条目，孔子充分肯定"直"对人生的重要性："人之生也直，罔之生也幸而免。"（《论语·雍也》）人的生存本乎正直，违背正直的人也可以生存，那也是苟免于难。可见"直"便是人的一种生存之道。

就"直"的本质属性来讲，"直"就是真诚、诚实，"直者诚也"（钱穆，2010：67）。孔子崇尚"直"，而反感巧言利口却虚情假意之人。他很注意培养弟子说话的诚实。如《论语·先进》载：

> 子路使子羔为费宰。子曰："贼夫人之子。"子路曰："有民人焉，有社稷焉。何必读书，然后为学？"子曰："是故恶夫佞者。"

朱熹认为"子路之言，非其本意，但理屈辞穷，而取辩于口以御人耳"（《四书章句集注》）。因其言不直，所以遭到孔子的指责。孔子的弟子子夏也说："小人之过也必文。"（《论语·子张》）为自己的过失文饰，便是不直，是小人之举。

另外，冉有为季氏作宰，助其伐颛臾却矢口否认，孔子便斥责道："求！君子疾夫舍曰欲之，而必为之辞。"（《论语·季氏》）心里想做，口中却谎说不想，这就是隐而不直，君子对此极为反感。

孔子不仅要求弟子诚直，自己也襟怀坦荡，并对弟子说"二三子以我为隐乎？吾无隐乎尔。吾无行而不与二三子者，是丘也"（《论语·述而》），以示自己和学生坦诚相见。

在交友方面，孔子说"益者三友，损者三友：友直，友谅，友多闻，益矣；友便辟，友善柔，友便佞，损矣"（《论语·季氏》），主张交直率真诚的朋友，而反对交善于媚悦（善柔）、巧言（便佞），不能守直道的朋友。自己也以"直"待友。如：

> 原壤夷俟。子曰："幼而不孙弟，长而无述焉，老而不死，是为贼！"以杖叩其胫。（《论语·宪问》）

原壤为孔子故友①，因所行失礼，孔子直言斥之，绝不"匿怨而友其人"（《论语·里仁》）。

父子、君臣关系也适用"直"德。孔子认为"事父母几谏"（《论语·八佾》），事君则"勿欺也，而犯之"（《论语·宪问》）。如父母君主有错，必当以适当的方式以实相告。而作为君主，对臣子也不应该有所隐瞒，因此孔子说："为上可望而知也，为下可述而志也，则君不疑于其臣，而臣不惑于其君矣。"（《礼记·缁衣》）讲究的是君臣之间以诚相待，互相信赖。

孔子对男女之间也有同样的要求。从他对《诗》中爱情诗的品评，亦可见他对"直"的重视：

> "唐棣之华，偏其反而。岂不尔思？室是远而。"子曰："未之思也，夫何远之有？"（《论语·子罕》）

真若思念一个人，是不会觉得住得太远的。孔子断定诗中主角并不思念对方，盖指责其所言非实，违背"直"德。

---

① 《礼记·檀弓下》载：孔子之故人曰原壤，其母死，夫子助之沐椁。原壤登木曰："久矣予之不托于音也。"歌曰："狸首之斑然，执女手之卷然。"夫子为弗闻也者而过之，从者曰："子未可以已乎？"夫子曰："丘闻之：亲者毋失其为亲也，故者毋失其为故也。"于此事可见孔子与原壤为好友，只不过两人处世之道不同，原壤可能是"方外之人"。

此外，我们也可以从孔子褒贬时人的话中看出他对人"直"行的看重。例如：

> 子曰："孰谓微生高直？或乞醯焉，乞诸其邻而与之。"（《论语·公冶长》）

有人向微生高借醯，他不说自己无醯而借诸邻人，有沽名钓誉之嫌，在孔子看来，这正是不直。

总之，以"直"相交，不违逆人的真性情，这是孔子极为看重的道德修养。但需要强调的一点是，"直"主要不是指说话与事实相符，而是忠于人情义理。因此，当两者冲突之时，那些违反事实的言论，如果合情合理，也是"直"。例如：

> 叶公语孔子曰："吾党有直躬者，其父攘羊，而子证之。"孔子曰："吾党之直者异于是。父为子隐，子为父隐，直在其中矣。"（《论语·子路》）

叶公所说的"直躬者"，以尊重事实为"直"，但违逆了父子相亲的人之常情，因此不符合孔子所提倡的"直"，孔子认为按常情，应"父为子隐，子为父隐"，可见违背事实之言与孔子所说的"直"不一定矛盾。类似的情况还发生在君臣之间：

> 陈司败问："昭公知礼乎？"孔子曰："知礼。"孔子退，揖巫马期而进之，曰："吾闻君子不党，君子亦党乎？君取于吴为同姓，谓之吴孟子。君而知礼，孰不知礼？"巫马期以告。子曰："丘也幸，苟有过，人必知之。"（《论语·述而》）

当别人问及鲁昭公是否知礼，孔子明知昭公有失礼之事实，但仍为其隐瞒。但孔子为的是遵守君臣之义。为尊者讳乃符合义理。因此也不违反"直"德。

又据《左传·宣公二年》记载：

乙丑，赵穿攻灵公于桃园。宣子未出山而复。大史书曰"赵盾弑其君"，以示于朝。宣子曰："不然。"对曰："子为正卿，亡不越竟，反不讨贼，非子而谁？"宣子曰："乌呼！'我之怀矣，自诒伊戚'，其我之谓矣。"孔子曰："董狐，古之良史也，书法不隐。"

董狐所记"赵盾弑其君"，并不符合事实，但他用这种笔法谴责了赵盾不讨贼之过，因此是符合义理的，所以孔子称赞他"书法不隐"，不隐便是"直"。

由上可知，所谓"直言"，主要的是符合人之仁心常情之言，是肺腑之言。不过，仅能直道而言也不是圆满的道德。孔子认为"直而无礼则绞"（《论语·泰伯》），"好直不好学，其蔽也绞"（《论语·阳货》）；心直却不知礼，不学礼，就会尖刻伤人。可见仅有"直"还算不上真正的君子。他曾评价当时的两个贤人："直哉史鱼！邦有道，如矢；邦无道，如矢。君子哉蘧伯玉！邦有道，则仕；邦无道，则可卷而怀之。"史鱼有"直"德，但并不被称为君子，蘧伯玉则因为能够在无道之时将本领收藏起来，不作无谓牺牲，因此够得上是君子。因此可见，语言的使用仅符合"直"是不够的，还需要其他的品德加以配合。

2. "信"与"言"

"信"亦是孔子所教四行（文行忠信）之一，是孔子认为可通行于世的道德价值观。"信"也是成就仁德所不可缺少的一方面，故孔子说"能行五者于天下，为仁矣……恭、宽、信、敏、惠"。他反复强调"主忠信"，认为君子行事当以"忠""信"为主。"信"一般被看作适用于所有人伦关系的德目，但有时也被看作专门处理朋友关系的德目，如"与朋友交而不信乎？""与朋友交言而有信"（《论语·学而》），"老者安之，朋友信之，少者怀之"（《论语·公冶长》）。

"信"的含义，许慎《说文解字》释为"诚也"。朱熹在《四书章句集注》中的"信"有"循物无违谓信""以实之谓信""言之有实也""谓诚意恻恒而人信之也""信，约信也"等几说。

仅从字形上就不难看出，"信"与"言"的关系多么密切。孔子经常将"信""言"并提。如"下之事上也，身不正，言不信，则义不壹，行无类也""君子不失足于人，不失色于人，不失口于人，是故君子貌足畏也，色足惮也，言足信也"（《礼记·表记》）；"言忠信，行笃敬，虽蛮貊之邦行矣；言不忠信，行不笃敬，虽州里行乎哉?"（《论语·卫灵公》）；等等。

"信"德反映在言语表达上，主要是两个方面，一是强调言语真实，及语言要符合事实；二是要言行一致，也就是说到做到。这和"直"德表现出侧重上的不同，"直"德主要是指符合人的伦理情感。

言语真实，也就是说的话要和已有的事实相符合。孔子在祖述历朝礼仪制度时说："夏礼，吾能言之，杞不足征也；殷礼，吾能言之，宋不足征也。文献不足故也，足则吾能征之矣。"（《论语·八佾》）也就是说，可以"言"的东西，必须要有所征验，才能令人信服，否则"虽善无徵，无徵不信，不信民弗从"（《礼记·中庸》）。至于传播未加证实的流言，更是悖逆了道德——"道听而涂说，德之弃也！"（《论语·季氏》）孔子还告诫向他请教"干禄"的弟子子张"多闻阙疑，慎言其余，则寡尤"（《论语·为政》），鼓励他多去了解情况，有怀疑的地方加以保留，剩下可信的部分谨慎地说出，这样才会减少烦恼。并告诫子路"知之为知之，不知为不知，是知也"（《论语·为政》），"君子于其所不知，盖阙如也"（《论语·子路》），这些都是孔子看重说话真实的体现。

言行一致讲究的是语言和说话人未来实际行动的符合。孔子非常强调说话算话，说到做到，如："君子义以为质，礼以行之，孙以出之，信以成之。君子哉！"（《论语·卫灵公》）认为君子当以"义"为本质，按照"礼"的要求来行动，用谦逊的言语说出来，然后再确实地完成它。"君子名之必可言也，言之必可行也。君子于其言，无所苟而已矣！"（《论语·子路》）君子说话一定是可以做到的，绝对不能马虎。"君子耻其言而过其行。"（《论语·宪问》）君子以言过其行为耻辱。因为如果话说得太漂亮，做起来就会很困难："其言之不怍，则为之也难！"（《论语·宪问》）

孔子认为"信"德的作用非常大。首先它是一个人立身行事的基础："人而无信，不知其可也。大车无輗，小车无軏，其何以行之哉？"（《论语·为政》）一个人如果没有"信"德，就会像大车没有安横木的輗，小车没有安横木的軏，根本无法前进一步。

其次，"信"德对于社会的正常运行也是必不可少的。

子贡问政。子曰："足食，足兵，民信之矣。"子贡曰："不得已而去，于斯三者何先?"曰："去兵。"子贡曰："必不得已而去，于斯二者何先?"曰："去食。自古皆有死，民无信不立。"(《论语·颜渊》)

从孔子与子贡的问答中可以看出，孔子认为相比于食物和军备，人民对政府的信任更为重要。如果没有这种信任，国家是无法立足的。

作为统治者，如果言行合一，讲究信用，还可以起到教化百姓的作用。《郭店楚简·缁衣》对此作了详细的描述：

> 子曰：王言如丝，其出如緍；王言如索，其出如绋。故大人不倡流言。《诗》员："慎尔出话，敬尔威仪。"子曰：可言不可行，君子弗言；可行不可言，君子弗行。则民言不危行，行不危言。《诗》员："叔慎尔止，不愆于义。"子曰：君子道人以言，而恒以行。故言则虑其所终，行则稽其所敝，则民誓慎于言，而谨于行。《诗》员："穆穆文王，于缉熙敬止。"子曰：言从行之，则行不可匿。故君子顾言而行，以成其信，则民不能大其美而小其恶。《大雅》员："白珪之石，尚可磨也；此言之玷，不可为也。"《小雅》员："允也君子，展也大成。"《君奭》员："昔在上帝，割绅观文王惠，其集大命于厥身。"

统治者说的每一句话都会产生重大后果，因此不能信口开河。能说不能做，就不说；能做不能说，就不做。这样老百姓才会跟着言行合一。在位的君子言行相顾，讲信用，老百姓也就不会夸大自己的优点，掩饰自己的缺点。

不仅统治者应对下属和人民诚信，下级同样要对上级诚信，因为"信则人任焉"(《论语·阳货》)，讲信用才会获得任用。反之，如果缺乏诚信，则难以使人信，则必定影响自己做事。这正如子夏所说："君子信而后劳其民，未信则以为厉己也；信而后谏，未信则以为谤己也。"(《论语·子张》)君子必须得到信任以后才能发动百姓，否则百姓会以为你在折磨他们；必须得到信任以后才去进谏，否则君上会以为你在诋毁他。

"信"德如此重要，如何在实践中保持呢？孔子最为强调的就是要慎言。慎言有利于言语真实。对未加求证的事情选择少说甚至不说，这是一个人树立诚信的方式。慎言更有利于言行合一。由于人的言说和人的行动存在时间差，中间的任何变故都足以让人的言行脱节。为了防止言行相悖，做事之前就需要慎言，不轻易许诺。孔子在这方面的强调很多，比如：

> 先行其言而后从之。(《论语·为政》)
> 古者言之不出，耻躬之不逮也。(《论语·里仁》)
> 君子敏于事而慎于言。(《论语·学而》)
> 君子欲讷于言，而敏于行。(《论语·里仁》)
> 子曰："君子不以辞尽人。故天下有道，则行有枝叶；天下无道，则辞有枝叶。是故君子于有丧者之侧，不能赙焉，则不问其所费；于有病者之侧，不能馈焉，则不问其所欲；有客，不能馆，则不问其所舍。故君子之接如水，小人之接如醴；君子淡以成，小人甘以坏。小雅曰：'盗言孔甘，乱是用餤。'"子曰："君子不以口誉人，则民作忠。故君子问人之寒，则衣之；问人之饥，则食之；称人之美，则爵之。国风曰：'心之忧矣，于我归说。'"子曰："口惠而实不至，怨菑及其身。是故君子与其有诺责也，宁有已怨。国风曰：'言笑晏晏，信誓旦旦，不思其反；反是不思，亦已焉哉！'"(《礼记·表记》)

将"慎言"推到极致，便是无言。不言之人，就不存在言行不一的问题。而所行皆善，便自然会得到他人的信赖。孔子经常提到这样的境界：

> 天则不言而信，神则不怒而威。(《礼记·乐记》)
> 子言之：君子隐而显，不矜而庄，不厉而威，不言而信。(《礼记·表记》)
> 故君子不动而敬，不言而信。(《礼记·中庸》)
> 君子曰：大德不官，大道不器，大信不约，大时不齐。(《礼记·学记》)
> 极天下之赜者存乎卦，鼓天下之动者存乎辞，化而裁之存乎变，推而行之存乎通，神而明之存乎其人，默而成之，不言而信，存乎德行。(《周易·系辞上》)

在孔子看来，不说，只以行动示之，也可以获得他人的信任，而且这样做是取法上天。因为上天也是以这样一种方式行善的。因此"不言而信"是天人合德的境界。

除了慎言乃至无言，对已出之言，自然就要努力践行，唯此才能"以言取效"。在上边所提的言行对举的话中，他都强调以践行配言，言行是成就信德不可偏废的两个方面，所以他说"言顾行，行顾言，君子胡不慥慥尔"（《礼记·中庸》）。他又说"见利思义，见危授命，久要不忘平生之言，亦可以为成人矣"（《论语·宪问》）。要成为一个"成人"，必须做到重诺践行，"不忘平生之言"。孔子亦赞赏那些为了成就信德，以死践言的行动："事君先资其言，拜自献其身，以成其信。是故君有责于其臣，臣有死于其言。故其受禄不诬，其受罪益寡。"（《礼记·表记》）

但我们也应注意到，言语必信并不是圆满自足的道德。孔子还多次谈到固执于"信"可能的弊端，如"好信不好学，其蔽也贼"（《论语·阳货》），认为一个人如果只求讲信誉却不学习，就有可能危害自己。又说"君子贞而不谅"（《论语·卫灵公》），君子只讲合乎道义的大信，而可以不拘泥于小信用。所以那些类似"匹夫匹妇之为谅也，自经于沟渎而莫之知也"（《论语·宪问》）的"信"，是为孔子所不屑的。他认为"言必信，行必果，硁硁然小人哉"（《论语·子路》），说话绝对信实，做事一定要求结果，只能算是"士"这个阶层中最下等的了。孔子自己也曾以行动来证明他的这一认识：

> 孔子适卫，路出于蒲，会公叔氏以蒲叛卫而止之。孔子弟子有公良儒者，为人贤长有勇力，以私车五乘从夫子行，喟然曰："昔吾从夫子遇难于匡，又伐树于宋，孔子与弟子行礼于大树之下，桓魋欲害之，故先伐其树焉，今遇困于此，命也夫，与其见夫子仍遇于难，宁我斗死。"挺剑而合众，将与之战。蒲人惧，曰："苟无适卫，吾则出子以盟。"孔子而出之东门，孔子遂适卫。子贡曰："盟可负乎？"孔子曰："要我以盟，非义也。"（《孔子家语·困誓》）[1]

孔子为蒲人所困，在与他们签订不去卫国干政的盟约的前提下得到释

---

[1] 事亦见《史记·孔子世家第十七》，文稍异。

放。释放不久他就违背了盟约，弟子子贡因此而生疑，孔子回答说，这是受人强迫的盟约，本身就是不义的。在这件事中，孔子可谓失信于人，但由于此盟本身违背道义，因此他认为可以放弃所谓的信约，而选择更高层次的"义"，可以说正是"贞而不谅"的表现。有若曾说过一句符合老师精神的话："信近于义，言可复也。"（《论语·学而》）《大戴礼记·四代》中孔子说："食为味，味为气，气为志，发志为言，发言定名，名以出信，信载义而行之。"亦明确指出了名言虽要讲信，但依然需要载义而行，也即一定要以合理恰当为前提。

3. "忠"与"言"

《论语》中尚有另一频繁出现的德目——"忠"。孔子以"文行忠信"四目教学生（《论语·述而》），可见他对此德的重视。孔子说"言忠信，行笃敬，虽蛮貊之邦行矣"，又"居处恭，执事敬，与人忠；虽之夷狄，不可弃也"。可见，他把"忠"看作人类普遍接受的道德价值观念。对于"忠"的含义，朱熹认为"尽己之为忠""发己自尽为忠"（《四书章句集注》），"忠，只是实心，直是真实不伪"（《朱熹语类》卷十六）。可见能够尽心尽意，真心诚意，无所隐匿，就是"忠"，可见"忠"与"直"相通。但"忠"又可专指为政事君之德，"忠者，臣德也"（《郭店楚墓竹简·六德》），故有"臣事君以忠"（《论语·八佾》）、"为人谋而不忠乎？"（《论语·学而》）、"爱之，能勿劳乎？忠焉，能勿诲乎"（《论语·宪问》）等说。这种对象性，是"忠"有别于"直"的一面。

一个人为人处世的一切行为当发自内心，尽心尽意，自然在言语上也概莫能外。因此"忠"德和语言运用有密切关系，孔子主张的君子"九思"中，就包括"言思忠"（《论语·季氏》），又说"言忠信，行笃敬，虽蛮貊之邦行矣"（《论语·卫灵公》），都说明"忠"是可以通过说话来体现的。

"忠"在孔子心中亦不是圆满的，尽管他很少明确指出"忠"的缺陷，但他认为忠诚应当有限度，比如说事君时"君使臣以礼，臣事君以忠"（《论语·八佾》）。臣对君忠的前提是君对臣要有礼；对待朋友则"忠告而善道之，不可则止，无自辱焉"（《论语·颜渊》），对朋友说忠诚的话也要看对方是否接受，但也要懂得限度，否则就会自取其辱。再看孔子评价当时的贤人：

子张问曰:"令尹子文三为令尹,无喜色;三之,无愠色。旧令尹之政,必以告新令尹。何如?"子曰:"忠矣。"曰:"仁矣乎?"曰:"未知,焉得仁?"(《论语·公冶长》)

令尹子文做官的表现,在孔子看来符合"忠"德,但还没有达到"仁"的境界,可见他认为"忠"还需要和其他品德相配合,才能成就君子。

4. "智"与"言"

"智"的意思即是智慧,理智。孔子认为"知者不惑"(《论语·宪问》)——有"智"德的人可以不受迷惑,因此代表了一种清醒的态度和理性的精神。何谓"惑"?孔子认为,"爱之欲其生,恶之欲其死。既欲其生,又欲其死,是惑也"(《论语·颜渊》);"一朝之忿,忘其身,以及其亲,非惑与?"(《论语·颜渊》)可见,为情绪所左右,就会陷入迷惑,失去理智。

"智"德尤其表现为一种清醒的选择能力。比如孔子认为:"务民之义,敬鬼神而远之,可谓知矣。"(《论语·雍也》)对鬼神这样的神秘事物敬而远之,避而不谈,和人民一起追求道义,可以说有"智"。有"智"德的人还能够知人、择人——懂得"举直错诸枉"(《论语·颜渊》)。

另外,由于知者清醒理智,懂得随机应变,善于选择,故能保持快乐,"知者乐"(《论语·雍也》)。

尽管孔子经常"仁""智"并提,似乎将两者看得同等重要。但仔细辨别,"智"德亦非完美无缺的至德,依然只是"仁"道的一个方面,有其局限性。孔子说"里仁为美,择不处仁,焉得知"(《论语·里仁》),无"仁"难以为"知",有"知"未必有"仁"。可见,"智"德仍需依傍"仁"。"仁者安仁,知者利仁"(《论语·里仁》)。"智"者的作用是有利于"仁"。因此也可说,"知,仁之实也"(《大戴礼记·四代》),"智"是"仁"的产物。孔子夸赞宁武子"邦有道则知,邦无道则愚。其知可及也,其愚不可及也"(《论语·公冶长》),可见有时候"愚"比"智"还要可贵难学。又说"道之不行也,我知之矣:知者过之,愚者不及也"(《礼记·中庸》)。不恰当的"智"和"愚",都不能达于道。又说"好知不好学,其蔽也荡"(《论语·阳货》),如果只是喜欢"智"

却不学习，就会有放荡无根的弊病。又说"士信悫而后求知能焉。士不信悫而有多知能，譬之其豺狼也"（《荀子·哀公》），士如果没有信实的品德，却聪明而多才能，就会像豺狼一样可怕。可见，"智"德只能算是"仁"道一隅，也需要和其他道德配合。

"智"德与语言的使用也有一定的关系。首先，从一个人的言谈当中可以反映出一个人是否有智慧。孔子的弟子子贡便说"君子一言以为知，一言以为不知，言不可不慎也"（《论语·子张》）。可见，人们往往借助一个人的言语表现来衡量他是否有智慧。而一个人说话是否懂得时机的选择，也是智慧的表现。"可与言，而不与之言，失人；不可与言，而与之言，失言。知者不失人，亦不失言。"（《论语·卫灵公》）因为智者具有选择能力，所以会善于根据不同的人说不同的话，因此能做到不失人也不失言。

其次，智慧的语言和诚实的语言也是相通的。孔子说"知之为知之，不知为不知，是知也"（《论语·为证》），又说"君子知之曰知之，不知曰不知，言之要也""言要则知"（《荀子·子道》），可见，说话信实，是语言使用的要领，也是一种智慧。

（三）"礼"与"言"

由于君子以"仁"为生命的指归，而"仁"又须以"礼"规定的种种社会行为方式作为载体。那么作为社会方式之一的"言"，就自然不仅要符合内在的伦理情感，也要符合外在的"礼"的约束。孔子明确地提出"非礼勿视，非礼勿听，非礼勿言，非礼勿动"（《论语·颜渊》），其中的"言"与"听"，即言语的表达和接受，就非"礼"而不得为。

语言的使用要受到"礼"的约束，这并非孔子才有的认识。《左传·襄公十二年》记载：

> 灵王求后于齐，齐侯问对于晏桓子。桓子对曰："先王之礼辞有之。天子求后于诸侯，诸侯对曰：'夫妇所生若而人，妾妇之子若而人。'无女而有姊妹及姑姊妹，则曰：'先守某公之遗女若而人。'"齐侯许婚。王使阴里结之。

可见春秋时代，王公贵族早就按照"先王之礼辞"来从事一些诸如婚嫁之类的大事。参看《礼记》，更能发现"礼"对"言"的约束无所不在。其中既包含一些纲领性的见解，如《礼记·冠礼》说："凡人之所以为人者，礼义也。礼义之始，在于正容体、齐颜色、顺辞令。容体正，颜色齐，辞令顺，而后礼义备"；《礼记·表记》也说"无辞不相接，无礼不相见"。另外，又包含种种具体礼节在言语方面的要求。比如以下几例（画横线为涉及言语部分）：

丧礼：斩衰，唯而不对；齐衰，对而不言；大功，言而不议；小功缌麻，议而不及乐。（《礼记·间传》）

事先生礼：先生书策琴瑟在前，坐而迁之，戒勿越。虚坐尽后，食坐尽前。坐必安，执尔颜。长者不及，毋儳言。正尔容，听必恭。毋剿说，毋雷同。必则古昔，称先王。侍坐于先生：先生问焉，终则对。请业则起，请益则起。父召无诺，先生召无诺，唯而起。侍坐于所尊敬，毋余席。见同等不起。烛至起，食至起，上客起。烛不见跋。尊客之前不叱狗。让食不唾。（《礼记·曲礼》）

事父母礼：父母有过，下气怡色，柔声以谏。谏若不入，起敬起孝，说则复谏；不说，与其得罪于乡党州闾，宁孰谏。父母怒、不说，而挞之流血，不敢疾怨，起敬起孝。（《礼记·内则》）

男女相处礼：男不言内，女不言外。非祭非丧，不相授器。其相授，则女受以篚，其无篚则皆坐奠之而后取之。外内不共井，不共湢浴，不通寝席，不通乞假，男女不通衣裳，内言不出，外言不入。男子入内，不啸不指，夜行以烛，无烛则止。女子出门，必拥蔽其面，夜行以烛，无烛则止。（《礼记·内则》）

以上各种礼节中对言的规定，涉及交际的态度方法、交际的对象、交际的话题等等，可谓细致入微。如再联系礼书中对各种事务场合的程序性语言的记载（见《礼记》《仪礼》中对投壶、祭祀、婚礼等的描写），或者对周代社会、自然各种事务在言语使用上的刻意区分（如对社会各阶级称谓贵贱的描述），我们实在无法否认，儒家已经将言语纳入其礼之纲维中了。

就孔子本人来说，他不仅在口头上阐述"非礼勿言"的道理，更以自己的言语实践来示范这种道理。《论语》中有不少对孔子平时言行实践的记录，其中不乏他将礼的法度和精神贯彻到言语实践的例子，摘录如下（画横线部分是其言语表现）：

子入太庙，每事问。或曰："孰谓鄹人之子知礼乎？入太庙，每事问。"子闻之曰："是礼也。"（《论语·八佾》）

孔子于乡党，恂恂如也，似不能言者。

其在宗庙、朝廷，便便言，唯谨尔。

朝，与下大夫言，侃侃如也；与上大夫言，誾誾如也。君在，踧踖如也，与与如也。君召使摈，色勃如也，足躩如也。揖所与立，左右手。衣前后，襜如也。趋进，翼如也。宾退，必复命曰："宾不顾矣。"

入公门，鞠躬如也，如不容。立不中门，行不履阈。过位，色勃如也，足躩如也，其言似不足者。摄齐升堂，鞠躬如也，屏气似不息者。出，降一等，逞颜色，怡怡如也。没阶趋进，翼如也。复其位，踧踖如也。执圭，鞠躬如也，如不胜。上如揖，下如授。勃如战色，足蹜蹜，如有循。享礼，有容色。私觌，愉愉如也。

食不语，寝不言。

车中不内顾，不疾言，不亲指。（《论语·乡党》）

师冕见，及阶，子曰："阶也。"及席，子曰："席也。"皆坐，子告之曰："某在斯，某在斯。"师冕出。子张问曰："与师言之道与？"子曰："然。固相师之道也。"（《论语·卫灵公》）

不难看出，无论是在朝廷宗庙，还是在邻里乡党，或者接见宾客，孔子始终以礼的要求出言行事，并且动静自如，看不出丝毫造作忸怩，反而呈现出一种从容淡定、温文尔雅的风度和气象。无独有偶，《韩诗外传》（卷九）记有一段子张对孔子谈吐特征的描述：

子张曰："子亦闻夫子之议论邪？徐言阁阁，威仪翼翼，后言先默，得之推让，巍巍乎，荡荡乎，道有归矣！"

在子张眼里，孔子与人言谈，温和缓慢，仪态庄重，让别人先说，自己先沉默，即使有说得对的地方也要推让，那么崇高宽广而合乎正道。而孔子之所以能有这样令人仰慕的言谈风度和气象，正是由于礼的精神在支撑。

（四）仁礼关系的语用投射

孔子对于"仁""礼"关系的阐述，在语用问题上同样有着相应的投射，演变成了三对概念——"文""质"关系、"象""意"关系和"巧""达"关系。

1. "文""质"关系

"文""质"关系的讨论出自《论语·雍也》：

> 子曰："质胜文则野，文胜质则史，文质彬彬，然后君子。"

不少人认为这两句话讨论的是语言运用的问题，但对何为"文"何为"质"有不同的说法。有学者从修辞手段或风格角度来解释，如易蒲、金苓（1989：42）认为："所谓'质'，即语言要明白、朴素，要信实而确切地表达思想感情。所谓'文'，即语言表达生动、华美、有文采。所谓'野'，即粗俗、鄙野，所谓'史'，在古文字中引申为'虚华无实'，'多饰少实'之意。只有即有'文'，又有'质'，做到'文质彬彬'，在言辞、文辞上达到文质兼美的境界，才能成为'君子'。"这种解释和陈望道的消极修辞及积极修辞的两大分野一脉相承。陈望道（1979）认为消极修辞以明白通顺为主，"这是古话所谓'质'的部分。积极修辞则力求形象、生动、感人，这是古话所谓'文'的部分"。其实质就是把"文""质"看作语言运用的两种不同的手段或风格。也有学者从内容和形式的关系来解释"文""质"。如周振甫（2004：11）认为："质胜过文，内容可取，文辞表达不够，显得粗野。文胜过质，文辞好，内容不确切，像史的语言，不免讳饰，不符合实际。文质彬彬，文辞和内容都切合实际，然后像成德的君子。"第三种观点则认为这段话虽然体现了儒家关于语言运用的观点，但并不是讲一般的语言形式和内容的关系，而是包含了仁、义等儒家精神内涵（池昌海，2012：7）。

还有些学者则指出这段话的本义并不是在讨论语言运用的问题。如陈光磊、王俊衡（1998：30）认为"儒家把礼乐看作文，仁义看作质。文采和质实配合恰当，才能成为一个君子"，"这个命题的初始意义并非专指修辞"。丁秀菊（2007）认为"质"是指忠信，"文"是礼仪、制度、细节等。两者统一到"礼"的概念中。孔子的"质""文"本是指人的内在本性与外在修养而言。

我们认为要弄清这段话的本义，必须先确定孔子所说的"质"与"文"的含义。可以先考察"质"在《论语》中其他地方的意思。如：

> 夫达也者，质直而好义，察言而观色，虑以下人。在邦必达，在家必达。夫闻也者，色取仁而行违，居之不疑。在邦必闻，在家必闻。（《论语·颜渊》）

这是孔子解释"闻"与"达"区别的一段话。其中说"质""直而好义"，显然"质"是指人的品德。孔子将"色取仁而行违"与之相对，其中"色""行"是指人的外在表现，与人的内在品德相对而言。

又如：

> 子曰："君子义以为质，礼以行之，孙以出之，信以成之。君子哉！"（《论语·卫灵公》）

在这段话中，孔子先讲"义以为质"，再讲"礼以行之"，即认为君子需要内在品质和外在行动兼顾。

通过这两处我们可以看到，将"质"看作君子的一种内在的伦理品质，可能是比较合理的解释。

再看"文"。"文"在《论语》中有几种不同的意思，包括文献或文献知识、文辞、文采、谥号、文饰等（杨伯峻，1980：224）。但我们认为，"文质彬彬"中的"文"当是指礼仪。比如：

> 子曰："若臧武仲之知，公绰之不欲，卞庄子之勇，冉求之艺，文之以礼乐，可以为成人矣。"（《论语·宪问》）

在这里，礼乐是可以用来文饰"知""不欲""勇"之类的内在伦理品质的。上引"君子义以为质，礼以行之"也说明"礼"和"质"具有表里关系。《礼记·乐记》说"礼自外作故文"，而孔子有时候也直接用"文"形容周代的礼制，如"周监于二代，郁郁乎文哉！"（《论语·八佾》）这说明"礼"和"文"有时是同一性质的东西。

结合上面所说的"仁""礼"关系的讨论，我们认为，"文质彬彬"是指君子应伦理品质和礼仪外表兼备。一个人的伦理品质如果缺乏足够的礼仪方面的修饰，就会显得粗鄙。相反，一个人如果只懂得礼仪而内在品质不足，就会像庙里的祝官一样①。两者相互协调，才能成为君子。孔子的弟子子贡阐述文质关系的一段对话，以礼乐修养和道德品质的角度来理解，也是很合适的：

> 棘子成曰："君子质而已矣，何以文为？"子贡曰："惜乎！夫子之说，君子也。驷不及舌。文犹质也，质犹文也。虎豹之鞟犹犬羊之鞟。"（《论语·颜渊》）

棘子成说，君子只需要质实的品德就行了，要那些外在的礼仪文饰有什么用呢？子贡认为棘子成说的不对，道德品质和礼仪文饰同样重要，如果只有道德而没有外在的礼仪文饰，那就像失去皮毛的虎豹的身体一样看不出与犬羊的差别。子贡的回答显然符合"仁"与"礼"互相统一的观念。

另外，《说苑·修文》所记载的孔子与子桑伯子因对"文""质"关系认识的不同而引发的一段故事也可以看出孔子"仁""礼"并重的"文""质"观：

> 孔子见子桑伯子，子桑伯子不衣冠而处。弟子曰："夫子何为见此人乎？"曰："其质美而无文，吾欲说而文之。"孔子去。子桑伯子门人不说，曰："何为见孔子乎？"曰："其质美而文繁，吾欲说而去其文。"

孔子认为子桑伯子品质美好但缺少文饰。②而子桑伯子则认为孔子品质美好但文饰过繁。这故事说明孔子对内在的品质和外在的礼仪文饰同样重视。

因此，我们大体同意"文质彬彬"说本身并不是一个语言运用的问

---

① 钱穆（1991：94）认为："瞽史司天，祝史司鬼神，史巫司卜筮、司梦，皆庙祝也。""史"盖指祝鮀之类对礼仪知识精通之人。

② 孔子对子桑伯子的批评，《论语·雍也》亦有述：仲弓问子桑伯子。子曰："可也简。"仲弓曰："居敬而行简，以临其民，不亦可乎？居简而行简，无乃大简乎？"子曰："雍之言然。"仲弓向孔子问起子桑伯子。孔子说："不错啊，他能简。"仲弓说："内心严肃恭敬而行事简单，以此原则治理百姓，不也行了吗？居心简单，行事也简单，这恐怕太简单了吧？"孔子说："雍说得对。"《说苑·修文》对此处"简"的解释是："易野也。易野者，无礼文也。"可见，子桑伯子有重质直不重礼文的观念。

题，而是反映了孔子"仁""礼"并重的君子观①："表现在君子的言动、容色、生活各个方面的美和文化教养，与君子内在地具有的仁义道德品质这两者的统一。只有达到了这两者的统一，才是孔子理想中的君子。"（李泽厚，1984：143）

当然这并不是说不可以将"文质彬彬"用作语言使用的指导思想。因为言语行为毕竟是君子各种行为表现的一方面。孔子自己说：

> 是故君子服其服，则文以君子之容；有其容，则文以君子之辞；遂其辞，则实以君子之德。是故君子耻服其服而无其容，耻有其容而无其辞，耻有其辞而无其德，耻有其德而无其行。（《礼记·表记》）

意思是作为一个君子，既要对仪容、言辞等一切外在行为加以"文"，又要配以实在的品德，无论哪一方面缺失都是可耻的。

正是由于这种相关性的存在，后世学人才将孔子的"文质"观运用于文章写作等语言运用的领域中去。如汉扬雄《天玄·玄萤》说："文以见乎质，辞以睹乎情。"《淮南子·缪称训》说："文者所以接物也。情系于中，而欲发外者也。以文灭情，则失情；以情灭文，则失文。文情理通，则凤麟极矣。"类似的还有刘勰"文质相称"、章太炎"文质相扶"、王夫之"文以质立，质资文宣"等语用观念。

陈宗明（1984）认为"文质"关系反映了三个层次的问题：最高一层的"文质"问题是事物的外表与本质，如"天文地理"。第二层次的意思是人事，如"文质彬彬"。第三层的意思特指语言表达形式和语言表达内容。只有第三个层次的问题才是真正的语用问题。但这三个层次的问题具有相关性，即都是表现形式和表现内容的关系。

从孔子学说的角度来看，"天文""人文""语文"具有相关性固然不错，但这种相关性并不在于它们都是反映内容的形式，而在于它们拥有共同的价值基础。孔子在《论语·泰伯》中说："大哉尧之为君也！巍巍乎！唯天为大，唯尧则之。荡荡乎！民无能名焉。巍巍乎其有成功也！焕乎其有文章！"盛赞尧的功业文章是法天而行。在《论语·子罕》中说：

---

① 关于"文质彬彬"说和"仁""礼"思想互相贯通的观点，亦可参见余英时（2003：121—123）。

"文王既没，文不在兹乎？天之将丧斯文也，后死者不得与于斯文也；天之未丧斯文也，匡人其如予何？"认为自己掌握的礼乐文化源自于"天"。《周易·贲》中说"观乎天文，以察时变；观乎人文，以化成天下"，《周易·系辞上》又说"天生神物，圣人则之，天地变化，圣人效之"，都说明人文从天文中来，人道来自于天道。而"天地之大德曰生"（《周易·系辞下》），能生养万物的天地本身就是价值的源泉。因此，天文也是具有价值属性的。"文质"关系之所以能用来解释语用问题，其共同前提是语言运用仍然保留着价值。唯此才能真正地理解孔子所说的"言谈，仁之文也"（《礼记·儒行》），也才能为后代所说的"文以载道"观找到合理的哲学基础。

2. "象""意"关系

孔子在《周易·系辞上》中说了一段涉及言意关系的著名命题：

> 子曰："书不尽言，言不尽意。"然则圣人之意，其不可见乎？子曰："圣人立象以尽意，设卦以尽情伪，系辞焉以尽其言。"

孔子认为，文字不能充分表达语言，语言不能充分表达意义。如果要充分显露圣人的意义，就需要借助"象"。这里的"圣人之意"显然是指天地之道或仁道而言。而对于"象"的意思，《周易·系辞上》中说"圣人有以见天下之赜，而拟诸其形容，象其物宜，是故谓之象"，可见"象"是对各种客观事物的模仿。《周易·系辞上》又说：

> 古者庖牺氏之王天下也，仰则观象于天，俯则观法于地，观鸟兽之文，与地之宜。近取诸身，远取诸物。于是始作八卦，以通神明之德，以类万物之情。作结绳而为罔罟，以佃以渔，盖取诸离。包牺氏没，神农氏作。斫木为耜，揉木为耒，耒耨之利以教天下，盖取诸益。……上古结绳而治，后世圣人易之以书契，百官以治，万民以察，盖取诸夬。

根据孔子的解释，庖牺氏观察自然界的现象，而生出了种种意象，并用卦符加以表示。后人则根据这些意象创造各种新的意象，并根据新的意象制造了种种器物。语言文字符号大概也是在这个过程中产生的。

"象"不仅仅是人类社会一切器物的来源,也是各种道德观念的象征。如《乾》卦说"天行健,君子以自强不息",《坤》卦说"地势坤,君子以厚德载物",《大畜》卦说"天在山中,大畜,君子以多识前言往行,以畜其德",都把各种"象"的显现和道德观念联系起来。

由此看来,"象"一方面是取法天地的结果,另一方面也是礼仪制度的母体。夏静(2010)认为,"文""象""礼"三个概念具有本源一致性。

"文"在本质上是可感知的"象"。文象同源的思想传统历史悠远,在三代文化中已经具有稳定的含义,至迟在春秋战国时期,作为一种普遍性的知识话语,此一思想已经定型。先秦时期的"文",主要是指礼乐之文。孔子所谓"文",如《论语》中"天之将丧斯文也"(《子罕》),"周监于二代,郁郁乎文哉,吾从周"(《八佾》),"君子博学于文,约之于礼"(《雍也》),"文之以礼乐,亦可以为成人矣"(《宪问》),等等,指的均为礼乐刑政。对此,后世学者常常心通意会,如司马光《答孔文仲司户书》云:"古之所谓文者,乃诗书礼乐之文,升降进退之容,弦歌雅颂之声。"以今人的眼光看,"文"之含义,小到可见的纹样、记号、文字符号,大到可感的社会文化制度乃至人的生存样态,涵盖了广义人文创造的各个领域,至大至广。

以礼乐为代表的人文制度是"观象制器"的产物。所谓"观物取象"是《易》学最核心的命题之一,源于人们对"象"本质的认识。古人认为《易》象集中体现了圣人之意,圣人受先验卦象启发,生出种种关于天之象、地之象与人之象的看法来,由"象"产生人类各种器物、仪式和制度,所以荀悦认为:"立象成器以为天下利,立制度之谓也。"对于《易》学"观象制器"的说法,胡适就认为"本来只是一种文化起源的学说",更准确地讲,表达了一种人文起源的总体思想意识,代表人类文化创造的普遍意向。朱自清认为《周易》之所以能够由占筮之作提升为哲学论著,主要就取决于其融合儒道的理路与"观象制器"思想的抬出。

而胡适(1997:45)认为"人类的一切器物制度礼法,都起于种种

'象'……象的应用，在心理和人生哲学就是'意'，就是'居心'，就是俗话说的'念头'"。这样一来，"象"又成了"意"的显现。因此"象"和"意"的关系，实和"礼""仁"关系或"文""质"关系一致。

由此可见，"以象尽意"也并不纯乎语用学问题。不过语言使用也属于"以象传意"的现象。因为语言本身就是"象"之一种。不过，语言与其他意象不同的地方在于，它是"符号的符号"，通过比喻等形象手法的创造，可以激发人们对其他意象的想象，从而通过"以言尽象"，再进而"以象尽意"。有许多学者指出，比喻和象之间有很大相似性。如宋人陈骙说："《易》之有象，以尽其意；《诗》之有比，以达其情。文之作，可无喻乎？"（《文则·丙一》）言下之意是，文章诗歌的写作使用比喻，可以起到和以象尽意同样的效果。清人章学诚《文史通义·易教下》则明确说："《易》象通于《诗》之比兴"，并说"《易》象虽包六艺，与《诗》之比兴，尤为表里"。《周易正义·坤》中孔颖达指出："凡《易》者，象也。以物象而明人事，若《诗》之比喻也。"可见，比喻这种形象化的语言使用方法和《周易》的"象"是相通的。

3. "巧""达"关系

专门针对语用问题而发的，是接下来要讨论的关于"辞"的"巧""达"关系。"辞巧""辞达"都分别出自孔子之口：

子曰："情欲信，辞欲巧。"（《礼记·表记》）
子曰："辞达而已矣。"（《论语·卫灵公》）

这两个命题，一个主张"辞巧"，一个主张"辞达"。"巧"一般被理解为巧妙而重文采，"达"又常被看作准确质朴。这样的理解使这两个命题表面上似乎存在对立。而"辞巧说"又似和孔子对"巧言令色"之人的负面评价构成矛盾。因此，有人认为"孔子的修辞学说模糊而不清楚，甚至先后不同"，以至于"后世的注疏家和文章家便作了种种臆说"（郑子瑜，1984：15）。我们的讨论则旨在将这两种貌似对立的观点加以统一。

首先讨论"辞巧"说。"巧"是指言辞巧妙有文采，这是没有什么问题的。关键在《论语》中，孔子多次表达了对言辞巧利之人的不信任。这容易让人误以为，孔子是坚决反对巧言的。然而，只要我们全面考察其语用思想，就不难发现孔子反对巧言有个大前提，就是不允许话语乱德伤仁。前面我们已经谈到，儒家重视信，而多言往往伤信。但对于语言美巧的正面作用，孔子并不缺乏认识。他曾感叹"不有祝鮀之佞，而有宋朝之美，难乎免于今之世矣"（《论语·雍也》），认为仅有如宋朝那样的美貌而缺少祝鮀的口才是难以在当时之世避免祸害的。可见，孔子还是肯定口才对于人的正面作用的。①

《左传·襄公二十五年》记录了子产以口才维护国家利益的事迹②，孔子评价说："志有之：'言以足志，文以足言。'不言，谁知其志？言之无文，行而不远。晋为伯，郑人陈，非文辞不为功。慎辞哉！"他认为，说话缺乏文采，就难以走得太远。子产立下功劳就是依靠他的外交辞令。说话不能不谨慎啊。由此可见，孔子主张的"慎言"并不是简单地指少说不说，而是也涵盖了对语言巧妙的形式要求。《论语·宪问》中记录了一个外交辞令产生的过程："为命：裨谌草创之，世叔讨论之，行人子羽修饰之，东里子产润色之。"这一过程可说竭尽文饰之功，所谓的"慎言"绝不同于反对巧言昭然可知。

另外，孔子弟子子贡以善言著称，《孔子家语·致思》记载了孔子与他的一番对答：

> 子贡复进曰："赐愿使齐楚合战于漭瀁之野，漭瀁广大之类两垒

---

① 孔子对祝鮀口才的赞赏非仅一见，如《论语·宪问》："子言卫灵公之无道也，康子曰：'夫如是，奚而不丧？'孔子曰：'仲叔圉治宾客，祝鮀治宗庙，王孙贾治军旅。夫如是，奚其丧？'"孔子认为卫国不丧的原因在于有祝鮀。

② 郑子产献捷于晋，戎服将事。晋人问陈之罪。对曰："昔虞阏父为周陶正，以服事我先王。我先王赖其利器用也，与其神明之后也，庸以元女大姬配胡公，而封诸陈，以备三恪。则我周之自出，至于今是赖。桓公之乱，蔡人欲立其出，我先君庄公奉五父而立之，蔡人杀之，我又与蔡人奉戴厉公。至于庄、宣皆我之自立。夏氏之乱，成公播荡，又我之自入，君所知也。今陈忘周之大德，蔑我大惠，弃我姻亲，介恃楚众，以凭陵我敝邑，不可亿逞，我是以有往年之告。未获成命，则有我东门之役。当陈隧者，井堙木刊。敝邑大惧不竟而耻大姬，天诱其衷，启敝邑心。陈知其罪，授手于我。用敢献功。"晋人曰："何故侵小？"对曰："先王之命，唯罪所在，各致其辟。且昔天子之地一圻，列国一同，自是以衰。今大国多数圻矣，若无侵小，何以至焉？"晋人曰："何故戎服？"对曰："我先君武、庄为平、桓卿士。城濮之役，文公布命曰：'各复旧职。'命我文公戎服辅王，以授楚捷——不敢废王命故也。"士庄伯不能诘，复于赵文子。文子曰："其辞顺。犯顺，不祥。"乃受之。

相望，尘埃相接，挺刃交兵，赐着缟衣白冠，兵凶事故白冠服也陈说其间，推论利害，释国之患，唯赐能之，使夫二子者从我焉。"夫子曰："辩哉。"

从孔子对子贡的评价，可见孔子对其巧言辩才还是持正面肯定态度的。又据《孔子家语·屈节解》①记载，子贡曾在鲁国危难之时，因孔子信赖其辩才，奉命出使，成功游说诸国，结果存鲁，乱齐，破吴，强晋而霸越，十年之中，五国各有变。孔子对此感叹道："夫其乱齐存鲁，吾之始愿，若能强晋以弊吴，使吴亡而越霸者，赐之说也。美言伤信，慎言哉。"对于这件事，孔子一方面承认子贡的辩说才能对于建功立业，扭转危局的正面作用，但也因为"美言伤信"而带来的负面影响对子贡有微责之意。可见在孔子心中，巧言因能立功而显其价值，又因伤德而露其弊端。德、功、言三者的主次地位是清晰明了的。巧言是否可取，主要起决于其对功德建立的作用。因此孔子才将"情欲信"，也即说话符合事实的道德要求，放在"辞欲巧"的前面。而孔子对于巧言较多地批评，甚至说"巧言乱德"（《论语·卫灵公》），多半是基于时代的问题，是对礼崩乐坏的社会大环境下名实相怨、言行相悖等乱德现象开出的一剂特效药，而绝非对语言巧妙本身毫无理由的憎恶。

对于孔子"辞达"观的解释较为错综复杂。历史上大约有三种观点：

第一种观点认为孔子主张言辞只要能够传情达意即可，反对繁文缛节。如《论语集解》中引孔安国语曰："凡事莫过于实，辞达则足矣，不烦文艳之辞。"朱熹《四书章句集注》亦云："辞取达意而止。不以富丽为工。"司马光《答孔文仲司户书》说："古之所谓文者，乃所谓礼乐之文，升降进退之容，颂歌雅颂之声，非今之所谓文者也。今之所谓文者，古之辞也。孔子曰：'辞达而已矣。'明其足以达意斯止矣，无事于华藻宏辩也。学不充于中，而徒外事其文，则文盛于外，而实困于内，亦将兼弃其所学。"今人也有把"文质彬彬"中的"文"理解为文采，"质"理解为质朴，辞达也就相当于"质"，也就是理解为崇尚质朴的言语风格要求（易蒲、金苓，1989：42）。

第二种观点大概受到孔子"言之无文，行而不远""辞欲巧"之说的

---

① 事亦见《史记·仲尼弟子列传》。

影响，认为为了"辞达"，必须讲究文辞的修饰。如王世贞《艺苑卮言》中说："辞无所不修，而意则主于达。"魏禧《甘健斋轴稿序》说："辞之不文，则不足以达意也。"南朝刘绘《答祠郎熊南沙论文书》说："今有辞达者，但曰直陈去雕饰，甚非旨也。夫文章雕饰，自不可少，深原尔雅，乃其要焉。《诗》曰：'追琢其章，金玉其相。'言文质也。"对质朴观做了尖锐的批评。

第三种观点则认为言辞文雅或者质朴与"辞达"的关系不是必然的，一切以适切为宜。如顾炎武《文章繁简》认为："辞主乎达，不论其繁与简也。繁简之论兴，而文亡矣。文章岂有繁简耶？昔人之论，谓风行水上，自然成文，若不出于自然，而有意于繁简，则失之矣。"洪亮吉《晓读书斋初录》也认为："达即繁简适中，事辞相称。"

比较这三种观点，我们更赞同最后一说。《仪礼·聘礼记》说："辞多则史，少则不达。辞句足以达，义之至也。"可见，辞用多用少要看其是否达意，能够达意的就是"义之至"，也就是要以恰当为标准。不过，这三种观点有一个共同的预设是值得商榷的，即认为辞之所"达"乃达意，把孔子的辞达观看作语言表达与意义的关系。这种共同的预设偏离了孔子思想的主旨。孔子主要想构建以道德为核心的学说体系，并无意探讨脱离价值判断的形式/意义的二元关系，更不用说是语言意义和表达形式的关系。他所谓的"达"，理应是达于他所向往的君子之道，也即仁道。孔子说"君子上达，小人下达"（《论语·子路》），说自己"下学而上达"（《论语·宪问》），朱熹将"上达"之对象都解释为"天理"（《四书章句集注》），庶几近之，但按照孔子思想体系的原意，应该还是指仁道而言。"君子无终食之间违仁，造次必于是，颠沛必于是"（《论语·里仁》），语言使用又怎能不以此为根本的准绳而须臾不离？君子的语言使用，也应以"上达"为旨意，离了仁道，都会丧生其存在的价值，而沦为一游戏尔。当然，"上达""下达"之说，似乎说明"达"本身是中性的，不具有价值上的方向性。但其实不然，"达"在很多情况下，是具有价值含义的。如孔子称赞子贡"赐也达，于从政乎何有？"（《论语·雍也》），又向子张解释何为"达"："夫达也者，质直而好义，察言而观色，虑以下人。在邦必达，在家必达"（《论语·颜渊》），都具有价值上的规定性。"辞达"中的"达"，也应有这样的价值属性。

因此可以说，"辞达"观反映了孔子对语言伦理功能的认识。我们可以从孔子对诗的态度中得到证明。孔子曾说"不学《诗》，无以言"（《论语·季氏》），又说"《诗》三百，一言以蔽之，曰：思无邪"（《为政·第二》）。可见，学诗知言的目的还是"思无邪"，归结于一种道德上的追求。因此，孔子才认为"诵《诗》三百，授之以政，不达；使于四方，不能专对；虽多，亦奚以为？"（《论语·子路》）诗若不能帮助人实现干政行道的政治目的（在宗法社会中，政治和伦理实不可切割），背诵再多也没有用。孔子"辞达而已矣"的这番感叹，实是提醒人们言说的功能是为了达于仁道。它和"辞巧"并没有内在的冲突。巧于言（包括慎于言），达于道，本来就是统一和谐的语用观。

总之，"辞巧"乃是对于语用形式、手段的要求，它属于"文"的范围，"象"的范围，也属于"礼"的范围。"辞达"则是对语用意图、交际目的要求，它属于"质"的范围，"意"的范围，也属于"仁"的范围。孔子对于语言使用"巧""达"两方面的看法，是隶属于他的以"仁""礼"为核心的思想体系的。

第四章

孔子语用思想（下）

第一节　用言之方

上一章我们重点讨论了孔子思想体系中的语用主体——"君子"，并分析了语言使用和语用主体，尤其是君子诸德之间的关系。对于语言使用和君子诸德之间关系的分析当然是不完全的，甚至只能说是例证性的。但总体来说，语言使用的一端联系着"仁"，它指向人的内心，另一端联系着"礼"，它指向人的外在行动规范，抓住两端，语言使用和其余诸德的关系，也就能纲举目张，无须赘言。但孔子的语用思想也并非如此简易。现实生活的各种言语交际活动都是具体的，琐碎的。要使君子之学中的语用道德落到实处，还需要有可操作性的方便法门，本章我们着重探讨更为具体的方法论问题。

一　取譬

孔子在《论语》中曾说自己的道是一以贯之的。而他所说的道，曾子谓"夫子之道，忠恕而已矣"《（论语·里仁》）。《礼记·中庸》也记载了孔子的话"忠恕违道不远，施诸己而不愿，亦勿施于人"；当子贡问孔子："有一言而可以终身行之者乎？"孔子回答说："其'恕'乎！己所不欲，勿施于人。"（《论语·颜渊》）在这些地方，孔子一再强调了他的一个重要方法论原则，即"恕"道。[①] 其含义，则是"以心度物曰恕"

[①] 前人多采朱熹"尽己之心为忠，推己及人为恕"（《四书章句集注》）以释"忠""恕"之道。但作为一以贯之的行仁之方，孔子主要指的是推己及人之道，也就是取譬之道。这种取譬之道应仅指"恕"。前面对"忠"的分析已经可见，孔子对"忠"的评价是有限度（转下页）

(《声类》),"以己量人谓之恕"(《贾子·道术》)。

"恕"道也就是一种取譬之道。孔子又在另一处对子贡说:"夫仁者,己欲立而立人,己欲达而达人。能近取譬,可谓仁之方也已。"(《论语·里仁》)对于何为"能近取譬",朱熹解释甚精:"近取诸身,以己所欲譬之他人,知其所欲亦如是也。然后推其所欲以及于人,如恕之事而仁之术也。"(《四书章句集注》)这种推己及人的"恕"道或者"取譬"之道,也就是《礼记·中庸》所说的"絜矩之道"。

> 上老老而民兴孝,上长长而民兴弟,上恤孤而民不倍,是以君子有絜矩之道也。所恶于上,毋以使下;所恶于下,毋以事上;所恶于前,毋以先后;所恶于后,毋以从前;所恶于右,毋以交于左;所恶于左,毋以交于右。此之谓絜矩之道。

胡适(1997:76)认为,"'恕'即是推论,推论总以类似为根据"。在孔子眼里,"仁"是存在于人与人之间的根本大道。而人与人之间的关系,最重要的是同类的关系。同类具有同心,所谓"他人有心,予忖度之"(《诗·小雅·巧言》),必须以同类为前提的。因此,"恕""取譬""絜矩之道"其实都是一种类推的方法,它是孔子道德实践的一条重要逻辑法则。

但取譬之道不仅可以用在人与人之间,也可以用在人与物之间。因为人与物在更抽象的标准中仍是同类,因此也有互通性。李清良(2001:333)区分了传统哲学中人的人性和物性,认为"自人类以观之,则人与人之间存在着人之'常情'与共同人性。自天地以观之,则人与万物之间又都存在着共同的'物性'"。取譬之道正是一种可以贯通人的社会观和自然观的思维方式。《论语·雍也》说孔子"钓而不纲,弋不射宿",

---

(接上页)的,而对于"恕",却从未见批评。《说文解字》甚至说"恕,仁也",直接将"恕"和"仁"等同起来。可见"忠"与"恕"地位实不相同。因此,本书把"忠"作为"仁"之次德,而"恕"则看成根本的为仁之方。至于曾子说的"忠恕之道而已"以及《中庸》所说的"忠恕违道不远,施诸己而不愿,亦勿施于人"中之"忠恕"之意,则可理解修辞学上的偏义复指,指的就是"恕"道。王淄尘《四书读本》释恕为:"仁,是人之德;恕,是行仁之方。恕的消极方面,为'己所不欲,勿施于人';其积极方面,即使'即欲立而立人,己欲达而达人。'"也,所言甚是。

对猎杀鱼鸟手下留情，(《礼记·檀弓下》)记载孔子让弟子埋葬狗马，可见他对一般生物都推己及之，恻隐相怜。这种类推的泛化，使孔子将人与自然之物的关系也作了伦理化的理解："从人的伦理道德的观点去看自然现象，把自然现象看成是人的某种精神品质的表现和象征。不论山、水、北斗、松柏或其他自然现象，只要它同人的某种精神、品质、情操有同形同构之处，都可能为君子所'乐'。"(李泽厚、刘纲纪，1984：145)"即便是颜色，也不是着眼于它的物理性质，也不是着眼于主客观的认识关系，而是着眼于人的情感需要和道德评价，体现出某种意义"(蒙培元，1993：59)，这才有所谓"恶紫之夺朱也，恶郑声之乱雅乐也，恶利口之覆邦家者"(《论语·阳货》)。

孔子的这种推己及物的思想表现的正是中国文化"天人合一"的特征："假定有一共同的原则支配着自然界与人类思想，那么，伦理价值就能够通过考察自然原则来探求。中国哲人把类比推理当作一种论辩手段的偏爱是非常闻名的。这种类比推理常被视为一种诡辩术而忽略其意义。然而，一旦我们认识到这一假定，即有一共同原则支配着自然世界与人类社会，那么，我们就能看到，这种类推的论辩方法——中国古代主要的辩论方法——有着更为严肃的目的。它的应用与活力是出于自然与人类形似性的假设。"(艾兰，2002：23)可见，没有这种类推思维作为基础，人与自然是无法得到统一的。

取譬之道在语言表达中的体现，可以分为两个方面。当在人与人之间进行类推时，表现为"征圣宗经"，当人与物之间进行类推时，则表现为比喻手法的使用。

(一) 征圣宗经

1. 定义

孔子具有强烈的类意识，因此，他才会以理想人格作为一切人应当取法的典范。而在他眼里，尧舜禹文王周公等古圣先贤，人格完美，是"人伦之至"。孔子称赞尧"大哉尧之为君也！巍巍乎！唯天为大，唯尧则之。荡荡乎！民无能名焉。巍巍乎其有成功也！焕乎其有文章"，称颂舜禹"巍巍乎！舜、禹之有天下也，而不与焉"，"禹，吾无间然矣。菲饮食，而致孝乎鬼神；恶衣服，而致美乎黻冕；卑宫室，而尽力乎沟洫。禹，吾无间然矣！"(《论语·泰伯》)对尧舜禹毫无保留地加以肯定。又说"文王既没，文不在兹乎?"(《论语·子罕》)认为自己继承了文王创立的文化。又说："甚矣吾衰矣！久矣吾不复梦见周公！"（《论语·述而》）把梦不到周公当作自己衰老的征兆。在他眼里，这些古圣先贤是一切价值和意义的源泉。先贤从实际行动中表现出的高尚人格、建立的丰功伟业及创立的典章制度，无不受到孔子的追怀。而他们所创建的辉煌文明，成为孔子努力想要重建与复兴的理想。这注定了他的思想具有往回推的特征。《礼记·中庸》说"仲尼祖述尧舜，宪章文武"，认为他的整个思想，并非凭空而作，而只是继承了尧舜文武之道的传统。

孔子主张凡事取法古圣先贤："生今之世，志古之道，居今之俗，服古之服，舍此而为非者，不亦鲜乎？"（《孔子家语·五仪解》）"非先王之法服不敢服，非先王之法言不敢道，非先王之德行不敢行。"（《孝经》）他还认为即便是本质美好的"善人"，如不循着先贤的道路上进，也难以登堂入室："不践迹，亦不入于室。"（《论语·先进》）正是这种思想形成了孔子的"征圣"式言说。所谓"征圣"，是把古圣先贤看作一切行动取法的标准，在语言使用中也尽可能以古圣先贤作为权威。

"征圣"和"宗经"又是密不可分的。所谓"宗经"，是指取法先王留下的经典文献。"论文必征于圣，窥圣必宗于经"（《文心雕龙·征圣》），古圣先贤的一切言行，不通过经典文献是无法了解的。从这个角度来说，"宗经"式言说又是"征圣"的必由之路，"征圣"最终要落实到"宗经"上。这里的"宗经"，主要是指孔子整理的《诗》《书》《礼》《乐》《易》《春秋》。"《六经》，先王之陈迹也"（《庄子·天运》），其在春秋时期已是贵族教育的基本素材，并被视作"义之府"和"德之则"[1]。而孔子的君子之教，同样依赖《六经》。在《论语》中，孔子经常谈到君子之学与这些文本典籍的相互关系。

> 不学《诗》，无以言。（《季氏》）
> 不学《礼》，无以立。（《季氏》）
> 兴于《诗》，立于《礼》，成于《乐》。（《泰伯》）
> 《诗》可以兴，可以观，可以群，可以怨。（《阳货》）

《礼记·经解》中记孔子言：

---

[1] "《诗》《书》，义之府也；《礼》《乐》，德之则也。"（《左传·僖公二十七年》）

> 入其国，其教可知也。其为人也：温柔敦厚，《诗》教也；疏通知远，《书》教也；广博易良，《乐》教也；洁静精微，《易》教也；恭俭庄敬，《礼》教也；属辞比事，《春秋》教也。

司马迁《史记·滑稽列传》也记孔子言：

> 孔子曰："六艺于治一也。《礼》以节人，《乐》以发和，《书》以道事，《诗》以达意，《易》以神化，《春秋》以义。"

可见，孔子认为通过《六经》相互配合的教育，不仅能够培养君子的性情品德、能力智慧，也能为国家社会的治理提供方方面面的思想资源。因此，他便拿这些作为培养学生的主要教材，也才会有弟子颜渊所形容的"博我以文，约我以礼"（《论语·子罕》）。

总之，孔子的社会人生哲学和教育思想，在很大程度上是通过"征圣宗经"的方法建立起来的，而他的言说体系，也无处不带着"征圣宗经"的影子。在日常言语交际中引用古代圣贤事迹及周朝六经典籍作为意义之源，是孔子及其弟子重要的语用特点。[①] 记录孔子与其弟子言行的典型文本《论语》，被赵岐形容为"《五经》[②] 之錧鎋，六艺之喉衿也"（《孟子注疏·孟子题辞》）。在该书中，孔子直接引《诗》9处，引《书》2次，引《易》2次；而参考《礼记》《周易》等其他典籍所传述，孔子所引或所论《六经》者更众。但这也仅是从直接引用来说，《六经》的精神对孔子人格及言说方式的熔铸，才是更为重要的事实。就《六经》对于孔子的言语教学的重要性，不妨引用刘勰的话来描述。

> 极彝训，道深稽古。致化惟一，分教斯五。性灵熔匠，文章奥府。渊哉铄乎，群言之祖。（《文心雕龙·宗经》）

[①] 说这是孔子及其弟子的重要语用特点，乃因为"六经原是共同的遗产，但后来各家都讲自己的新学说，不讲这些，专讲这些的只有'述而不作'的儒家。因此《诗》《书》《礼》《乐》便成为儒家的专有品了"（朱自清，1999：67）。

[②] 汉以后，《乐经》失传，故称为《五经》。

天地人三者的常理极为深奥，需要从古代的经书中去探求钻研。教化的目的只有一个，但从不同角度分别教育则有赖于五种经书。"五经"是熔铸性灵的工匠，又是文章的深奥府库。真是深远美好啊，它们是一切文章言论的始祖。①

2. 方式

（1）述而不作

"述而不作"典出《论语·述而》："述而不作，信而好古，窃比于我老彭。"《说文》解"述，循也"，"作，起也"。朱熹《四书章句集注》中说："述，传旧而已。作，则创始也。故作非圣人不能，而述则贤者可及。"焦循在《雕菰集》（卷七）中说："人未知而己先知，人未觉而己先觉，因为所先知先觉者教人，俾人皆知之觉之，而天下之知觉自我始，是为'作'。已有知之觉之者，自我损益之；或其意久不明，有明之者，用以教人，而作者之意复明，是谓'述'。"而刘宝楠《论语正义》（卷八）的解释最详：

> 述是循旧，作是创始。《礼·中庸》记云："非天子不议礼，不制度，不考文。"议礼、制度、考文皆作者之事，然必天子乃得为之。故《中庸》又云："今天下车同轨，书同文，行同伦，虽有其位，苟无其德，不敢作礼乐焉。虽有其德，苟无其位，亦不敢作礼乐焉。"郑注："今孔子谓其时，明孔子无位，不敢作礼乐，而但可述之也。"《汉书·儒林传》："周道既衰，坏于幽、厉，陵夷二百余年，而孔子兴。究观古今之篇籍，于是叙书则断《尧典》，称乐则法《韶舞》，论诗则首《周南》。缀周之礼，因鲁《春秋》，举十二公行事，绳之以文、武之道，成一王法，至获麟而止。盖晚而好《易》，读之韦编三绝，而为之传。皆因近圣之事，以立先王之教，故曰'述而不作，信而好古'。"是言夫子所述六艺事也。故《中庸》云："仲尼祖述尧、舜，宪章文武。"宪，法也。章，明也。尧、舜、文、武，其政道皆布在方策，所谓古也。下章云："子曰：盖有不知而作之者，我无是也。多闻，择其善者而从之；多见而识之；知之次也。"多闻多见，皆所学于古者。故又言："好古，敏以求之也。"若然，孟子云

---

① 翻译参见王运熙、周锋（1998：23）。

"孔子作《春秋》",《春秋》是述亦言作者,散文通称。

从这些注家的解释来看,"述"即对历史文化的因循,"作"即发明创新。因作者必须是"天子"或者有德有位的圣人。孔子虽有圣人之质而无其位,且并不以圣人自居,故自觉以"述"为业,承担起传续文化道统的使命。

章学诚在《文史通义》中说:"六经皆史也。古人不著书,古人未尝离事而言理,《六经》皆先王之政典也。""述而不作",代表着一种尊重史实的态度。《六经》中的历史是古人生活经验的总结,为先王言行的陈迹,可以用来指导人们的生活。《六经》以其真实性向世人展现其真理性的权威。与人交流、向人传道,若不能保持历史材料的真实,则权威难以树立,教化价值也必然受损。故孔子说"夏礼,吾能言之,杞不足征也;殷礼,吾能言之,宋不足征也。文献不足故也,足则吾能征之矣"(《论语·八佾》),对无所证验的史实绝不妄言,又说"盖有不知而作之者,我无是也。多闻,择其善者而从之;多见而识之;知之次也"(《论语·雍也》),强调多看多听的求实精神,不凭空造作。所以"述而不作",代表的是一种追求事实之真,讲究实事求是的言说方式。

(2) 断章取义

但孔子"征圣宗经"的过程中,也并不是一味地讲究事实之真。凌驾于事实之真上的,更有伦理道德与情感的真实。我们在前一章论及语言使用与"直""信"的关系时已经说到,孔子更为看重的是语言使用是否本乎人的真性情("吾党之直者异于是。父为子隐,子为父隐,直在其中矣"),以及语言使用是否合乎义理(信近于义,言可复也)。因此,孔子在引用历史文献时,有"信而好古"的一面,也有"信近于义"的一面,后者主要体现为"断章取义"手法的使用。

"断章取义"的手法并非孔子所创,而是春秋时期士大夫之间交际(尤其是外交场合)的时代特色,最典型的是反映在用诗上。卢蒲癸在《左传·襄公二十八年》的说法反映了当时贵族用诗的心态和惯例:"赋诗断章,余取所求焉。"《左传·定公九年》更记载了一个明确的说法:"苟有可以加于国家者,弃其邪者可也。《静女》之三章,取彤管焉;《竿旄》'何以告之',取其忠也。"班固《汉书·艺文志》中说:"古者,诸侯卿大夫交接邻国,以微言相感,当揖让之时,必称诗以喻其志,盖以别贤不肖而观盛衰焉,故孔子云'不学《诗》,无以言也。'"朱熹《朱子语类》(卷六)有云:"然古人多不晓其意,如《左传》所载歌诗,多与本意元不相关。"今人朱自清(1999:25)也曾作过说解:

  春秋时通行赋诗。在外交的宴会里,各国使臣往往得点一篇诗或几篇诗叫乐工唱。这很像现在的请客点戏,不同处是所点的诗句必加上政治的意味。这可以表示这国对那国或这人那人的愿望、感谢、责难等等,都从诗篇里断章取义。断章取义是不管上下文的意义,只将一篇中的一两句拉出来,就当前的环境,作政治的暗示。

  "断章取义"现象,反映了当时人对于诗歌的实用态度。而孔子极为重视《诗》的"达政""专对""进德"的政教伦理功能:"诵《诗》三百,授之以政,不达;使于四方,不能专对,虽多,亦奚以为?"(《论语·为政》)"不学《诗》,无以言。"(《论语·季氏》)"兴于《诗》,立于礼,成于乐。"(《论语·泰伯》)而为了达到这种目的,他自然也就沿用了"断章取义"的用诗方法。

  以《论语》为例,其谈到《诗》的地方共19处。其中引诗12处,而不乏"断章取义"式的引用。如:

  子贡曰:"贫而无谄,富而无骄,何如?"子曰:"可也,未若贫而乐,富而好礼者也。"子贡曰:"《诗》云:'如切如磋,如琢如磨',其斯之谓与?"子曰:"赐也,始可与言《诗》已矣,告诸往而知来者。"(《论语·学而》)

  该例中,子贡引用的诗句来自《诗经·卫风·淇奥》。这两句诗原本是指玉的制作过程,而子贡亦将这两句用于形容君子如何提升自身修养境界,对原诗的意义进行了创造性的发挥。孔子对子贡这种用诗方法大为嘉赏。

  又如,孔子在评价《诗》的总体特征时说:"《诗》三百,一言以蔽之,曰:'思无邪'。""思无邪"出自《诗经·鲁颂·駉》:"駉駉牡马,在坰之野。薄言駉者,有驈有皇,有骊有黄,以车彭彭。思无邪,思马斯徂。"其中的"思"当如陈奂《诗毛氏传疏》所云为"词也",即语助词;"无邪"即"无余"。"思无邪"本是形容郊野的广袤无边,但孔子只是取这三个字,却赋予它全新的含义"思想纯正"。这也是其"断章取义"用法的典型表现。

"断章取义"虽在用诗中表现最显著,但在孔子"征圣宗经"的言说中,它其实是一个普遍现象。孟子说"王者之迹熄而《诗》亡,《诗》亡然后《春秋》作。晋之《乘》,楚之《梼杌》,鲁之《春秋》,一也:其事则齐桓、晋文,其文则史。孔子曰:'其义则丘窃取之矣。'"可见《诗经》褒贬大义的功能,被孔子沿用,用于解说《春秋》,而《春秋》也就因此被赋予了"微言大义"。

孔子对《书》也有时"断章取义",《论语·为政》中载:

或谓孔子曰:"子奚不为政。"子曰:"《书》云:'孝乎!惟孝,友于兄弟,施于有政。'是亦为政,奚其为为政?"

孔子所引《书》句的原意,杨伯峻(1980:21)注云"孝呀,只有孝顺父母,友爱兄弟,把这种风气影响到政治上去",而孔子则认为孝顺父母友爱兄弟即是政治,显然赋予了原文新的解释。

其实《六经》中早已存在的一些概念,如"中""时""恕""仁""礼",在孔子手里都被赋予了新的解释,有了新的功能,甚至于有学者指出"《论语》中每一个与春秋时代相通的名词、观念,无不由孔子一生工夫之所到,而赋予更深化纯化的内容"(徐复观,1988:63)。冯友兰(2001:309)说孔子的"述而不作"其实是"以述为作",正是看到了其言说方式具有断章取义的一面。

(二) 比喻

取譬之道用于语言运用的第二个方面,是比喻手法的广泛使用。而比喻在孔子的思想体系中,是将"行仁之方"扩展到万物的自然结果。

在《论语》中,孔子说话大量运用比喻。这使他的语言极具审美价值,但这种审美价值却只是孔子道德法则普遍化运用的结果。也可以说,通过"恕"道达到人类社会和谐的道德法则,与通过"恕"道达到人与自然和谐关系的审美法则,并无冲突之处。我们可以从孔子使用的一些比喻中得到印证——

表达为政当以德为本:"为政以德,譬如北辰,居其所而众星共之。"

(《论语·为政》)

强调道德教化的作用:"君子之德,风;小人之德,草;草上之风,必偃。"(《论语·颜渊》)

形容人格须经磨难后方显:"岁寒,然后知松柏之后凋也。"(《论语·子罕》)

表达自己欲推行政道的急切心情:"不曰坚乎,磨而不磷;不曰白乎,涅而不缁。吾岂匏瓜也哉?焉能系而不食?"(《论语·阳货》)

评价学生的德才:"子贡问曰:赐也何如?子曰:女,器也。曰:'何器也?'曰:'瑚琏也。'"(《论语·公冶长》)"宰予昼寝。子曰:'朽木不可雕也,粪土之墙不可圬也。于予与何诛?'"(《论语·公冶长》)

评价当时贤达:"直哉史鱼!邦有道,如矢;邦无道,如矢。"(《论语·卫灵公》)

另外,孔子还曾以欹器比守正之德①,以玉来形容君子之德②,都成为后世以器喻德的典范。这些比喻,尽管有的是从反面讲的(如"朽木不可雕"),但都是把自然之物或人造之物与人的道德情操相为比附,是孔子将一切事物作伦理化理解这种思维方式在语言运用上的体现。还有一些涉及自然之物的表述,虽然没有直接使用比喻手法,但只要我们稍加挖掘,也能发现孔子言语背后的伦理动因。比如孔子说"仁者乐山,智者乐水"(《论语·雍也》),但未道明原因。《尚书大传》则记载甚详:

子张曰:"仁者何乐于山也?"孔子曰:"夫山者,岿然高。""岿

---

① 《荀子·宥坐篇》:孔子观于鲁桓公之庙,有欹器焉,孔子问于守庙者曰:"此为何器?"守庙者曰:"此盖为宥坐之器。"孔子曰:"吾闻宥坐之器者,虚则欹,中则正,满则覆。"孔子顾谓弟子曰:"注水焉。"弟子挹水而注之。中而正,满而覆,虚而欹,孔子喟然而叹曰:"吁!恶有满而不覆者哉!"子路曰:"敢问持满有道乎?"曰:"聪明圣知,守之以愚;功被天下,守之以让;勇力抚世,守之以怯;富有四海,守之以谦:此所谓挹而损之之道也。"

② 《孔子家语·问玉》(《礼记》亦载):子贡问于孔子曰:"敢问君子贵玉而贱珉,何也?为玉之寡而珉之多欤?"孔子曰:"非为玉之寡,故贵之;珉之多,故贱之。夫昔者君子比德于玉,温润而泽,仁也;缜密以栗,智也;廉而不刿,义也;垂之如坠,礼也;叩之其声清越而长,其终则诎然乐矣,瑕不掩瑜,瑜不掩瑕,忠也;孚尹旁达,信也;气如白虹,天也;精神见于山川,地也;珪璋特达,德也;天下莫不贵者,道也。《诗》云:'言念君子,温其如玉。'故君子贵之也。"

然高，则何乐焉？""夫山，草木生焉，鸟兽蕃焉，财用殖焉，生财用而无私为焉，四方皆代焉（四方并取而不限焉），每无私予焉。出云风以通乎天地之间，阴阳和合，雨露之泽，万物以成，百姓以飨：此仁者之所以乐于山也。"

孔子认为，山无私意，生养万物，故仁者爱之。这种思维方式，将山看作一个道德主体，山人同体，仍然是取譬思维的典型表现。

《大戴礼记·劝学》又记载了孔子为何好水的原因：

子贡曰："君子见大川必观，何也？"孔子曰："夫水者，君子比德焉。遍与之而无私，似德；所及者生，所不及者死，似仁；其流行痺下倨句，皆循其理，似义；其赴百仞之谿，不疑，似勇浅者流行，深渊不测，似智；弱约危通，似察；受恶不让，似贞；苞裹不清以入，鲜洁以出，似善化；必出，量必平，似正；盈不求概，似厉；折必以东西，似意！是以见大川必观焉。"①

孔子认为流水蕴含了仁、义、智等诸德，因此为君子所喜。这种思维和"乐山"之说如出一辙，都是取譬的法则使然。

除了《论语》，其他与孔子有关的文本也同样渗透着与伦理有关的比喻式类推。《周易》"文本整体上都贯彻了类推的思维模式和言说方式"（周山，2001：45），而《周易》中的类推又多和人的德行挂起钩来。如"天行健，君子以自强不息"（《周易·乾》），"地势坤，君子以厚德载物"（《周易·坤》），等等。另外，孔子之所以重视诗教，在很大程度也是由于诗的形象化语言，能够激发人的喻性思维，实现用诗比德进而明德的目的。诗教中所说的比兴手法，和比喻有密切的关系。《周礼》最早提出"赋比兴"之说："大师……教六诗：曰风；曰赋；曰比；曰兴；曰雅；曰颂。"《毛诗正义·毛诗序》中说："故诗有六义焉：一曰风；二曰赋；三曰比；四曰兴；五曰雅；六曰颂。"对于"赋""比""兴"的解释，郑玄认为："赋之言铺，直铺陈今之政教善恶。比，见今之失，不敢斥言，取比类以言之。兴，见今之美，嫌于媚谀，取善事以喻劝之。"郑

---

① 《荀子·宥坐》亦载，文稍异。

玄将《诗》的表现手法和美刺教化的道德目的联系起来，同样强调了比喻的伦理性。另外《左传·昭公二十八年》）中也有"择善而从曰比"之说。可见，比喻在先秦儒家看来主要不是一种认知世界的方法，而是道德体验的功夫。

二 "正名"

(一) 定义和作用

孔子对圣贤之道的取法，不仅仅停留在传述上，而是要进一步利用它来批判、改造现实。"大道之行也，与三代之英，丘未之逮也，而有志也。"（《礼记·礼运》）三代之文献难考，而"郁郁乎文"的周代礼制则粲然可及，于是孔子选择把"克己复礼"作为毕生追求。而其正名思想正是"克己复礼"思想在语言表达上的策略，"是孔子意欲实现他的政治伦理主张的重要手段和语用理论"（陈宗明，1997：122）。关于"名"与"礼"的关系，《左传·桓公二年》就已经谈道："夫名以制义，义以出礼"，名本身就是礼的基础。《汉书·艺文志》说："名家者流，盖出于礼官。古者名位不同，礼亦异数。"因此"复礼"要从"正名"始，也是合乎逻辑的。"正名"说来自《论语·子路》：

> 子路曰："卫君待子而为政，子将奚先？"子曰："必也正名乎！"子路曰："有是哉，子之迂也！奚其正？"子曰："野哉，由也！君子于其所不知，盖阙如也。名不正，则言不顺；言不顺，则事不成；事不成，则礼乐不兴；礼乐不兴，则刑罚不中；刑罚不中，则民无所措手足。故君子名之必可言也，言之必可行也。君子于其言，无所苟而已矣！"

这段话固然可能有其历史背景，如刘宝楠《论语正义》曰："《史记·孔子世家》：是时，卫公辄父不得卫，在外，诸侯数以为让。而孔子弟子多仕于卫，卫君欲得孔子为政。子路曰：'为君侍子而为政'云云。是正名蒯聩之事，此必《古论》家说，受之安国者也。正名者何？正世子之名也。"

然而孔子当应先有更为一般性的"正名"思想，然后才能运用到这一具体事件上。早在孔子适卫之前，齐景公因齐国政归大臣陈氏而君主失政，就曾向孔子问政。《论语·颜渊》记载了两人的对话："齐景公问政于孔子。孔子对曰：'君君、臣臣、父父、子子。'公曰：'善哉！信如君不君、臣不臣、父不父、子不子，虽有粟，吾得而食诸？'"由此可见，孔子"正名"思想早已形成。

更多学者也正是从一般的意义上来理解"正名"的。如梁皇侃《论语集解义疏》（卷七）认为"'子曰必也正名乎'者，孔子答曰：若必先行，正百物之名也。所以先须正名者，卫时昏礼乱，言语翻杂，名物失其本号，故为政必以正名为先也。"宋邢昺《论语注疏》引马融注释："'正名'为'正百事之名'。"两解更接近"正名"的本义。

从语用学的眼光看来，孔子的"正名"思想首先属言语行为规范的问题。"名"，当时既有"事物名称"的意思，如"多识于鸟兽草木之名"（《论语·阳货》），也具有"形容、称说"的意思，如"荡荡乎！民无能名焉"（《论语·泰伯》）。因此"名"的规范也就意味着对一切事物的言说的规范，也即言语行为的规范。孔子说"理财正辞，禁民为非，曰义"（《周易·系辞下》），"正辞"和"正名"实是一事，都是指一般的语言使用而言。而无论恰当的"名"也好，和顺的"言"也罢，都是构建周朝礼仪制度的语言符号行为体系，而时人对这套语言符号行为体系的滥用，造成了对周朝社会制度的破坏。一旦言语行为失范，也会引起更大层面的社会行为的混乱。因此，孔子要做的，便是恢复周礼所代表的理想的言语行为秩序。芬格莱特（2002：14）这样理解孔子的"正名"："不仅动作技能需要学习，而且正确地使用语言也需要学习。因为正确地使用语言，就像各种姿势那样，是有效行为的基本组成部分。正确的语言不仅仅是一种有用的附属物，它更是执行礼仪的本质。"显然他也认为，"正名"就是通过让人们学会正确地使用语言以符合礼的要求。这种对言语行为的矫正正是向传统回归的一个必要步骤。

"正名"意味着"名""实"的相符，因此"正名"的另一方面也就是"责实"。在孔子看来，周礼所代表的社会是理想的，也是真实的，而礼崩乐坏的现实则偏离了这种理想和真实，因此，"正名"不仅"要使名称和合乎礼制的实际的一致"（周振甫，1999：12），更是要通过言语行为的规范来恢复伦理体系上的真实，而它也是孔子复礼理想的最基本的策略。

但不可否认的是，孔子说的"正名"，最重视的还是对伦理角色名分称说的得宜。名分的正确使用之所以重要，是因为每个名的背后都代表着每个伦理角色的权利和义务，从而划定了其社会行为的界限。如果名分失当，则往往导致伦理角色的权利和义务的滥用和社会行为的失范。因此，孔子极力防止名分错用，他说："唯器与名，不可以假人，君之所司也。名以出信，信以守器，器以藏礼，礼以行义，义以生利，利以平民，政之大节也。若以假人，与人政也。政亡，则国家从之，弗可止也已。"（《左传·成公二年》）可见，"名"实际上是和礼义乃至国家安危联系在一起的。只有每个人都恪守名分，才能进一步维护整个社会政治秩序。

然而，"正名"也并不仅仅是对言语行为，尤其是名分的称说进行规范，而必须涉及人们的一切行为。根据奥斯汀的言语行为理论，任何一个完整的言语行为，都是言内行为、言外行为和取效行为的统一。孔子说"故君子名之必可言也，言之必可行也"，意思也是君子既要说到，也要做到。如果没有非言语行为条件的配合，许多言语行为都不能"以言取效"。"正名"如果只是止于称说，而不对人们的实际行为加以相应的匡正，则依然达不到"正名"的目的，孔子"克己复礼"的理想也就无法最终落实。

（二）"正名"的主体

孔子主张通过"正名"来批判现实，改造现实，达到"克己复礼"的目标。但谁可以"正名"，则是有待进一步讨论的问题。通过与卫国国君的对话中可以知道，孔子将正名看作"为政"之后的行为，又说"政者，正也"（《论语·颜渊》），似乎正名是获得政治权力以后才能实施的行为。然而，这并不意味着"正名"只是天子诸侯等政治家的事。

> 或谓孔子曰："子奚不为政？"子曰："《书》云：'孝乎！惟孝，友于兄弟，施于有政。'是亦为政，奚其为为政？"（《论语·为政》）

有人对孔子道："你为什么不参与政治？"孔子回答说："《尚书》上说，'孝呀，只有孝顺父母，友爱兄弟，把这种风气影响到政治上去。'这也就是参与政治了呀，为什么定要做官才算参与政治呢？"可见在孔子看来，每个处于社会伦理网络的人，只要恪尽自己的角色职责，就都是在从事政治，具有相应的政治权利和义务。因此，"正名"也就不是天子诸侯的专利，而是每个人都应该而且有权做的。

(三)"正名"的对象

因为"正名"涉及的是社会上一切伦理角色的"名""实"相符和言语行为规范问题,所以其对象也是涵盖一切人的。不过,"正名"首先应针对的是自己。孔子说"攻其恶,无攻人之恶"(《论语·颜渊》),"君子求诸己,小人求诸人","躬自厚而薄责于人"(《论语·卫灵公》),强调的都是每个人都先从自己做起。尤其对于那些拥有较大政治权力的人,孔子说"子帅以正,孰敢不正"(《论语·颜渊》),又说"苟正其身矣,于从政乎何有?不能正其身,如正人何""其身正,不令而行,其身不正,虽令不从"(《论语·子路》),认为统治者履行自己的角色职责是社会秩序得到匡正的前提。先做好自己,再对他人进行"正名"的要求,才能够名正言顺。

(四)"正名"的方式

这里所说的"正名"的方式,主要是针对他人行为的。而对他人进行"正名"本身也是"君子"修身立德的应有之义,是庄子所说的"内圣外王"中的"外王"之事。

"正名"并不一定是仅仅通过言语来实施的。对于有较大权力的人,可以借助一些强力的非言语行为手段来制止一些名实不符的现象。孔子担任鲁国司寇时,曾依据"臣无藏甲,大夫毋百雉之城"的礼制,下令堕季氏三都(《史记·孔子世家》),这便是一种以非言语手段来实现"正名"的方式。

但并非所有人都拥有这样的话语权,并拥有相应的非言语行为力量,对于更多人来讲,以言语来实现"正名",可能是更为普遍的方式。孔子在这方面使用的方法,最著名的是"微言大义"①的表达策略。这是传为孔子所著《春秋》的作法。孟子曾将孔子作《春秋》一事和尧舜禹周公文武诸圣的功业相提并论,可见他认为孔子通过语言使用所达到的"正名"效果并不亚于圣王。

但关于孔子的"正名"思想与《春秋》的关系,两者孰因孰果是有争议的。其中胡适和冯友兰的观点最有代表性。胡适(1997:73)认为孔子因其正名思想而作《春秋》,"一部《春秋》便是孔子实行正名的方

---

① 语出刘歆《移书让太常博士书》:"及夫子殁而微言绝,七十子卒而大义乖。"又《汉书·艺文志》:"昔仲尼没而微言绝,七十子丧而大义乖。"

法",并认为可以分成正名字、正名分、寓褒贬三个层次。其功效则如孟子说的"孔子成《春秋》而乱臣贼子惧"。而冯友兰(2001:308)认为,当时各国太史的笔法多能有此,孔子只是嘉善其法,故愿用鲁国《春秋》作为教材。《孟子》载"王者之迹熄而《诗》亡,《诗》亡然后《春秋》作。晋之《乘》、楚之《梼杌》、鲁之《春秋》,一也。其事则齐桓、晋文,其文则史。孔子曰:'其义则丘窃取之矣'"。可见,孔子之前,各国已有类似于《春秋》这样的史书。当时也有人将这样的书用于教育,如《国语·楚语上》载申叔时答楚王教太子:"教之《春秋》而为之耸善而抑恶,以戒劝其心。"因此,春秋的隐恶扬善、褒贬大义的功能并非为孔子创作,而是春秋史家传统。

我们认为,若以《春秋》为孔子的正名实践,虽有传闻,但因和孔子"述而不作"的宗旨相悖,是难以让人信服的。若说孔子微言大义的"正名"思想受到周朝史家的影响,则似乎是个更为稳妥的看法。

当然,若说《春秋》的史家笔法是孔子"正名"思想的唯一来源,也是不准确的。通过精微的语言来褒贬大义的手法,在相当程度上也适用于《诗经》。孔子说诗"可以怨"(《论语·阳货》),也就是表达对现实的不满;郑玄说《诗经》"论功颂德,所以将顺其美;刺过讥失,所以匡救其恶。各于其党,则为法者彰显,为戒者著明"(《毛诗正义·诗谱序》),也说明诗具有惩恶扬善、批判现实、伸张正义的作用。孟子说"王者之迹熄而《诗》亡,《诗》亡然后《春秋》作"(《孟子·离娄下》),可见《诗经》和《春秋》在维系周代伦理秩序的社会功能上具有前后相沿的一致性。

孔子通过语言"正名"的实践随处可见,其方式是多样的。有时候比较直接,如《韩诗外传·卷五》记载:

> 孔子侍坐于季孙,季孙之宰通曰:"君使人假马,其与之乎?"孔子曰:"吾闻君取于臣谓之曰取,不曰假。"季孙悟,告宰通曰:"今以往,君有取,谓之取,无曰假。"孔子曰:"正假马之名,而君臣之义定矣。"

孔子直接依照礼制的要求指出季氏之宰误用"取"为"假",对季孙"借马"这一不当言语行为加以责正,而这种言语行为的纠正,旨在彰明君臣的恰当关系。

不过更多的时候，他是采用"微言"，即以精深微妙的语言来彰显道义。特别是当"正名"的对象为有权之人时，使用精微含蓄的语言更符合礼的精神，也更能起到"言者无罪，闻者有位足戒"的效果。《说苑·正谏》记载：

> 是故谏有五：一曰正谏，二曰降谏，三曰忠谏，四曰戆谏，五曰讽谏。孔子曰："吾其从讽谏矣乎！"

针对他人的批评方法中，孔子最崇尚"讽谏"，也就是含蓄地提出批评。他使用微言的手段，根据我们的粗浅归纳，有以下几种：

1. 反诘

例如：

> 三家者以《雍》彻。子曰："'相维辟公，天子穆穆'，奚取于三家之堂？"（《论语·八佾》）

仲孙、叔孙、季孙三家祭祖时采用了天子才能使用的《雍》诗，违反礼度，孔子故反诘加以批判。

2. 副语言手段

> 子路、曾皙、冉有、公西华侍坐。子曰："以吾一日长乎尔，毋吾以也！居则曰：'不吾知也！'如或知尔，则何以哉？"子路率尔而对曰："千乘之国，摄乎大国之间，加之以师旅，因之以饥馑，由也为之，比及三年，可使有勇，且知方也。"夫子哂之。
>
> （曾子）曰："夫子何哂由也？"曰："为国以礼，其言不让，是故哂之。"（《论语·先进》）

子路在表达自己的为政志向时方式比较粗鲁，没有使用谦虚的语言，孔子认为治理国家要凭借礼，言辞不谦让有悖于礼，因此对其一笑，向弟子含蓄地表达了自己的批评。

3. 沉默或拒绝合作

鲁哀公问于孔子曰:"昔者舜冠何冠乎?"孔子不对。公曰:"寡人有问于孔子,而子无言,何也?"对曰:"以君之问不先其大者,故方思所以为对。"公曰:"广其大何乎?"孔子曰:"舜之为君也,其政好生而恶杀,其任授贤而替不肖,德若天地而静虚,化若四时而变物。是以四海承风,畅于异类,凤翔麟至,鸟兽驯德。无他,好生故也。君舍此道而冠冕是问,是以缓对。"(《孔子家语·事生》,事亦见《荀子·哀公》)

鲁哀公身为国君,不问"好生而恶杀"的王者之政,却关心舜的冠帽这样的小事,所问不符名分。因此孔子先以沉默作答,然后又晓以大义,以期君明理。

又如:

季孙欲以田赋,使冉有访诸仲尼。仲尼曰:"丘不识也。"三发,卒曰:"子为国老,待子而行,若之何子之不言也?"仲尼不对……(《左传·哀公十一年》)

季孙为鲁国大夫,欲违背周礼向百姓征税,托孔子徒弟冉有向身为国父的孔子请教。孔子先是拒绝合作"丘不识也",又以沉默("不对")来表达对对方的批评。

4. 比喻

如孔子针对当时"君不君,臣不臣,父不父,子不子"的现状发出"觚不觚,觚哉!觚哉!"之叹,以觚失去了觚的样子而又有觚之名,来委婉地表达了对当时社会名实不符、礼制失序的现状的不满。

5. 综合运用

子曰:"禘自既灌而往者,吾不欲观之矣。"或问禘之说。子曰:"不知也;知其说者之于天下也,其如示诸斯乎!"指其掌。(《论语·八佾》)

在孔子看来,"禘"是天子之礼,在鲁国举行,是明显僭越名分的行为,故孔子不欲观看。当有人问他禘的知识,孔子不想明白指出,只得拒绝合作说"不知也",接着又打比方说"如果有懂得的人,他对于治理天下是好像把东西放在手掌上一样的容易"。同时用了副语言手段"指其掌"。孔子的"微言"手法于此例得到了综合的体现。

孔子"微言大义"的"正名"思想,主要是针对他人,尤其是在位者的名实不当现象而发的,作为"礼"的实践者,孔子之所以这么讲究"正名"的方式,是因为他说"君子有三畏:畏天命,畏大人,畏圣人之言"(《论语·季氏》)。主张对在位的"大人"保持一定的敬畏。"微言大义"的言说方式,也是对其"复礼"思想的践行。

三 "时然后言"

语境是语用学的一个重要概念。尽管它至今尚无统一的定义,但通俗地讲,它是决定言语行为是否恰当的诸多条件或因素。孔子并没有给实现言语行为所需的所有因素和条件冠以统一的名称,但语境所包含的诸多实际内容,却有不少已为其所阐发。这一点,不少学者已作出总结。如陈光磊等(1998:35—38)和池昌海(2000)从修辞学角度,陈崇崇等(2008)从话语分析等学科角度,都对孔子的语境思想作过部分或专题分析。但类似研究总体较偏重于孔子思想中符合现代语言学已有理论的一面,而较少注意其独特的、有可能成为现代语言学理论发展资源的一面。我们试图紧贴孔子思想的原路,对语境与语言运用的关系作出阐释。

前文已经说过,孔子创立的儒学是一门培养理想人格的君子之学。君子通过合乎礼的行为来实现作为内在需求和选择的仁德,是仁礼合一的理想主体。而君子在现实中的任何行为实践都会面临各种内外限制性因素或者主客观条件。如何在礼的规范中恰当地处理这些因素和条件,以达到仁的目标,是君子之学的主要内容。由君子之学的命题转换到语用学的命题,则是:君子作为理想的语用主体,以礼的规范来实施言语行为,并且恰当地处理语言运用中的各种限制因素和条件,以达到仁的目标。而孔子关于如何在语言运用中恰当地处理各种因素和条件的思想,就可以视之为他的语境观。他的语境观充分体现在孔子对于"时"的认识上。李清良(2001:172)认为:

"时"与"境"可以相通，所谓"时过境迁"，"迁"就是"过"，"时"就是"境"。某人与某物发生某事之"时"，即是某人某物所处之"境"；某意义承担者（即语用主体）呈现其特定意义之时，即是其所处之"时"。特定的意义只能在特定的语境中呈现，也就是说特定意义的呈现有其特定之"时"，言辞之意义随语境而改变也就是随"时"而改变。

这话虽是从整体上讨论中国阐释学中的"时"与语境的关系，却也是切中孔子语境思想的要害的。

（一）"时"的定义

《吕氏春秋·首时》说："圣人之所贵，时也。"朱熹《四书章句集注·孟子序说》中引程颐言："学者全要识时。若不识时，不足以言学。""时"的观念历来为中国传统文化所重视。而孟子则称孔子为"圣之时者"（《孟子·万章下》），并举实际行动来表明他的这一特点。

孔子之去齐，接淅而行。去鲁，曰："迟迟吾行也。"去父母国之道也。可以速而速，可以久而久，可以处而处，可以仕而仕，孔子也。

除了孟子所描述的，《论语·乡党》作为集中记录孔子言行实践的篇章，也体现了孔子"时"的观念。证据是该篇结尾写到野鸡因为能顺时而动而得到孔子的称赞：

色斯举矣，翔而后集。曰："山梁雌雉，时哉！时哉！"子路共之，三嗅而作。

这一富有深意的结尾足见"时"对于孔子的重大意义。

《论语》中还多次提到"时"，如：

学而时习之，不亦说乎？（《学而》）

子问公叔文子于公明贾曰："信乎夫子不言、不笑、不取乎？"公明贾对曰："以告者过也。夫子时然后言，人不厌其言；乐然后笑，

人不厌其笑；义然后取，人不厌其取。"子曰："其然，岂其然乎？"（《宪问》）

（阳货问）"好从事而亟失时，可谓知乎？"曰："不可。"（《阳货》）

《周易》中同样提到"时"，如：

> 故乾乾因其时而惕，虽危无咎矣。（《文言》）
> 君子进德修业，欲及时也，故无咎。（《文言》）
> 终日乾乾，与时偕行。（《文言》）
> 其德刚健而文明，应乎天而时行，是以元亨。（《大有》）
> 时止则止，时行则行，动静不失其时，其道光明。（《艮》）
> ……

《礼记》中也提到"时"：

> 大学之法，禁于未发之谓豫，当其可之谓时。……发，然后禁，则扞格而不胜；时过，然后学，则勤苦而难成。（《学记》）
> 礼，时为大，顺次之。（《礼器》）
> ……

以上的"时"，有时可译作为"时机""时势""时候""时运""机会""机遇"，有时可译为"适时"。统而言之，都是强调行为的时间性。而所谓的时间性，按照李清良（2001：163）的看法，主要不是指对时间的度量或标记（即日历上的时间概念），而是"事之会也"，也就是"特定事件承担者发生特定事件所需条件之总和"。不过我们认为这样的概括还有失片面，"时"可以分解成三个层面的意义：一是指在某个时间中，行为得以成功实现的各种条件的总和（如"与时偕行"），作名词；二是指人对各种条件的恰当把握（如"时然后言"），作动词；三是具有把握时间性的能力（如"时哉，时哉"），作形容词。当然这三个方面的意义是密切联系的，任何一个行为得以实现的各种条件都会随着时间的流逝不断地发生动态变化，是否具有及时、恰当地抓住不断变化的各种条件完成特定的行为的能力，是判断行为主体是否能行君子之道的重要标准。正如李凯（2009）所认为的"本体（即人的道德本性）只能为人的行为指出一个善的方向，而唯有掌握了相应的时势因素或时位因素，本体的发用流行方能显发为不同情境下的具体道德法则"，实际上说的也是把道德实践和具体的"时"联系起来的重要性。

"礼，时为大"，被纳入礼之纲维中的语言运用，自然也要将"时"作为重要的依据。孔子重视言语交际能否顺时，以至于当公明贾告诉孔子时贤公叔文子能够"时然后言，人不厌其言"，孔子连称"其然，岂其然乎？"（《论语·宪问》）不敢相信公孙文子已臻如此境界。

如果说话不得其"时"，也就是语言的使用罔顾了其语境条件，是不恰当的。孔子说"侍于君子有三愆：言未及之而言，谓之躁；言及之而不言，谓之隐；未见颜色而言，谓之瞽"（《论语·季氏》）。没有轮到讲话时就讲是急躁，轮到了不讲是隐瞒，不看他人脸色讲话是盲目。这讲的便是侍奉君子能否抓住说话的时间性；他又说"不愤不启，不悱不发"（《论语·述而》），如果没有到学生经过深入思考而不得，想要表达而不畅的时候，就不要去启发他。这讲的是在教育学生时能否抓住语境条件。孔子又说："可与言，而不与之言，失人；不可与言，而与之言，失言。知者不失人，亦不失言。"（《论语·卫灵公》）可以和他交谈时却不说，就会失去人才；不值得与他交谈时却与他交谈，是浪费了语言。这更是从一般情况下讨论选择交际对象时如何把握说话的语境条件。

（二）"时"的要素

在讲要素时，我们主要是指"时"的第一层面的意义。孔子虽没有系统地讨论"时"究竟包含哪些条件因素，但根据其零散的言谈与实践，这些条件因素可大致概括为如下几个方面。

1. 伦理角色关系

任何人在具体的社会活动中，总是要扮演一定的伦理角色，遵行一定的角色伦理。处在相对社会角色位置的交际双方构成了特定的伦理角色关系。伦理角色关系并不是固定不变的，在言语交际活动中，随着交际对象、交谈主题等因素的改变，伦理角色的关系也在时时发生变化。这种变化中的伦理角色关系，组成了时间性的一个最为重要的因素。

孔子以"位"来指称伦理角色，说"不在其位，不谋其政"（《论语·宪问》），其弟子曾子更是进一步说"君子思不出其位"（《论语·宪问》），讲的都是君子要时时刻刻遵循角色伦理的道理。也就是说，一个君子无论处于什么"位"，都能够作出具有针对性的恰当的道德行为选择。

> 君子素其位而行，不愿乎其外。素富贵，行乎富贵；素贫贱，行乎贫贱；素夷狄，行乎夷狄；素患难，行乎患难：君子无入而不自得焉。在上位不陵下，在下位不援上，正己而不求于人，则无怨。（《礼记·中庸》）

君子知晓自己的角色职责，能够"素位而行"，以此端正自己而不苛求他人，故可以没有怨恨。

在这方面，孔子所称道的周公显然是君子的典范。《韩诗外传》卷七曰：

> 昔者周公事文王，行无专制，事无由己……可谓能子矣。武王崩，称王幼，周公承文、武之业，履天子之位，听天子之政，征夷狄之乱，诛管蔡之罪，抱成王而朝诸侯……可谓能武矣。成王壮，周公致政，北面而事之。请然后行，无伐矜之色，可谓能臣矣。故一人之身，能三变者，所以应时也。

周公无论处于人子、天子或者人臣之位，都能恪尽职守，是素位而行的典范，自然也是能够"应时"之人。

孔子将伦理角色及其关系分为五大类："君臣也，父子也，夫妇也，昆弟也，朋友之交也，五者天下之达道也。"（《礼记·中庸》）他认为这些角色及其关系具有普适性，为"天下之达道"。而其他一些社会关系可以从这些基本的人际关系中推得。如《论语》中最常出现的师徒关系，就处于父子关系和朋友关系之间，如孔子说颜回"回视予犹父也"（《论语·先进》），是徒弟把师父看作父亲；而他自己有时则把徒弟看作朋友。故他说：

> 文王得四臣，丘亦得四友焉。自吾得回也，门人加亲，是非胥附与自吾得赐也，远方之士日至，是非奔辏与？自吾得师也，前有辉，

后有光，是非先后与？自吾得由也，恶言不入于门，是非御侮与？文王有四臣，以免虎口；丘亦有四以御侮。(《尚书大传·殷传》)

孔子认为自己的弟子颜回、子贡、子张和子路都是自己的朋友，他们在不同方面对自己有所助益。

针对各种伦理角色，孔子提出了各有所当的行为道德："父慈、子孝、兄良、弟弟、夫义、妇听、长惠、幼顺、君仁、臣忠十者，谓之人义。"(《礼记·礼运》) 这些伦理角色的分类及具体的行为道德名称或时有变，但都反映了作为最高道德的"仁"须从具体伦理角色关系中实现的道理。

孔子对君子行为与伦理角色关系的思考反映到语用上，就要求语言使用要符合双方伦理角色关系。这一点他主要是以自己的行动来说明。比如《论语·乡党》中记载："朝，与下大夫言，侃侃如也；与上大夫言，誾誾如也。君在，踧踖如也，与与如也。"孔子上朝的时候，(君主还没有到来) 同下大夫说话，温和快乐的样子；同上大夫说话，正直而恭敬。而面对君主时，则恭敬而心中不安，但不失威仪。这种因应朝廷上不同角色关系而做出的语用调整，是孔子思想见之于言语行为的生动说明。

有时，表面上同样的言语行为，由于交际双方所处的具体伦理角色关系不同，就会表现出微妙的差异。以"谏诤"（意即批评劝告）为例，孔子强调，当父母、君主、朋友有了过错，君子都要进行谏诤，而不能听之任之。

……昔万乘之国，有争臣四人，则封疆不削；千乘之国，有争臣三人，则社稷不危；百乘之家，有争臣二人，则宗庙不毁；父有争子，不行无礼；士有争友，不为不义。……(《孔子家语·三恕》)

尽管都要谏诤，但不同伦理角色关系条件所导致的谏诤行为又有所区别。对待朋友，"忠告而善道之，不可则止，毋自辱焉"（《论语·颜渊》）。履行朋友之责的同时注意适可而止，不要自取其辱。对待君主则"君使臣以礼，臣事君以忠"（《论语·八佾》），强调君子关系的互相平等，如遇无礼之君，不可一味强谏。孔子弟子子游说"事君数，斯辱矣，朋友数，斯疏矣"（《论语·里仁》），强调的便是对君主与朋友进行批评要有限度。但如父母有过错，则"事父母几谏。见志不从，又敬不违，劳而不怨"（《论语·里仁》），既要讲究时机，不失礼貌，更要尽竭其力，力争达到目的，不能轻易放弃①。孔子还说"朋友切切、偲偲，兄弟怡怡"（《论语·子路》），认为朋友之间要互相批评；兄弟之间更强调和睦共处。这也体现了不同的伦理角色关系对同一种言语行为的不同制约：由于伦理角色之间的亲疏关系不同，因此语用主体承担的责任义务也有差异，从而影响到同一类言语行为的不同表现。

除了谏诤，其他言语行为也往往要受到伦理角色关系的制约。《礼记·祭义》载：

> 仲尼尝奉荐而进其亲也悫，其行趋趋以数。已祭，子赣问曰："子之言祭，济济漆漆然；今子之祭，无济济漆漆，何也？"子曰："济济者，容也远也；漆漆者，容也自反也。容以远，若容以自反也，夫何神明之及交，夫何济济漆漆之有乎？反馈，乐成，荐其荐俎，序其礼乐，备其百官。君子致其济济漆漆，夫何慌惚之有乎？夫言，岂一端而已？夫各有所当也。"

子赣（子贡）曾听孔子说祭祀的时候要"济济漆漆"，即显出威仪、修饰整饬，而某日看到他在给先祖侍奉祭品时，却虔诚质实、急促快速，没有"济济漆漆"，故心生疑问。孔子回答说，"济济漆漆"意味着疏远，不适合祭祖神，只适合在天子诸侯的祭礼时进行。可见，他的言论是考虑到祭祀者和祭祀对象的特定角色关系的。对此他说了一句非常重要的话："夫言，岂一端而已？夫各有所当也。"而这里所谓的"当"即"恰当"。能够适应特定的伦理角色关系便是一种恰当。

即使面对同一个交际对象，当双方的伦理角色关系发生转换时，也会影响到语用的选择。比如：

> 季孙欲以田赋，使冉有访诸仲尼。仲尼曰："丘不识也。"三发，卒曰："子为国老，待子而行，若之何子之不言也？"仲尼不对，而

---

① 《礼记·内则》对子女坚持不懈劝谏父母之过的描写更详细："父母有过，下气怡色，柔声以谏。谏若不入，起敬起孝，说则复谏；不说，与其得罪于乡党州闾，宁孰谏。父母怒、不说，而挞之流血，不敢疾怨，起敬起孝。"

私于冉有曰:"君子之行也,度于礼:施取其厚,事举其中,敛从其薄。如是,则以丘亦足矣。若不度于礼,而贪冒无厌,则虽以田赋,将又不足。且子季孙若欲行而法,则周公之典在;若欲苟而行,又何访焉?"弗听。(《左传·哀公十一年》)

此例中,鲁国大夫季孙派冉有向时为国老的孔子询问征收田赋之事,孔子先视冉有为季孙家臣,拒绝回答问题,后又在私下里告诉他自己反对征税的真实想法,这时是以师生关系待之。由此可见,同一个人,以不同的伦理角色说话,其应对方式是截然不同的。

另外,有些表面上是随着物理空间位置而变化的言语行为,实际也是受到伦理角色关系制约的。《论语·乡党》记载了孔子不少根据不同地点场合,做出语用调整的实例。如"于乡党,恂恂如也,似不能言者。其在宗庙、朝廷,便便言,唯谨尔"。在本乡的地方温恭信实,好像不能说话的样子。在宗庙里、朝廷上,有话便明白而流畅地说出,只是说得很少。"入太庙,每事问。"走进太庙的时候,遇见每一件事,都要问。这些不同的地点场合,从表面看只是物理空间的变化,实际蕴含着深刻的角色意义。乡党多是亲族邻居,多讲人情,重辈分,孔子"以恭敬少言,为的是不以己贤压人。朝廷宗庙,面对执政者,是大礼大政所在,有所知,不可不明辩,有所不知,不可不切问"(钱穆,2002:265—266)。因此最终决定其不同场合言语表现的因素,在很大程度上仍然是背后的伦理角色关系。

伦理角色关系主要着眼于表达者和接受者双方的关系,直接与孔子仁德的具体实现挂钩,无疑是孔子语境思想最为根本的构成要素。在这一构成要素的基础上,孔子还考虑到言谈中"时"的其他一些方面。

2. 对象特征

对象特征是指接受者身上所具有的一些固定的或临时性的因素。这些特征都会影响到语用的选择。挖掘孔子的语用思想,他对交际对象的特征至少注意到了以下几个方面。

(1) 价值观

孔子非常看重交际对象是否和自己有相同的价值观。他认为"道不同,不相为谋"(《论语·卫灵公》)。价值理念不同的人,不互相商量。两个缺乏共同价值理念的人,在交流中不仅互相理解会存在问题,甚至还可能发生冲突，还不如互相"辟言"。不过这并不代表孔子对不同价值观的人怀有敌意，因为他说"攻乎异端，斯害也已"（《论语·为政》），认为批判其他不同立场的说法，难免带来后遗症。这反映了孔子对待"异端邪说"的雅量（傅佩荣，2006：19）。

持有不同价值理念的有时候不一定是一个具体的交际对象，也可以泛指统治阶级。孔子说"邦有道，危言危行；邦无道，危行言孙"（《论语·宪问》）。国家讲道义的时候，说话正直，行动也正直；国家不讲道义的时候，行动正直，说话要谦逊。可见与统治阶级打交道也要考察对象的价值理念是否和自己切合。他评价"邦有道，如矢；邦无道，如矢"的卫国大夫史鱼为"直"，而称赞"邦有道，则仕；邦无道，则可卷而怀之"的大夫蘧伯玉为"君子"（《论语·宪问》），对蘧伯玉的评价高出史鱼，极有可能是因为前者不顾时局一味向当时无道的卫灵公直谏，不像后者在卫乱时能够怀道而隐，懂得审时度势，故少了一点智慧。

（2）德才

在"可与言"，也就是具有相近价值观的交际对象中，孔子还要作出德才水平的区别。他说"中人以上，可以语上也；中人以下，不可以语上也"（《论语·雍也》）。中等资质以上的人，可以与之谈论高深的道理，中等资质以下的人，不可与之谈论大道[①]；又说"君子喻于义，小人喻于利"（《论语·里仁》），即"告君子当以义，告小人以义则彼不喻，惟当告之以利"（王闿运，2009：230）。这也是讲要根据交际对象德才水平的高低来调整交际内容。当然，这种根据德才水平所作的君子、小人之别不能被理解为二元对立的静态关系。因为孔子认为"唯上知与下愚不移"（《论语·阳货》），除了极端聪明和愚笨的人，一般人都可以通过学习和教育改变。

（3）个性

除了对德才水平作出区别，孔子还注意根据交际对象的个性特点来使用语言。如《论语·先进》中冉求和子路问孔子同一个问题"闻之行诸"，孔子考虑到冉求个性"退"，即有些退缩，故鼓励其"闻斯行之"，

[①] 从这句话中，我们也可以推出"中人以上，不可以语下也"。这同样是有据可循的。比如孔子弟子樊迟曾向孔子问稼穑之事，但孔子却拒绝教授，并指责其为小人。实际上樊迟为孔子七十二贤之一，绝非小人，孔子的拒绝，当是教其"中人以上不可以语下"之理。

而子路个性"兼人",即有些好胜,就劝告他"有父兄在,如之何闻之行诸"。其实孔子对其他弟子所问的一些表面上类似的问题,也罕有泛泛之谈。如同是问政,孔子告诫子张"居之无倦,行之以忠"(《论语·颜渊》),告诫子夏则是"无欲速,无见小利"(《论语·子路》)。原因是两人个性不同:"子张常过高而未仁,子夏之病常在近小,故各以切己之事告之。"(朱熹《四书章句集注》)再如《史记·仲尼弟子列传》记载司马牛向孔子问仁,孔子根据他"多言而早躁"的弊病,告之"仁者其言也讱",劝其说话迟缓一些。可见,孔子所发之言皆能切中对方的个性特点。

(4)临时遭遇

以上讲的都是交际对象身上相对稳定的特征对语言表达的影响。而孔子也讲究根据交际对象的临时遭遇来做出语用选择。《孔子家语·辩政》中记载了一则生动的案例:

> 子贡问于孔子曰:"昔者齐君问政于夫子,夫子曰政在节财。鲁君问政于夫子,子曰政在谕臣。叶公问政于夫子,夫子曰政在悦近而来远。三者之问一也,而夫子应之不同,然政在异端乎?"孔子曰:"各因其事也。齐君为国,奢乎台榭,淫于苑囿,五官伎乐,不解于时,一旦而赐人以千乘之家者三,故曰政在节财。鲁君有臣三人,内比周以愚其君,外距诸侯之宾,以蔽其明,故曰政在谕臣。夫荆之地广而都狭,民有离心,莫安其居,故曰政在悦近而来远。此三者所以为政殊矣。《诗》云:'丧乱蔑资,曾不惠我师。'此伤奢侈不节以为乱者也。又曰:'匪其止共,惟王之邛。'此伤奸臣蔽主以为乱也。又曰:'乱离瘼矣,奚其适归?'此伤离散以为乱者也。察此三者,政之所欲,岂同乎哉!"

齐君、鲁君、叶公都向孔子问政,得到的却是三种迥异的答复。子贡为此诧异,孔子告诉他,这是因为三个人当时的具体遭遇不一样,齐君治国的问题在于用度过量,鲁君病在奸臣当道,叶公患在民心离散,所以各自的政治需要不同。因此他才"各因其事",告诉齐君"节财",鲁君"谕臣",叶公"悦近而来远"。

现代语用学认为,交际对象的年龄性别、气质性格、心理情绪、学识修养、身份职业各不相同，这些因素都会潜在地影响、制约表达主体的话语选择和控制（王建华，2009：336—337）。孔子的这些注重交际对象特点的思想，和现代语用学不乏相通之处。

3. 交际主题

交际主题是时间性的一个重要组成部分。孔子会针对不同的交际主题来运用语言，这首先反映在语言形式上。《论语·述而》记载："子所雅言：《诗》、《书》、执礼，皆雅言也。"孔子读《诗》《书》、执礼时，都用官方语言。可见，他掌握不止一种语言，而且会根据不同的主题内容使用不同的语言形式。

其次，交际主题体现在说话内容的特指性上。这可以从孔子弟子理解孔子言语的案例中得到证实。《礼记·檀弓上》曾记载，有子有一次向曾子打听孔子关于丧礼的看法。曾子说"丧欲速贫，死欲速朽"，有子听后，立刻断定这是孔子"有为言之"，也就是针对特定交际主题而说的。后经子游证实，这句话是孔子听说桓司马花三年时间制作石椁、南宫敬叔每次上朝都带着贿赂品后发出的感叹，乃因事而发，并不是他关于丧礼的一般性见解。

（三）"时""义""中"——作为方法的统一

"时"和孔子所说的"中道"或"中庸"相通。"对于孔子，中庸的终极含义就是'时中'"（张祥龙，1999）。所谓的"中"，冯友兰认为，"办一件事，将其办到恰到好处，就是中"（冯友兰，2001：14）。而这里所说的相通，主要是针对"时"的第二层面的意思。我们对"时"的定义中就说到，"时"第二个层面的意思是指对特定行为得以成功实现的各个条件的恰当把握。因此，"时"也含有"恰当"的意思。

"时"和"义"也有密切的关系。"义"，《礼记·中庸》解释为："义者，宜也。"所谓的"宜"，就是恰当。孔子说："君子之于天下也，无适也，无莫也，义之与比。"（《论语·里仁》）君子对于天下的事情，没规定要怎么做，也没规定不要怎么做，只要怎样干恰当，便怎样做。其弟子有若也说"信近于义，言可复也"（《论语·学而》），认为所守的诺言只有恰当，说的话才可以兑现。

冯友兰认为在"恰当"的意义上，"义又似乎中"。但他亦认为两者有所不同："'中'可就非道德底事说，'义'只专就道德底事说。非道德底事，并不就是不道德底事，是无所谓道德或不道德底事。例如，在平常情况下，吃饭是非道德底事，一个人吃饭，不太多，亦不太少，无过亦无不及。这可以说合乎'中'，但不可以说合乎义。"（冯友兰，2001：14）这表明，尽管在某些非道德领域，能用"中"的地方不能用"义"，但在涉及道德的社会行为方面，"义"和"中"是两条相通的方法论原则，而语言使用显然主要属于后者。①

综合上述三个方面，我们可以说，"时""中""义"的意义是相通的，都含有恰当的意思，也就是孔子所说的"言各有所当"的"当"。

刘耘华（2002：30—31）认为："义"主要是在方法层面上讲的。"仁""礼"体现的是一种观念。判别一件行为是否"适宜"，不是由"适宜"本身决定的，而是决定于这一行为是否具有价值和意义。由他的观点不难推知，"时""义""中"主要是方法层面的问题（当然按照冯友兰的看法，"义"由于只是就道德方面的事来说，因此也带上了一层价值色彩）。而作为语言使用的方法，它们最终都要服务于"仁""礼"这样的根本道德观念。

第二节　理解之道

一　理解的基础

德国近代的"解释学"之父狄尔泰认为："阐释者的个性和作者的个性不是作为两个不可比较的事实相对而存在的：两者都是在普遍的人性基础上形成的，并且这种普遍的人性使得人们彼此间讲话和理解的共同性有可能。"（狄尔泰，2001：90）人与人之间的理解之所以可能，须是建立在某种共同人性的基础上。这一点在西方语用学理论中也能得到印证。如斯泊玻和威尔逊的关联论中所说的认知关联性，就为话语理解提供了一个可能的基础。而对于人是否有共同人性及何种人性的问题，孔子只说过"性相近也，习相远也"（《论语·阳货》）。不过他既以"己欲立而立人，己欲达而达人"（《论语·雍也》）和"己所不欲，勿施于人"（《论语·颜渊》）作为"行仁之方"，则应是以承认共同人性作为前提的。

---

① 当然，也不能说所有的语言使用都具有明显的道德意义，比如孔子说"食不语，寝不言"（《论语·乡党》），但这不是孔子语用思想主要关心的方面。

二 理解的目的

语言的理解,孔子称为"知言"。"知言"的主要目的,和孔子对他人行动进行考察的目的一样:"视其所以,观其所由,察其所安,人焉廋哉?人焉廋哉?"(《论语·为政》),最终是为了"知人"——因此他说"不知言,无以知人也"(《论语·尧曰》),不过孔子"知人"的兴趣,主要是评价他人通过言行所表现出来的动机的道德价值。

此外,除了了解他人的目的,因为理解本身也是一种行为,所以自身也带有伦理目的。理解的过程也就是修养德性、提升个人境界的过程。

三 理解的层次

孔子说:"唯仁者能好人,能恶人。"(《论语·里仁》) 只有仁人才能够喜爱某人,厌恶某人。对于一般人而言,不能达到仁者的境界,总是会拘于狭隘的视野,怀着各种成见成心,对他人的行为,常常会作出错误的道德判断,无法公正地理解他人。

他认为人的理解能力是有层次之分的。故说"中人以上,可以语上也;中人以下,不可以语上也"(《论语·雍也》)。道德修养比较低下的人,难以和他讨论高深的义理。孔子对子贡、子夏说"始可与言《诗》",正说明随着他们理解能力的提高,可以理解的内容也应随之变化。

道德修养较低之人,因难以理解高深的义理,也就难以领会君子圣人的言行。故孔子偶也会感叹:

> 子曰:"莫我知也夫!"子贡曰:"何为其莫知子也?"子曰:"不怨天,不尤人;下学而上达。知我者其天乎!"(《论语·宪问》)

孔子认为自己所拥有的"不怨天,不尤人;下学而上达"的修养境界,难以为他人所了解,而只有"天"才能懂得他。可见,他所处的是一种"同天"的境界,这在理解的层次中是属于最高的。李清良(2001:138)认为:

> 相对于较大的层次而言,在较小的层次中确定某种意义,便正如

做梦。而较大的层次之上还有更大的层次，以此更大的层次来看，则此前之确定意义（即所谓"觉悟"），又如梦中占梦，自以为已经确定，其实仍为相对不定。……在扩大到天地境域（即修养的最高境界）之前，意义总是相对不定的。

对处于较低修养层次的人来说，他们的理解总是会被较高理解层次的人否定，消解。修养较高者不但能理解较低层次者的觉悟，也能知道他们的谬误，以及他们不能理解的意义领域。

孔子弟子也深感这种这种理解层次性的存在：

> 卫公孙朝问于子贡曰："仲尼焉学？"子贡曰："文、武之道，未坠于地，在人。贤者识其大者，不贤者识其小者，莫不有文、武之道焉。夫子焉不学？而亦何常师之有？"（《论语·子张》）

子贡认为，文武之道常在，贤者能获得大体，不贤者小有所获。可见，各人的理解、领悟能力是有差别的。而孔子之所以能掌握文武之道的大体，就在于他通过不断学习，达到了极高的修养境界。这种修养境界不易为众人所理解：

> 叔孙武叔语大夫于朝，曰："子贡贤于仲尼。"子服景伯以告子贡。子贡曰："譬之宫墙，赐之墙也及肩，窥见室家之好。夫子之墙数仞，不得其门而入，不见宗庙之美、百官之富。得其门者或寡矣。夫子之云，不亦宜乎！"
> 叔孙武叔毁仲尼。子贡曰："无以为也，仲尼不可毁也。他人之贤者，丘陵也，犹可逾也；仲尼，日月也，无得而逾焉。人虽欲自绝，其何伤于日月乎？多见其不知量也！"（《论语·子张》）

当叔孙武叔之徒妄言子贡贤于孔子，并诋毁孔子时，子贡给予了有力的反驳，认为孔子的修养境界如数仞之墙，悬天日月，一般人多"不知量"，难以理解圣贤。

就算孔子最得意的弟子颜回也感叹理解孔子的困难：

> 颜渊喟然叹曰:"仰之弥高,钻之弥坚,瞻之在前,忽焉在后!夫子循循然善诱人,博我以文,约我以礼。欲罢不能。既竭吾才,如有所立卓尔。虽欲从之,末由也已!"(《论语·子罕》)

颜回认为自己竭尽全力,但始终无法达到孔子的境界,进入其意义领域。这都说明人的修养、眼见有高低和广狭之别,因此,理解能力也同样是有层次之分的。道德修养较高的君子、仁者对他人有较好的理解,而道德修养较低的人却难以理解君子、仁者。

四 理解的方法

(一) 类推

孔子将"恕"道或"取譬"之道作为行仁之方,运用到语言表达上,主要体现为"征圣宗经"和比喻的大量运用。但"恕"道也就是类推的方法,同样可以运用到语言的理解上。这一点并不难解释,因为理解本身就是对表达的一个逆向的过程,其使用的逻辑法则应当是统一的。

孔子说"温故而知新,可以为师矣"(《论语·为政》),又说"殷因于夏礼,所损益可知也;周因于殷礼,所损益,可知也;其或继周者,虽百世可知也"(《论语·为政》),可见他认为从旧事物的认识中可以推出对新事物的认识。他又说"举一隅不以三隅反,则不复也"(《论语·述而》),可见他认为一个人以旧推新的能力,是非常重要的,缺乏这种能力的人,难以和他深入交谈。而孔子所说的这种以旧推新的能力,主要指的是类推能力。

在孔子与弟子的谈话中,类推式的理解不乏其例。这既包括人与人的类推,也包括人与物的类推。前者如:

> 南宫适问于孔子曰:"羿善射,奡荡舟,俱不得其死然;禹稷躬稼,而有天下。"夫子不答,南宫适出。子曰:"君子哉若人!尚德哉若人!"(《论语·宪问》)

南宫适列举了两类历史人物的不同遭遇,孔子马上从中推知南宫适本人的价值取向,这一理解过程中,类推思维显然起了重要作用。

而同样具有良好类推能力的子贡,则可从表达者对一事的看法推知表达者对另一事的看法。《论语·述而》有载：

> 冉有曰："夫子为卫君乎？"子贡曰："诺。吾将问之。"入，曰："伯夷、叔齐何人也？"曰："古之贤人也。"曰："怨乎？"曰："求仁而得仁，又何怨！"出，曰："夫子不为也。"

卫君是指卫出公辄。据史料记载，辄和其父蒯聩曾争夺卫君的位置，和伯夷、叔齐两兄弟互相推让直至抛弃君位相比，恰恰成一对照（杨伯峻，1980：70）。子贡以此发问，借以试探孔子对辄的态度。孔子既赞伯夷、叔齐，自然就反对与这类人异道的辄了。这里子贡就很巧妙地利用了从反面进行类推的技巧。

关于人物之间的类推，《孔子家语·颜回》有载：

> 孔子在卫，昧旦晨兴，颜回侍侧，闻哭者之声甚哀。子曰："回，汝知此何所哭乎？"对曰："回以此哭声非但为死者而已，又有生离别者也。"子曰："何以知之？"对曰："回闻桓山之鸟，生四子焉，羽翼既成，将分于四海，其母悲鸣而送之，哀声有似于此，谓其？而不返也，回窃以音类知之。"
>
> 孔子使人问哭者，果曰："父死家贫，卖子以葬，与之长决。"子曰："回也，善于识音矣。"

颜回从桓山之鸟母子分离时的哀鸣声，推知与之类似的哭者亦为离别，可见人与物在情感上具有同构性，故可以类推。

另外，孔子在诗教中不仅注重让弟子通过用诗来"比兴"，在教授弟子解诗时，也十分注意帮助他们培养这种类推能力。比如子张从"巧笑倩兮，美目盼兮，素以为绚兮"的诗句中悟出"仁"先"礼"后的道理（《论语·八佾》），子贡把诗句"如切如磋，如琢如磨"和君子修身联系起来（《论语·学而》），都得到了孔子的称赞，原因是他们能"告诸往而知来者"，在理解《诗经》话语中表现了良好的类推能力。

从孔子的教学实践中可知，他认为各人的类推能力是有差异的。类推能力的差异是造成各人理解能力不同的一个重要原因，类推能力越好，个人的理解能力也就越高，所获得的意义就越丰富。孔子对弟子颜回推崇有加：

> 子谓子贡曰："女与回也孰愈？"对曰："赐也何敢望回？回也闻一以知十，赐也闻一以知二。"子曰："弗如也！吾与女弗如也。"（《论语·公冶长》）

颜回能够以一知十，而子贡只能以一知二，孔子谦虚地表示自己和子贡都不如颜回。可见，他评价学生时是把这种举一反三的能力看作一个重要标准。各人的类推能力也会变化，可以通过学习得到提高，故孔子才会数次说"始可与言诗"。孔子又说"唯上知与下愚不移"（《论语·阳货》），说明绝大多数人的类推理解能力都是可以通过学习改变的。

（二）"求诸己"

孔子的"克己复礼"思想表现在理解方面，是他的自我反省的方法，也就是所谓的"求诸己"——"君子求诸己，小人求诸人"（《论语·卫灵公》）。孔子提倡"求诸己"的一个重要目的，是时时审查自己与他人交往时，是否能以君子的伦理规范理解、评价他人，也就是他把理想人格作为理解、评价他人的基础，故孔子才会说"唯仁者能好人，能恶人"（《论语·里仁》）。孔子弟子曾子也说："吾日三省吾身：为人谋而不忠乎？与朋友交而不信乎？传不习乎？"强调的就是严于反省、自我要求的精神。尤其在与他人的交际出现冲突时，孔子更要求严于自我反省，宽于待人：

> 子曰："不患人之不己知，患不知人也。"（《论语·学而》）
> 子曰："不患无位，患所以立；不患莫己知，求为可知也。"（《论语·里仁》）
> 子曰："不患人之不己知，患其不能也。"（《论语·宪问》）
> 攻其恶，无攻人之恶，非修慝与？（《论语·颜渊》）
> 子曰："君子病无能焉，不病人之不己知也。"（《论语·卫灵公》）
> 子曰："躬自厚而薄责于人，则远怨矣！"（《论语·卫灵公》）

在出现交际冲突时，孔子主张通过反省，审查自己是否以理想人格的伦理规范待人，是否能够按照君子的标准去理解、评价他人，而不是无原则地将他人的言行视作小人之举。因此，是"躬自厚""求诸己""攻其恶"，而"薄责于人""不攻人之恶"，不"求诸人"。此外，孔子还要求"不逆诈，不亿不信"（《论语·宪问》），意即不预先怀疑别人的欺诈，也不无根据地猜测别人的不老实。可见，在理解过程中，他处处要求以儒家伦理规范理解他人和作出价值评断，能否真正准确地把握他人言行的动机反而并不是最重要的。可见，他的这种理解之道除了知人的目的，也带有德性修养的目的。

（三）去"蔽"

《周易·系辞上》说："一阴一阳之谓道，继之者善也，成之者性也。仁者见之谓之仁，知者见之谓之知，百姓日用而不知，故君子之道鲜矣！"可见对于"道"的领悟，仁者智者可见一偏，常人浑然无觉，真正知"道"的君子少之又少。所谓的君子就可视为理解能力最高的人，而常人理解能力较低，总是受到自己眼见的局限，对大道认识不完全，往往只获得"道"之一隅，因此会陷入各种"蔽"中。

所谓"蔽"，也就是主体因受到某些阻碍、遮蔽，未能正确地认识、理解对象，因而产生了各种片面的见解。荀子说"凡人之患，偏伤之也。见其可欲也，则不虑其可恶也者；见其可利也，则不虑其可害也者。是以动则必陷，为则必辱，是偏伤之患也"（《荀子·不苟》）；又说"凡人之患，蔽于一曲，而闇于大理"（《荀子·解蔽》），准确地描述了"蔽"的表现与危害。荀子还详尽分析过各种理解之"蔽"：

> 故为蔽：欲为蔽，恶为蔽，始为蔽，终为蔽，远为蔽，近为蔽，博为蔽，浅为蔽，古为蔽，今为蔽。凡万物异则莫不相为蔽，此心术之公患也。（《荀子·解蔽》）

世间万事万物各持其异，互相蒙蔽，而这也导致了人们的认识障碍："私其所积，唯恐闻其恶也。倚其所私，以观异术，唯恐闻其美也。"（《荀子·解蔽》）——常人容易满足于已有的认识，难以接受他人的异见，看不到不同言论（观点）的优点。在荀子眼里，诸子中只有孔子得道而不蔽："孔子仁知且不蔽，故学乱术，足以为先王者也。一家得，周道举，而用之不蔽于成积也。故德与周公齐，名与三王并，此不蔽之福

也。"(《荀子·解蔽》)

孔子虽然未像荀子那样对理解之"蔽"做过专门的讨论，但他一些零散的言论中却已经包含了诸多关于"蔽"和如何解"蔽"或去"蔽"的真知灼见。

人之所以会有偏心偏见之蔽，从而造成各种误解，首先是由于不能恰当地控制自己的情感。孔子说："爱之欲其生，恶之欲其死；既欲其生，又欲其死，是惑也。"(《论语·颜渊》)意思是常人面对同一个对象，会因爱恨情感的不同而产生不同的价值判断，陷入自相矛盾的困惑中。《礼记·大学》亦描述了情感的偏颇对理解的影响：

> 所谓修身在正其心者：身（心）有所忿懥，则不得其正；有所恐惧，则不得其正；有所好乐，则不得其正；有所忧患，则不得其正。心不在焉，视而不见，听而不闻，食而不知其味。此谓修身在正其心。……人之其所亲爱而辟焉，之其所贱恶而辟焉，之其所畏敬而辟焉，之其所哀矜而辟焉，之其所敖惰而辟焉。故好而知其恶，恶而知其美者，天下鲜矣！

大意是说，人一旦受制于愤怒、恐惧、好乐、忧患，陷入情感之一端，就难以客观公正地看待对象，"视而不见，听而不闻，食而不知其味"。对于自己所亲近或怜爱的人，往往会偏爱，对自己所鄙视和厌恶的人，往往会偏恶，对自己畏服恭敬的人，会偏敬，对自己所怜悯同情的人，会偏护，对自己所傲视或怠慢的人，会偏轻，所以说，喜欢一个人而同时能认识到他的缺点，憎恶一个人又能认识到他的优点，能够这样中正公平地看待事物、处理事物的人，天下真是太少了（陈晓芬、徐儒宗，2011：265—266）。

为了克服各种情感上的偏蔽，孔子主张全面加强道德修养，对情感加以节制。

> 好仁不好学，其蔽也愚；好知不好学，其蔽也荡；好信不好学，其蔽也贼；好直不好学，其蔽也绞；好勇不好学，其蔽也乱；好刚不好学，其蔽也狂。（《论语·阳货》）

此所谓学习，实乃"克己复礼"式的学习。

  子曰："恭而无礼则劳，慎而无礼则葸，勇而无礼则乱，直而无礼则绞。"（《论语·泰伯》）

  孔子说"礼乎礼！夫礼所以制中也"（《礼记·仲尼燕居》），"礼"的一个重要功能就是对情感进行节制使之恰当合宜，通过用"礼"去节制调适，就可以防止情感失度而造成的偏颇。

  其次，对理解对象的相关信息掌握得不够全面充分，也会造成理解的偏蔽。孔子曾感叹对弟子宰我的认识曾一度有误："始吾于人也，听其言而信其行；今吾于人也，听其言而观其行。于予与改是。"（《论语·公冶长》）认为过去对宰我的认识，只听他说话，未考察他的行动，因而产生了错误的判断。这就是对理解对象的信息掌握不够全面造成的。

  对理解对象的背景信息或语境信息掌握得越全面深入，对对象本身的理解就越准确，但一般人容易满足于已有的知识或见解，导致理解的偏颇。为了防止满足于已有知识而拒绝接受更多信息的弊病，孔子提醒理解主体保持虚心的态度。因为只有让自己保持一种对已有知识的暂时悬隔，才能容纳新的知识和新的观点。

  吾有知乎哉？无知也。有鄙夫问于我，空空如也；我叩其两端而竭焉。（《论语·子罕》）

  "吾有知乎哉？无知也"，说明在理解时，孔子能够主动地排除各种成见，保持虚心的状态。"叩其两端"，说明他看问题不固执一点，而是善于从不同角度探求，最终找到问题的症结。

  孔子自己担任鲁司寇时，为了获得对案情更好的把握，总是虚心向德高望重的师长多方请教，了解不同角度的信息，比较辨别各种不同的观点，然后再作出抉择。

  孔子为鲁司寇，狱必师断。敦敦然皆立，然后君子进曰："某子以为何若？某子以为云云。"又曰："某子以为何若？某子曰云云。"辩矣，然后君几当从某子云云乎……（《说苑·至公》）

孔子又说"多闻择其善者而从之，多见而识之，知之次也"（《论语·述而》），"多闻阙疑，慎言其余，则寡尤；多见阙殆，慎行其余，则寡悔"（《论语·为政》），都强调了保持虚心谨慎、充分掌握信息对理解的重要性。

关于虚心的重要性，孔子弟子曾子同样强调："以能问于不能，以多问于寡；有若无，实若虚，犯而不校。"（《论语·泰伯》）《周易·咸》说："君子以虚受人。"《周易·系辞上》则说："圣人以此洗心，退藏于密，吉凶与民同患；神以知来，知以藏往。其孰能与此哉！……圣人以此齐戒，以神明其德夫！"这些话都是孔子虚心态度的反映。

孔子去"蔽"的方法，可以他自己的四字教作为总结："子绝四：毋意，毋必，毋固，毋我。"（《论语·子罕》）孔子一点也没有四种毛病——不悬空揣测，不绝对肯定，不拘泥固执，不唯我独是。也就是说，对对象进行理解时，不能在信息掌握不完全、切实的情况下随意揣测，要懂得自己已有知识的局限性和相对性，因此从来不绝对肯定和拘泥固执，也不认为只有自己才是对的。去除"意""必""固""我"四种认识上的弊病是对去"蔽"最好的注解。

考察孔子关于去"蔽"的看法，再结合孔子所说的表达讲究"时"的概念，不难发现两者之间的密切关系。正因为表达者说话做事所处的境遇或者"时"各不相同，理解者如果对表达者的处境拒绝了解，不尽可能多地掌握表达者说话时的相关语境信息，设身处地用表达者的立场思考，而只是以自己的成心成见理解他人，就必然会造成理解上的偏颇。因此，所谓理解中的去"蔽"问题，也可以说是表达的"时"在理解方面的回应。

第三节　孔子语用思想小结

通过第三、四两章，我们对孔子的语用思想做了个大概的梳理。第三章首先对孔子其人及其语用思想产生的背景做了简述，然后将重点转入孔子的语用主体观。孔子的语用主体观基本上可以视为"君子"的理想人格。他将"君子"从阶级概念变为道德概念，成为普通人可以通过修养实践实现的理想人格。而君子修养实践的具体内容，则是"仁"与"礼"。"仁"既是一种爱人的情感，又要以"恕"或类推作为理性法则。

它是人内在的需求和主动的选择，是伦理道德的全称和总括，是君子终生追求的最高目标。"礼"是一套外在的社会伦理规范制度，是"仁"的精神载体，起着实现、调节、修饰"仁"的作用。因此，由"仁"释"礼"，由"礼"行"仁"，两者二而一，一而二，须臾不可分离。孔子以"仁""礼"并举概括君子人格，强调把内在的品质时时处处落实到外在的行为实践中，从而形成"内圣外王"的人格范式。第三章还讨论了"仁"（包括其下诸德）、"礼"与语言使用的密切关系。孔子认为语言使用是"仁"的外在表现之一，因此说话既要谨慎又要巧妙。在仁下诸德方面，"直"要求语言使用符合真性情和义理，"信"重在语言使用符合事实以及言行合一，有时用来专指朋友之德。"忠"除有时侧重于君臣之德之外，基本和"直"相通，落实在语言使用上就是要求讲话真心诚意。"智"则表现在重视说话真实性的基础上，强调随机应变，也就是懂得时机性。除了这些内在的伦理品质，语言使用又要符合外在的社会伦理行为规范制度，也就是符合"礼"，做到"非礼勿言、非礼勿听"。另外，许多道德条目在语言使用中的实现都是相对而有条件的，说话"智""信""忠""直"，当以不违背"仁"和"礼"为前提。此外，语言使用受到"仁"和"礼"两方面的价值约束，从而延伸出三对彼此有密切关系的概念，即"文""质"关系（文质彬彬）、"象""意"关系（以"象"尽"意"）和"巧""达"关系（"辞巧""辞达"）。

　　第四章，我们主要讨论了道德在语用表达和理解过程中得以体现的方法论问题。孔子提出以"恕"或"取譬"为"行仁之方"，其实就是以类推作为一种根本的道德逻辑方法。孔子还主张"克己复礼为仁"，则代表着一种现实批判方法。孔子又重视"时"（义、中的概念与之接近），也即把恰当应对行为情境作为一种道德实践方法。这三种方法，在语言表达和理解当中都有所体现。

　　类推法运用到语言表达上，主要体现为"征圣宗经"和比喻。大体来说，"征圣宗经"主要是人与人之间进行类推的结果。孔子将尧舜文武等古圣先贤视作人格典范，一切言说和行为都取法圣贤，以圣贤留下的言语（主要是"六经"）作为言语法式，从而形成了"征圣宗经"的语用方法，"征圣宗经"又可分为"述而不作"和"断章取义"两种形式。前者是指忠实地引用圣贤事迹和原典，后者是指有意改变经典的原意，服务于特定的道德目的。比喻是将人与物进行类推的结果。孔子将一切自然事物进行伦理化的解读，从中体验出道德情感的意味来，这是他使用比喻手段最重要的特色和目的。类推法同样用于语言的理解中。孔子说的"温故而知新""告诸往而知来""闻一知十""举一反三"和类推的理解方法都密切相关。从他对弟子的教学实践和评价中，也可以看出他非常重视类推能力的培养。

"克己复礼"的方法运用到语言表达上，形成了孔子的"正名"思想。这一思想，旨在矫正当时社会的各种言语行为（"名"）和周代礼制的理想（"实"）相违背的现象。它既是针对自身，也是针对他人。当针对自己时，主要是对自我言行进行自觉的监督，以符合自身伦理角色名称所规定的道德规范。当针对他人时，在权力允许的情况下，可以借助非言语行为的手段来促使他人名实相符，如果缺乏足够权力，那么选择语言手段也能起到一定的效果，孔子以"春秋笔法""微言大义""令乱臣贼子惧"，便是借助语言手段而达到的"正名"效果。从孔子的"正名"实践来看，其使用的语用手法是丰富多样的，如反诘、比喻、沉默或副语言手段等等。"克己复礼"运用在语言理解上，则体现为一种"求诸己"的方法。它要求接受者时时自我反省，以一定的伦理规范进行思考，尽量善意地理解他人的言（行），反对无原则地怀疑、评价他人。

"时"的方法运用到语言表达上，主要体现为对语言表达语境条件的恰当把握和选择。从孔子零散的表述和语用实践中，我们概括了"时"的主要构成因素包括：伦理角色关系（父子、夫妇、君臣、朋友、兄弟……），交际对象的特点（价值观、德才、个性、临时遭遇……），以及交际主题等。去"蔽"可以看作"时"的观念在理解方法上的回响。它主要是为了使理解者突破个人情感和认识上的偏蔽，保持虚心的态度，通过全面的道德修养和知识学习，获得理解交际对象在各种不同语境（时）中所实施的特定言语行为的能力。孔子所说的"时""义""中"都可以看作道德实践的方法，并且在"恰当"的意义上是相通的，"恰当"本身不具有实质内容，判断"恰当"与否的根本依据在于"仁""礼"等道德观念。

第五章

孟子语用思想（上）

第一节 其人其书

孟子（约公元前390年—前305年）（钱穆，1992：101），名轲，传说字子舆（待考，一说字子车或子居），战国中期邹国人。他是继孔子之后，儒家思想史上又一位重要的代表人物。孟子尝受业于孔子孙子子思之门人，而又自称"私淑"孔子，学有所成之后，开始周游列国，意欲说服诸侯国君实行仁政王道，平治天下。可惜战国尚权谋诈利，世人以为其学说"迂远而阔于事情"，也没有明君愿意贯彻他的仁政思想。孟子即不得用，退而与万章之徒序《诗》《书》，述仲尼之意，作《孟子》七篇。（参见杨泽波，1998：9）

孔子的思想观点，不仅有诸多弟子为其传述，并因对其他学派产生影响，不少言论为其他学派引用，可参考的资料较多。但孟子的思想没有孔子那么多可供参考的材料，其言论则主要保存于《孟子》七章中，但因为自己参与了书的创作，故思想的连贯性和可靠度都更能得到保证。《孟子》还有《性善辩》《文说》《孝经》《为政》外书四篇，但已被公认为伪书，故不在本章的讨论范围之内。

本章意在对孟子的语用思想作系统分析，如非关大旨，则对《孟子》的作者、孟子的生卒年、孟子一书的成书年代等考证问题不予细究，也不纠缠《孟子》文本的音韵训诂语法等问题。

第二节　思想背景

一　传统文化与教育背景

孟子生于邹国，一生又有很长时期在邹国活动。据赵岐《孟子章句·题辞解》说："邹本春秋邾子之国，至孟子时改曰邹矣。国近鲁。后为鲁所并。又言邾为楚所并，非鲁也，仅邹县是也。"邾国古为东夷，是炎帝一族生息繁衍的地区，周武王克商后，封黄帝孙子安的后裔曹侠于邾。曹侠及其子孙融合了炎黄文化，逐渐形成了邾娄文化，其后演变为邹鲁文化，当初曾被誉为"东方君子之国"（参见枣庄市山亭区政协，2006：8）。可想而知，邹国的这种深厚的文化积淀，不能不在孟子身上产生影响。

与邹国邻近的鲁国，是孔子诞生之地。孔子一生的行迹，在当时已广为流传，并已获"圣人"之誉。在孔子的努力下，儒学大显，尤其在鲁地周围保持着持久的影响。《史记·儒林列传》说"仲尼既没，七十子之徒散游诸侯，大者为卿相师傅，小者友教士大夫，或隐而不见。故子路居卫，子张居陈，澹台子羽居楚，子夏居西河，子贡终于齐。如田子方、段干木、吴起、禽滑釐之属，皆受业于子夏之伦，为王者师"。此外还有如孔子孙子子思，曾被鲁缪公、费惠公尊为贤者，待之以相师之道。儒学的显盛，也不能不影响到孟子。

"近圣人之居若此其甚"的孟子，据传有一甚合儒家理想的贤母。《韩诗外传》载有他母亲"断织"等故事，《列女传》载有他母亲"三迁"和"去齐"等故事。在母亲的教育下，孟子从小就"嬉为俎豆揖让进退之事"，及长又"受业于子思之门人"且"私淑"孔子，"学孔子"。

孟子一生周游列国，见道不行，退而著书，人生轨迹与孔子相似。晚年活动主要是"退而与万章之徒序诗书，述仲尼之意，作孟子七篇"（《史记·孟轲荀卿列传》）。可见，他不仅在事业上追随孔子，在学术上也以传承孔子思想为使命。正因为如此，其语用思想自然也受到了孔子学说的滋养。

二　加剧的意识形态危机

孟子所处的时代，去孔子时百余年，整个社会与春秋时相比，形势又是大变。春秋国有百余,但到了战国初年,经过不断地互相兼并,所存国家仅有十几个。而这十几个国家谋求的是在你死我活的现实中率先富国强兵一统天下。孟子曾形容齐宣王的雄心乃"辟土地,朝秦、楚,莅中国而抚四夷也"(《孟子·梁惠王上》),① 为达目的可以不择手段,求新求变是彼时主题。春秋时,周朝的传统价值对社会秩序的维系,还具有一定的作用,这从"孔子作春秋而乱臣贼子惧"可得一窥。而到了战国,情况就有所不同了。"当时之时,合纵连横,转相争伐,代为雌雄。齐愍以技击强,魏惠以武卒奋,秦昭以锐士胜,世方争于功利,而驰说者以孙吴宗"(《汉书·刑法志》),可见周礼文化的约束作用已丧失殆尽:"自《左传》之终以至此(周显王三十六年)……不待始皇之并天下,而文武之道尽矣。"(顾炎武《日知录》卷十三)由此不难想见,战国意识形态的变迁给生长于邹鲁大地、坚守传统的孟子带来了怎样深重的危机感。

三 百家争鸣的学术环境

意识形态的巨大变迁,总是伴随着学术思潮的动荡。在互相角力的局势下,各国对于政治人才渴求空前强烈,养贤之风大盛。国君养贤如魏文侯、鲁缪公,而大盛于齐威、宣王之稷下。齐宣王之于王斗、颜镯、燕易王之让位于子之,秦昭王之跪见张禄先生,燕昭王之筑黄金台师事郭隗,皆为当时国王下士之极好榜样。此外还有公子养贤,以孟尝、平原、信陵、春申四人为著(钱穆,1991:109—110)。这为当时的知识分子阶层——游士提供了大好的机遇。

士族既不依附于某一统治阶级,又不属于劳动人民,不受特定地域和政权的局限,周游列国,凭借一技之长"传食于诸侯"(《孟子·滕文公下》)。在自由宽松的学术环境下,诸子纷纷著书立说,推行自己的主张,形成了百家争鸣的局面。《汉书·艺文志》形象地描述了诸说纷起的情况:"昔仲尼没而微言绝,七十丧而大义乖。故《春秋》分为五,《诗》分为四,《易》有数家之传。战国纵横,真伪纷争,诸子之言纷然淆乱。"一般认为纵横家好辩,但实际上各家都有此好。钱基博(1987)说:"盖庄子之学出于老子,而发以纵横家言;犹孟子之学出于孔子而发以纵横家言也;战国策士,纵横抵巇以谬悠之说、荒唐之言、无端崖之辞,虽儒者

---

① 后引用《孟子》部分,皆省略书名,只标出篇名。

之纯实，道家之清净，吐辞为经，犹不能出纵横策士之囿焉。则甚矣，习俗之移人也！"可见重言尚辩乃时代风气。

从《孟子》书中提到的情况看，当时各种学说都产生了一定的影响力，如农家许行，就使原为儒门的陈相"尽弃其学而学焉"（《滕文公上》）。孟子的弟子景春也曾赞叹"公孙衍、张仪岂不诚大丈夫哉？一怒而诸侯惧，安居而天下熄"（《滕文公下》）。而最为孟子所重视的，则是杨墨两家。以至于他对百家纷言，皆以"杨墨"两个典型概之："杨墨之言盈天下。天下之言不归杨，则归墨。"（《滕文公下》）孟子认为"杨氏为我，是无君也。墨氏兼爱，是无父也。无父无君，是禽兽也"（《滕文公下》）。杨、墨两家代表着两个极端，前者极端自私，厚己而薄人，后者兼爱天下，背离人伦。这两种学说都有悖于儒家的仁义之学——"无父""无君"。如焦循《孟子正义》（上卷十三）说"无父是不仁，无君是不义，无父无君之说满天下，则仁义之道为邪说所挤，故为充塞仁义也"。但是这些学说又"持之有故，言之成理"（《荀子·非十二子》），对儒家的学说构成了实在的威胁。孟子在这样的学术环境下，不得不勇担"言责"，研究辩说，以维护道统。因而才有他这番感叹："我亦欲正人心、息邪说、距诐行、放淫辞，以承三圣者。岂好辩哉？予不得已也。能言距杨墨者，圣人之徒也。"（《滕文公下》）百家争鸣的学术话语产生的巨大社会影响力，必然也促使他对语言使用进行深刻的反思。

四 儒门内部的分化

因孔子心中最理想的传人颜回早死，孔子殁后，儒家的"掌门"人选成为问题。群龙无首是不利于学派的持续发展的。孔门弟子也意识到了这个问题，曾推举外貌言论皆似孔子的有若，欲师之如夫子，但终因有若缺乏孔子那样的凝聚力而将其赶下师座（《史记·仲尼弟子列传》）。孔子弟子之间也有一些主张上的冲突，如《论语》中就有子张、子夏、子游之间互相指摘的记载。这本身就埋下了儒门分化的种子。而各人地理上的分散，又为这种分化创造了客观条件。据《史记·儒林列传》记载：

自孔子卒后，七十子之徒散游诸侯，大者为师傅卿相，小者友教士大夫，或隐而不见。故子路居卫，子张居陈，澹台子羽居楚，子夏居西河，子贡终于齐。如田子方、段干木、吴起、禽滑釐之属，皆受业于子夏之伦，为王者师。

时过境迁，儒门的分裂似乎是必然的趋势。这到了战国末年，局面已相当清晰。故《韩非子·显学》总结了儒家的分化，提出了"儒分为八"之说：

> 世之显学，儒墨也。儒之所至，孔丘也。墨之所至，墨翟也。自孔子之死也，有子张之儒，有子思之儒，有颜氏之儒，有孟氏之儒，有漆雕氏之儒，有仲良氏之儒，有乐正氏儒……故孔、墨之后，儒分为八，墨离为三，取舍相反不同，而皆自谓真孔墨。

这种概括虽然不一定准确，但有助于我们了解儒家内部学派分化的丰富样态。而孟子的语用思想也就是在儒门分裂与发展的潮流中产生的。

孟子的学说继承了儒门哪一派的影响？《史记·孟子荀卿列传》说他"受业于子思之门人"，可见他的学问与子思一派有莫大关系。比较子思所作的《中庸》与《孟子》，都尚谈心性，且多有相遇合之言，师承的痕迹较为明显。《荀子·非十二子》中说：

> 略法先王而不知其统，犹然而犹材剧志大，闻见杂博。案往旧造说，谓之五行，甚僻违而无类，幽隐而无说，闭约而无解。案饰其辞，而只敬之，曰：此真先君子之言也。子思唱之，孟轲和之。世俗之沟犹瞀儒、嚾嚾然不知其所非也，遂受而传之，以为仲尼子弓为兹厚于后世：是则子思孟轲之罪也。

可见，他也把子思、孟子看作一派。细查《孟子》中提及孔子弟子中的人物，曾子22次，子思16次，远较其他弟子为多，且崇敬之情溢于言表。可见，他所受曾子、子思思想的影响较大。近年《郭店楚简》的出土也使思孟学派的存在线索得到进一步确证。因此，我们基本判断孟子的语用思想也应该循着儒家内部曾子、子思一路发展而来。

孟子虽毕生以继承孔子之业为志，但新的时代不能不为他的语用思想体系注入新的元素。百家争鸣的学术环境使孟子的语用思想在孔子的基础上得以进一步发展，出现了许多孔子那里不曾有过的内容。下面分而疏之。

第三节　语用主体

一　心性论

（一）"性"

孔子曾用"仁""礼"对君子之德行作出了限定。但随之而来的问题是，君子的这种道德属性是天赋的还是后天形成的，是内源的还是外加的？孔子虽然曾经说过"天生德于予"（《论语·述而》）、"人之生也直"（《论语·雍也》）的话，但总的来说，孔子对人性的来源语焉不详，以至于其弟子子贡感叹："夫子之文章，可得而闻也；夫子之言性与天道，不可得而闻也。"（《论语·公冶长》）

对于这个问题，孟子则作出了更为详尽的阐发。

首先，"孟子道性善"（《滕文公上》），说"人性之善也，犹水之就下也。人无有不善，水无有不下"（《告子上》），从而旗帜鲜明地提出"性善"的观点。他又说：

> 恻隐之心，人皆有之；羞恶之心，人皆有之；恭敬之心，人皆有之；是非之心，人皆有之。恻隐之心，仁也；羞恶之心，义也；恭敬之心，礼也；是非之心，智也。仁义礼智，非由外铄我也，我固有之也，弗思耳矣。（《告子上》）

孟子说的性善，是指人的实然状态而言。他认为人人都有恻隐之心（仁）、羞恶之心（义）、是非之心（智）、恭敬之心（礼），这些道德品质都是人内在固有的而非外加于人的。为此，孟子还举出了经验的证据："今人乍见孺子将入于井，皆有怵惕恻隐之心；非所以内交于孺子之父母也，非所以要誉于乡党朋友也，非恶其声而然也"（《公孙丑上》）。他认为，向善之心是每个人能凭直觉体验到的。

其次，孟子所说的性善，并非指人一出生就是道德完善的，而是人天生具有行善的需求和向善的倾向，故孟子说"理义之悦我心，犹刍豢之悦我口"（《告子上》），又说"《诗》云：'既醉以酒，既饱以德。'言饱乎仁义也，所以不愿人之膏粱之味也。令闻广誉施于身，所以不愿人之文绣也"(《告子上》),都反映了人具有行仁义或理义的需求。[1] 他又以"若火之始然、泉之始达"(《公孙丑上》)、"水之就下"(《告子上》)、"牛山之木"(《告子上》)等比喻,表达人性向善的倾向性。

再次,孟子虽说性善,却并不否认人实际道德面貌的差异。但他认为这是由于外物的影响造成的。外物的影响可分两个方面:一是环境,二是人的耳目之欲。关于环境的影响,他说:

> 富岁,子弟多赖;凶岁,子弟多暴。非天之降才尔殊也,其所以陷溺其心者然也。今夫麰麦,播种而耰之,其地同,树之时又同,浡然而生,至于日至之时,皆熟矣。虽有不同,则地有肥硗,雨露之养、人事之不齐也。(《告子上》)

少年子弟的懒惰、暴戾并非天生如此,而是受到收成多少等不良环境的影响而陷溺其心。这就如同麦子的生长容易受到营养条件、雨水、人事的影响一样。他又说:"虽存乎人者,岂无仁义之心哉?其所以放其良心者,亦犹斧斤之于木也,旦旦而伐之,可以为美乎?"(《告子上》)良心的丢失,正如斧斤之于山木,是被外来环境力量破坏的结果。

耳目之欲对人的道德养成也会构成影响。在孟子看来,耳目之欲虽然也是人之性,但却属于物的层次。"耳目之官不思,而蔽于物。物交物,则引之而已矣。"(《告子上》)耳目之官是受到外物的控制的,难以从物中解脱出来。孟子又说"口之于味也,目之于色也,耳之于声也,鼻之于臭也,四肢之于安佚也;性也,有命焉,君子不谓性也。仁之于父子也,义之于君臣也,礼之于宾主也,知之于贤者也,圣人之于天道也;命也,有性焉,君子不谓命也"(《尽心下》)。只有仁义礼智等道德才是孟子所说的性,而耳目鼻四肢等都只是"命",也即不是人可以自由选择、完全

---

[1] 被许多学者认为是孟子所著的郭店楚简《五行》"说"部第二十二章有一段阐发类似意思的文字,但表达得更为明确:"耳目鼻口手足六者,心之役也。耳目也者,悦声色者也;鼻口者,悦臭味者也;手足者悦(佚)愉者也。心也者,悦仁义者也。此数体者皆有悦也,而六者为心役,何也?曰:心贵也。有天下之美声色于此,不义,则不听弗视也。有天下之美臭味于此,不义,则弗求弗食也。居而不间尊长者,不义,则弗为之矣。何居?曰:几不胜也,小不胜大,贱不胜贵也哉!故曰心之役也。耳目鼻口手足六者,人体之小者也;心,人体之大者也,故曰君也。"

把握的因素。如果一个人成为小人，也就是他受到耳目之欲控制，陷溺其心的结果。

(二)"心"

在《论语》中，孔子极少谈及心的问题。但孟子却极为重视。"心"在《论语》中仅出现6次，而在《孟子》中则出现了123次（不含3次人名），可见该词对于孟子的理论意义。

孟子说，"仁者，人也"。认为"仁"是人的本质属性。这是对孔子主体论的继承。但他同时将"仁"和"心"联系起来。"仁，人心也。"（《告子上》《尽心上》）以此提出了他的"心"学，对孔子的"仁"学做出了重要发展。概言之，孟子所说的"心"有如下几方面的含义。

第一，"心"是包括"仁"在内的道德萌发存养之地："仁义礼智根于心。"（《离娄下》）而君子与普通人不同的地方，就是"君子所以异于人者，以其存心也。君子以仁存心，以礼存心"（《离娄下》），也就是君子能够将道德存养于心。

第二，"心"发端、扩充后表现为人性。孟子说："恻隐之心，仁之端也；羞恶之心，义之端也；辞让之心，礼之端也；是非之心，智之端也。人之有是四端也，犹其有四体也。有是四端而自谓不能者，自贼者也；谓其君不能者，贼其君者也。凡有四端于我者，知皆扩而充之矣，若火之始然、泉之始达。苟能充之，足以保四海；苟不充之，不足以事父母。"（《公孙丑上》）又说"君子所性，仁义礼智根于心。其生色也，睟然见于面、盎于背。施于四体，四体不言而喻"（《尽心上》），讲的都是人性经由心的发端由内而外得到扩充表达的过程。

第三，"心"是具有能动性的器官，通过心的反思，人能自觉仁义礼智之性的存在，但如果"心"不反思，则会丧其本心，"自暴自弃"。"心之官则思；思则得之，不思则不得。"（《告子上》）可见，心的反思能力是一个人能否向善的关键，故孟子才说"反身而诚，乐莫大焉"（《尽心上》），又说"诚身有道，不明乎善，不诚其身矣"（《离娄上》），强调人反躬自省，真诚地面对内心向善的需求。

总之，孟子以"心"为仁义礼智的根源，以扩充发扬"心"之仁义礼智四端为人的天性需求，以至于在他看来，"学问之道无他，求其放心而已矣"（《告子上》）。在孟子眼里，"人不是所谓'理性的动物'（Reasoning animal），而是恰当培养后便可生长成熟的具有特定潜质的生物。作为一个物种，人被界定为万物之中独具'心'的物。因此，惟有心充分发展，人才成为完全意义上的人"（艾兰，2002：109）。

（三）"天"

孟子将良心善性看作人所固有。但良心善性从何而来？孟子认为来自"天"。为了强调这一点，孟子引用了《诗经》的话"天生蒸民，有物有则。民之秉彝，好是懿德"（《告子上》），来说明人对美德的喜好是上天制定的法则。他又说"仁义忠信，乐善不倦，此天爵也"（《告子上》），人的道德是天授予的爵位；又说"心之官则思；思则得之，不思则不得也。此天之所与我者"（《告子上》），认为心的反思功能是天之所赐。

关于"心""性""天"之间的关系，孟子说"尽其心者，知其性也，知其性，则知天矣。存其心，养其性，所以事天也。夭寿不贰，修身以俟之，所以立命也"（《尽心上》）。意思是说，充分扩张善心，这就是懂得了人的本性。懂得了人的本性，就懂得天命了。保持人的本心，培养人的本性，这就是对待天命的方法。短命也好，长寿也好，都不三心二意，只是培养身心，等待天命，这就是安身立命的方法。以"心"可知"性"，以"性"可知"天"，人的使命就是存心、养心、事天，孟子的人性论由此得以贯通。

二 养气论

孟子除了在人性论上有对孔子思想的发展，还提出了一个新的概念来完善他的主体理论——"气"。"气"是中国古代学术领域最广泛使用的范畴之一。刘长林认为"各个学术领域都离不开气，都以气作为建构理论框架的根基，用气来解释各种各样的难题"（刘长林，1983：106）。而"气"是先秦早已存在的概念，含义相当复杂，有的表示气息，如"摄齐升堂，鞠躬如也，屏气似不息者"（《论语·乡党》），有的表示一种身体物质，如"少之时，血气未定，戒之在色"（《论语·季氏》），有的表示神情，如"不观气色而言谓瞽"（《荀子·劝学》），有的表示万物之本原，如"柔上而刚下，二气感应以相与……天地感而万物化生……"（《周易·咸》）

而孟子则在其道德主体论的框架内，对"气"作出了独辟蹊径的解释。他关于"气"的讨论主要集中在《公孙丑上》：

公孙丑问曰:"夫子加齐之卿相,得行道焉,虽由此霸王不异矣。如此则动心否乎?"孟子曰:"否,我四十不动心。"曰:"若是则夫子过孟贲远矣。"曰:"是不难。告子先我不动心。"曰:"不动心有道乎?"曰:"有。北宫黝之养勇也,不肤挠,不目逃。思以一豪挫于人,若挞之于市朝。不受于褐宽博,亦不受于万乘之君。视刺万乘之君若刺褐夫。无严诸侯。恶声至,必反之。孟施舍之所养勇也,曰:'视不胜犹胜也。量敌而后进,虑胜而后会,是畏三军者也。舍岂能为必胜哉?能无惧而已矣。'孟施舍似曾子,北宫黝似子夏。夫二子之勇,未知其孰贤,然而孟施舍守约也。昔者曾子谓子襄曰:'子好勇乎?吾尝闻大勇于夫子矣:自反而不缩,虽褐宽博,吾不惴焉?自反而缩,虽千万人吾往矣。'孟施舍之守气,又不如曾子之守约也。"曰:"敢问夫子之不动心与告子之不动心,可得闻与?""告子曰:'不得于言,勿求于心;不得于心,勿求于气。'不得于心,勿求于气,可;不得于言,勿求于心,不可。夫志,气之帅也;气,体之充也。夫志至焉,气次焉。故曰:持其志,无暴其气。""既曰'志至焉,气次焉',又曰'持其志,无暴其气'者,何也?"曰:"志壹则动气;气壹则动志也。今夫蹶者趋者是气也而反动其心。"

"敢问夫子恶乎长?"曰:"我知言,我善养吾浩然之气。""敢问何谓浩然之气?"曰:"难言也。其为气也至大至刚,以直养而无害,则塞于天地之间。其为气也配义与道,无是馁也。是集义所生者,非义袭而取之也。行有不慊于心则馁矣。我故曰:告子未尝知义。以其外之也。必有事焉而勿正,心勿忘,勿助长也。无若宋人然。宋人有闵其苗之不长而揠之者,芒芒然归,谓其人曰:'今日病矣,予助苗长矣。'其子趋而往视之,苗则槁矣。天下之不助苗长者寡矣。以为无益而舍之者,不耘苗者也。助之长者,揠苗者也,非徒无益,而又害之。""何谓知言?"曰:"诐辞知其所蔽,淫辞知其所陷,邪辞知其所离,遁辞知其所穷。生于其心,害于其政;发于其政,害于其事。圣人复起,必从吾言矣。"

这其中,孟子对"气"集中作出解释的一段话是:"其为气也至大至刚,以直养而无害,则塞于天地之间。其为气也配义与道,无是馁也。是集义所生者,非义袭而取之也。行有不慊于心则馁矣。"他所说的"气",

大约是一个人合乎道义的勇气，一种令人敬畏的精神风貌，可称为正气，用孟子自己的话说是至大至刚的"浩然之气"。这种浩然之气，如果用正义加以培养不加伤害，就可以使人顶天立地。如果做了有违内心道德要求的事，浩然之气就会败退。浩然之气是对道德本心进行长期培养而形成的，不是靠突然之间的义举就能拥有，因此是"集义之所生者，非义袭而取之也"，当然也不是靠外在的力量可以获得，故不能揠苗助长。

除了"气"本身的概念，它与"心""志"的关系也很值得我们注意。

（一）"气"与"心"

在这段话中，孟子与公孙丑从何为"不动心"的话题展开，牵出了"不动心"与"气"之间关系的问题。孟子所说的"不动心"，是指"心"不为外界的权威、危险、诱惑等影响所左右，保持其道德上的本然状态。而道德本心的确立是一个人勇气的来源："自反而不缩，虽褐宽博，吾不惴焉？自反而缩，虽千万人吾往矣。"（《公孙丑上》）其中的"缩"，也即"直"，也就是忠于人的道德本心。如果一个人经过反省发现自己的行为违背了道德本心，就算地位尊崇，也是会懦弱的。如果经过反省发现自己的行为是合乎道德本心的，就算面临千军万马，也可以勇往直前。因此，孟子认同告子"不得于心，勿求于气"的看法，也即道德本心是气的基础。没有道德本心的支持，一个人是不可能有真正的勇气的。

（二）"气"与"志"

孟子提到的第二个与"气"相关的概念是"志"。根据这段话出现的上下文语境，结合孔孟其他地方的文字，我们认为孟子所说的"志"，当是继承了孔子所说的"志士仁人"（《论语·卫灵公》）、"匹夫不可夺志"（《论语·子罕》）之"志"，也是孟子自己所说的"志士不忘在沟壑，勇士不忘丧其元"（《滕文公下》）及"尚志"（《尽心上》）中的"志"。大体来说，"志"是指合乎道德的思想意志。关于"气"与"志"的关系，孟子说"气，体之充也。夫志至焉，气次焉"，"志"是"气"的统帅，"气"是次一等的事物，从属于"志"，且能扩展到人的身体。一个人的思想意志坚定专一，就会鼓动一个人的勇气，"志壹则动气"，但一个人的勇气状态也会对思想意志产生反作用："气壹则动志也。今夫蹶者趋者是气也而反动其心。"如一个人因跌倒快跑而气受到振荡，也会反过来影响一个人思想意志的专一。因此，一个人要"持其志，无暴其气",也就是说,要坚持人的思想意志,使勇气为人的思想意志服务,而不能滥用勇气。

三 理想人格——"大丈夫"

与孔子有一理想人格的追求类似,孟子亦有对理想人格的追求。他用"君子""圣人""士"等来指称这种理想人格,"君子""士"基本上是对孔子的继承,而"圣人"则比孔子所说的有德有位者标准稍低一些,如伯夷、伊尹、柳下惠都是孟子眼中的圣人。孟子也使用自己独有的一些术语,比如"大人""大丈夫"。"大人"很少为孔子提及,《论语》中仅两见:"君子有三畏:畏天命,畏大人,畏圣人之言。小人不知天命而不畏也,狎大人,侮圣人之言。"(《季氏》)其意为"在高位的人"。而在《孟子》的文本中,"大人"出现了12次,有时指在高位的人(如"说大人则藐之"),有时指有德之人(如"从其大体为大人"),有时指有德有位之人(如"有大人者,正己而物正者也")。从有德之人的角度看,大人也成为孟子指称理想人格的一个术语。另一个为孟子所使用的名词——"大丈夫",虽然在《孟子》中只出现了3次,但由于孟子对其进行了详尽的解释,故成为孟子理想人格具有代表性的术语。

> 景春曰:"公孙衍、张仪岂不诚大丈夫哉?一怒而诸侯惧,安居而天下熄。"孟子曰:"是焉得为大丈夫乎?子未学礼乎?丈夫之冠也,父命之;女子之嫁也,母命之,往送之门,戒之曰:'往之女家,必敬必戒,无违夫子。'以顺为正者,妾妇之道也。居天下之广居,立天下之正位,行天下之大道;得志与民由之,不得志,独行其道;富贵不能淫,贫贱不能移,威武不能屈——此之谓大丈夫。"(《滕文公下》)

弟子景春把公孙衍、张仪等用口才获取国君信赖因而获得权力的纵横家看作"大丈夫",遭到了孟子的反对。孟子认为这些人的作为如同"以顺为正"的妾妇,真正的"大丈夫"是不论能否实现自己的志向,不论贫富地位的改变,都能够坚守仁义之道,人格尊严不受侵犯的人。显然他说的"大丈夫",和"大人""君子"一样,都是理想人格的代表。

我们以"大丈夫"作指称(凡孟子所谓"圣人""大人""君子"

者,都视同"大丈夫"),再结合以上关于孟子人性论和养气论的认识,对孟子追求的理想人格的特征做一个大致的描述。

第一,"大丈夫"能保持自己的良心。孟子说"君子所以异于人者,以其存心也。君子以仁存心,以礼存心"(《离娄下》),又说"大人者,不失其赤子之心者也"(《离娄下》),意即"大丈夫"是能够保持与生俱来的良心的人。

能保持自己的良心,也即不为环境陷溺其心。故"大丈夫"才"富贵不能淫,贫贱不能移,威武不能屈""无恒产而有恒心"(《梁惠王上》)。"大丈夫"的养成,则"必先苦其心志,劳其筋骨,饿其体肤,空乏其身,行拂乱其所为;所以动心忍性,曾益其所不能"(《告子下》),练就一颗不为环境所陷溺的心,才能成为"大丈夫"。

第二,"大丈夫"的一切行动以道德为旨归。孟子说"君子之所以异于禽兽者几希,庶民去之,君子存之。舜明于庶物,察于人伦;由仁义行,非行仁义也"(《离娄下》)。"大丈夫"区别于众人乃至禽兽之处,乃是了解自己的道德需要,按照道德目的行事,因此是"由仁义行,非行仁义也"。

"大丈夫"既以道德为目的,也即是以道德为"志"。因此:

> 王子垫问曰:"士何事?"孟子曰:"尚志。"曰:"何谓尚志?"曰:"仁义而已矣。杀一无罪,非仁也;非其有而取之,非义也。居恶在?仁是也。路恶在?义是也。居仁由义,大人之事备矣。"(《尽心上》)

意思是,"大丈夫"以仁义为志向、抱负,不杀无辜,不取非义,以仁为本分,以义为方法,依仁义行事,才能成为大人。

也因此,"大丈夫"从来不关心道德行为的功利价值。孟子说"经德不回,非以干禄也。言语必信,非以正行也。君子行法,以俟命而已矣"(《尽心下》),"大丈夫"依道德行事而不违,并不是为了获取俸禄(利),显示自己的德行(名),只是遵守天命而已。因为道德本是天命授予人的本性。对此,梁启超曾作如是评:"儒家——就孟子所以大声疾呼以言利为不可为者,并非专指某一件具体的牟利之事而言,乃是言人类行为不可以利为动机。申言之,则凡计较厉害——打算盘的意思,都根本反

对，认为是'怀利以相接'，认为可以招社会之灭亡。"（《先秦政治思想史·本论 第六章》）

第三，"大丈夫"能将良心推扩，将仁义礼智之性转化为平治天下的功业。故孟子说"君子所性，仁义礼智根于心。其生色也，睟然见于面、盎于背。施于四体，四体不言而喻"（《尽心上》），又说"人之有是四端也，犹其有四体也。有是四端而自谓不能者，自贼者也；谓其君不能者，贼其君者也。凡有四端于我者，知皆扩而充之矣，若火之始然、泉之始达。苟能充之，足以保四海；苟不充之，不足以事父母"（《公孙丑上》）。这都说明"大丈夫"仅有道德的动机是不够的，必须将其外发为实际行动，能够"穷则独善其身；达则兼善天下"（《尽心上》），成为志行合一、内外合一、内圣外王之人。

第四，"大丈夫"因为能保持良心，以道义为目的，并将仁义礼智性充分推扩为行动，因此就有了浩然正气。有了这种正气，就能"所过者化，所存者神，上下与天地同流"（《尽心上》），能够"仰不愧于天，俯不怍于人"（《尽心上》），从而达到天人合一的境界。

第五，"大丈夫"是每个人都可能实现的理想人格。孔子并未肯定是否人人都能成就"君子"的理想人格，而孟子则明确宣告了理想人格的普遍可能性："人皆可以为尧舜"（《告子下》），"尧舜与人同耳"（《离娄下》），从道德能力上赋予每个人平等的地位。

总之，以心性论和养气论为基础，追求"大丈夫"的理想人格，这构成了孟子的主体观。

四 "大丈夫"与君子的比较

孟子对"大丈夫"人格的塑造，总体上是对孔子"君子"人格的延续和继承。比如"仁""义""礼""智""信"这些基本的道德素养，是"大丈夫"与"君子"都要求的。但值得注意的是，孟子所描述的"大丈夫"，相比孔子所说的"君子"形象，又有其突出特点。最明显的就是由于他对个人尊严的强调而形成的充盈浩然之气的人格特质。

基于性善论的观点，孟子认为在道德面前人人平等，每个人都能成为尧舜："彼丈夫也，我丈夫也，吾何畏彼哉？""舜何人也？予何人也？有为者亦若是。"（《滕文公上》）因此，孟子极力反对权势人物以权压人，故说"挟贵而问，挟贤而问，挟长而问，挟有勋劳而问，挟故而问，皆所不答也"(《尽心上》);也反对士人恐惧权威:"说大人,则藐之,勿视其巍巍然。"(《尽心下》)他主张君臣以德相交:"古之贤王,好善而忘势。古之贤士,何独不然?乐其道而忘人之势。故王公不致敬尽礼,则不得亟见之。见且由不得亟,而况得而臣之乎?"(《尽心上》)尽管他说"天下有达尊三:爵一,齿一,德一。朝廷莫如爵,乡党莫如齿,辅世长民莫如德"(《公孙丑下》),但其实最看重对德行的尊重,以道德水平作为与人相交最重要的依据。正是在这样一种道德人格至上的观念下,孟子才能够集"义与道"而养成浩然之气,顶天立地而无所畏惧,甚至生出"如欲平治天下舍我其谁"的豪情。

相比之下,孔子虽然也强调"刚毅木讷近仁"(《论语·子路》),强调"仁者必有勇"(《论语·宪问》),但这只是其"君子"人格的一个面向,且不是最突出的面向。孔子认为"君子有三畏:畏天命,畏大人,畏圣人之言",对权力(大人)保持敬畏之心。在更多的时候,孔子向人们展现的还是"温良恭俭让""温柔敦厚"的"君子"形象。

究其原因,孔子所描述和践行的"君子"更符合周礼制度尚未完全失去其约束力的春秋时代贵族阶层理想人格的范式。但到了孟子所处的战国时代,周朝的统治秩序土崩瓦解,诸侯国为争霸天下而养士成风,士人自信心高涨,参与社会政治的愿望和热情倍增,这和孟子理想人格特点的形成显然有着莫大的关系。但总的来说,孟子的"大丈夫"人格并不意味着对孔子"君子"人格的偏离,而可以看作是充分发展了其某个侧面以适应时代的变化。

第四节 "大丈夫"与语言使用

一 大丈夫重"言"

与孔子"君子"之学中对语言使用的重视相仿,孟子"大丈夫"之学中同样包含了对语言使用的关怀。虽然《孟子》中并未明确记载孟子是否像孔子那样设立"言语"科,但在他与学生的平日交往中却实实在在地体现出言语教学的痕迹。比如:

庄暴见孟子曰:"暴见于王,王语暴以好乐,暴未有以对也。"

曰："好乐何如？"孟子曰："王之好乐甚，则齐国其庶几乎？"（《梁惠王下》）

孟季子问公都子曰："何以谓义内也？"曰："行吾敬，故谓之内也。""乡人长于伯兄一岁，则谁敬？"曰："敬兄。""酌则谁先？"曰："先酌乡人。""所敬在此，所长在彼，果在外，非由内也。"<u>公都子不能答，以告孟子</u>。孟子曰："敬叔父乎？敬弟乎？彼将曰：'敬叔父。'曰：'弟为尸，则谁敬？'彼将曰：'敬弟。'子曰：'恶在其敬叔父也？'彼将曰：'在位故也。'子亦曰：'在位故也。'庸敬在兄，斯须之敬在乡人。"季子闻之曰："敬叔父则敬，敬弟则敬，果在外，非由内也。"公都子曰："冬日则饮汤，夏日则饮水，然则饮食亦在外也？"（《告子上》）

任人有问屋庐子曰："礼与食孰重？"曰："礼重。""色与礼孰重？"曰："礼重。"曰："以礼食则饥而死，不以礼食则得食，必以礼乎？亲迎则不得妻，不亲迎则得妻，必亲迎乎？"<u>屋庐子不能对。明日之邹，以告孟子</u>。孟子曰："于答是也何有？不揣其本，而齐其末，方寸之木可使高于岑楼。金重于羽者，岂谓一钩金与一舆羽之谓哉？取食之重者与礼之轻者而比之，奚翅食重？取色之重者与礼之轻者而比之，奚翅色重？往应之曰，'紾兄之臂而夺之食，则得食，不紾，则不得食，则将紾之乎？逾东家墙而搂其处子，则得妻，不搂，则不得妻，则将搂之乎？'"（《告子下》）

孟子谓宋句践曰："<u>子好游乎？吾语子游</u>：人知之亦嚣嚣，人不知亦嚣嚣。"曰："何如斯可以嚣嚣矣？"曰："尊德乐义，则可以嚣嚣矣。故士穷不失义，达不离道。穷不失义，故士得己焉。达不离道，故民不失望焉。古之人，得志，泽加于民；不得志，修身见于世。穷则独善其身；达则兼善天下。"（《尽心上》）

前三例中，一旦有学生在与他人谈辩中失语，出现"不能对""不能答"的情况，他们就来向孟子请教。而孟子则会根据其具体情况给予切实有效的指导，这无疑都是孟子言语教学实践的体现。最后一例中，孟子更是从理论上明确指导宋勾践何为游说之道。而孟子也和学生就孔子的言语科进行过谈论（《公孙丑上》），说明他们非常关心言语能力的问题。因此，我们不难断定孟子的"大丈夫"之学是包含语用的。

除了从孟子对弟子的教学中可以看出他对语用的重视外，孟子也在其和《论语》相仿的显得零散的理论表述中多次谈及"言"的问题。下面就给予总结。

二　言人关系

（一）"言"的功能

孟子对语言功能的看法同样可以从"内圣外王"两个角度来分析。

从"内圣"的角度看，孟子认为言辞能够反映个人的道德面貌，尤其能看出心是否中正，故说"诐辞知其所蔽，淫辞知其所陷，邪辞知其所离，遁辞知其所穷"（《公孙丑上》）。朱熹在《四书章句集注》中解释道："诐，彼寄反，偏陂也。淫，放荡也。邪，邪僻也。遁，逃避也。四者相因，言之病也。蔽，遮隔也。陷，沉溺也。离，叛去也。穷，困屈也。四者亦相因，则心之失也。人之有言，皆出于心。其心明乎正理而无蔽，然后其言平正通达而无病。苟为不然，则必有是四者之病矣。"也就是说，"言辞与人格是密切相联系的，诐辞、淫辞、邪辞、遁辞都是不同处境的人个性的体现"（方铭，2012：325）。这种观点和孔子《周易·系辞下》中所说的"将叛者其辞惭，中心疑者其辞枝。吉人之辞寡，躁人之辞多。诬善之人其辞游，失其守者其辞屈"大致相通。

从"外王"的角度看，孟子认为语言的使用能够影响一个社会的治乱安危。上述的各种邪辞"生于其心，害于其政；发于其政，害于其事"（《公孙丑上》），一从心里产生，必然会对政治造成危害，用于政治，必然会对国家大事造成危害。孟子还认为战国之乱世，乃是由于"杨墨之道不息，孔子之道不著，是邪说诬民，充塞仁义"，才导致"率兽食人，人将相食"（《滕文公下》）。他对张仪、公孙衍那样的纵横家更是深恶痛绝，说"善战者服上刑，连诸侯者次之"，将他们看作"率土地而食人肉"的大乱助因（《离娄上》）。

邪说固然能使天下混乱，但德言同样能使天下大治。若像孔子那样正义地使用语言，发挥其正面的社会效力，能够"成《春秋》而乱臣贼子惧"，是可以和"禹抑洪水而天下平，周公兼夷狄驱猛兽而百姓宁"（《滕文公下》）比肩的功业。而孟子之所以重视谈辩，在很大程度上也是看到了语言对于矫正个人品行（格君心之非）、平治天下的巨大作用。所以他才表示"亦欲正人心、息邪说、距诐行、放淫辞，以承三圣者"，把言距杨墨作为继承圣人的事业。①

(二)"言"的局限性

当然，在充分认可语言对人巨大作用的同时，孟子也像孔子一样，认识到了语言的局限性，这种局限性主要体现在语言负载道德的能力上。孟子也认为德行的彰显并非一定要依靠言语：

> 孟子曰："君子所性，仁义礼智根于心。其生色也，睟然见于面、盎于背。施于四体，四体不言而喻。"(《尽心上》)

大丈夫的品性能够通过全身整体性地自然流露，因此可以是"不言而喻"。这种整体性的流露，形成了孟子所说的浩然之气，故孟子提到"气"的概念时，也形容其"难言"。

相比之下，孟子甚至认为人的副语言特征更能够反映人的品性，他特别强调人的眼睛：

> 存乎人者，莫良于眸子。眸子不能掩其恶。胸中正，则眸子瞭焉；胸中不正，则眸子眊焉。听其言也，观其眸子，人焉廋哉？(《离娄上》)

孟子认为眼睛是最能反映人道德品质的器官，心中正直则眼睛明亮，心中不正直则眼睛昏暗。因此，光听人说话是不够的，还需要观察其眼睛，才能准确地了解他人。

孟子曾被外人称作"好辩"，他却不情愿接受这个评价，故说"予岂好辩哉？予不得已也"(《滕文公下》)。这种对语言的矛盾态度，在孔子身上也出现过。《论语·宪问》载：

> 微生亩谓孔子曰："丘何为是栖栖者与？无乃为佞乎？"孔子曰："非敢为佞也，疾固也。"

---

① 《荀子·大略》："孟子三见宣王，不言事。门人曰：'曷为三遇齐王而不言事？'孟子曰：'吾先攻其邪心。'"可见，孟子把通过辩说改善国君的品行作为实现王道政治的首要之务。

当微生亩质疑孔子忙忙碌碌是为了逞口才时，孔子也同样拒绝这个评价，说自己只是厌恶顽固的人罢了。

孔孟对于语言的这种无奈态度，一方面是基于语言在履行道德方面的局限性；另一方面，也是他们追求天人合一的表现。孔子既学无言之天而"欲无言"，孟子也看到了"天不言，以行与事示之而已矣"（《万章上》）。天意的表达既然不依赖言语而能形诸实际行动，故君子或者大丈夫也最好不要迷恋空谈。

三 诸德与"言"

如前文所述，孟子主体论的主要贡献在于提出了"心""性""气"等概念，从而为孔子的"仁""义""礼""智""信"等道德条目指出了根源。这样，人的道德行为包括语言使用，就是由心而发，本乎人性的需求，从而明确了孔子未曾详说的语言使用的道德来源问题。

但孟子对理想主体所具备的诸德与语言使用关系的讨论，却不比孔子那般详备。如孟子没有直接讨论智德与语言使用的关系。孔子最重视的"仁"，尽管基本上得到了孟子的沿用，但孟子也极少直接讨论"仁"与"言"的关系，在《孟子》书中仅一见："不仁者，可与言哉？安其危而利其菑，乐其所以亡者。不仁而可与言，则何亡国败家之有？"（《离娄上》）在他看来，"仁也者，人也"（《尽心下》），又说"仁，人心也"（《告子上》）。具有"仁"的品质，或者具有恻隐之心是做人最基本的条件，没有恻隐之心的人，只会亡国败家，自取灭亡，也就没有必要再和他说话了。对于"义"，孟子经常将其与"仁"并举，说"仁，人之安宅也；义，人之正路也"（《离娄上》），"仁，人心也。义，人路也"（《告子上》），相对于"仁"所具有的实质意义，"义"被譬之为道路，更像是一种实现"仁"的恰当方法。这样，孟子说的"义"和孔子一样，主要呈现为一种方法论上的意义，故我们放在下一章中讨论。

这里着重分析一下孟子承继孔子的"信""礼"以及自己提出的"气"与"言"的关系。

（一）"信"与"言"

在孟子的思想中，"信"依然保持了孔子所说的含义。孟子一方面也把"信"看成大丈夫或君子所应具有的基本道德，说"君子不亮，恶乎执？"（《告子下》）大丈夫子不讲诚信，如何能有操守？有时也把"信"

当作处理五伦中朋友一伦的基本道德——"父子有亲，君臣有义，夫妇有别，长幼有叙，朋友有信"（《滕文公上》）。

因为看重"信"，所以孟子憎恶说话不实在的人："言无实，不详。不详之实，蔽贤者当之。"（《离娄下》）说话不实在，没有好下场。这种不好的下场会由妨碍贤者进用的人来承当它。他也厌恶说话轻巧的人："人之易其言也，无责耳矣。"（《离娄上》）人把什么话都轻易地说出口，那便不足责备了。他还曾引用孔子的话来表达对利口伤信的憎恶：

> 孔子曰："恶似而非者：恶莠，恐其乱苗也；恶佞，恐其乱义也；恶利口，恐其乱信也；恶郑声，恐其乱乐也；恶紫，恐其乱朱也；恶乡原，恐其乱德也。"（《尽心下》）

不过和孔子一样，孟子认为"信"具有局限性，不能一味盲守。他说："大人者，言不必信，行不必果，惟义所在。"（《离娄下》）有道德的人，说话不一定要诚信，做事不一样要有结果，关键看是否适宜（合乎义）。这一观点和孔子所说的"君子贞而不谅"（《论语·卫灵公》）相似。

孟子的这一观念可从他对古圣先贤言语行为的解释中找到论据。比如他说："不孝有三，无后为大。舜不告而娶，为无后也，君子以为犹告也。"（《离娄下》）舜瞒着父母娶了尧的两个女儿，这显然违背了说话信实的道德原则。但是，因为舜的父母凶恶，如果舜告诉他们实话，就无法娶妻生子，从更高的原则上来看，则违背了孝道。因此这时如说实话，就是不适宜的言语守信。

孟子有时自己也践行这样一种语用价值观。在为齐宣王做客卿时，孟子为了规劝齐宣王，有时说话也违背"信"：

> 齐宣王问曰："齐桓、晋文之事，可得闻乎？"孟子对曰："仲尼之徒无道桓、文之事者，是以后世无传焉，臣未之闻也。无以，则王乎？"曰："德何如，则可以王矣？"曰："保民而王，莫之能御也。"（《梁惠王下》）

齐宣王想向孟子了解齐桓公、晋文公等春秋霸主的事迹。孟子为了防止齐宣王重蹈二人"霸道",引导其行仁政,就故意说孔子的学生从来没曾谈及这两个人的事,后世也没有流传,所以自己从未听说过。但事实上,五霸之事在孔子师徒中是经常谈及的,以孟子对孔子的熟悉,结合孟子在其他地方对齐桓公的评价,明显可以看出这里孟子所言非实。可见,为了更高的道德目的,说话信实的原则有时是可以违反的。

尽管孟子对"信"的看法基本上继承了孔子,但也有比孔子更进一步的地方。他明确指出了"信"德的来源:"仁义忠信,乐善不倦,此天爵也"(《告子上》),认为"信"是人天生的本能。因此,"言语必信,非以正行也"(《尽心下》),说话实在,不是为了向人证明自己的正直。这其实是人本来就会做的事情。

(二)"礼"与"言"

1. "礼"之内外

和"信"一样,孟子认为"礼"同样是人类天性,根植于人的内心。

> 恻隐之心,人皆有之;羞恶之心,人皆有之;恭敬之心,人皆有之;是非之心,人皆有之。恻隐之心,仁也;羞恶之心,义也;恭敬之心,礼也;是非之心,智也。仁义礼智,非由外铄我也,我固有之也,弗思耳矣。(《告子上》)
>
> 君子以仁存心,以礼存心。(《离娄下》)
>
> 君子所性,仁义礼智根于心。(《尽心上》)

"礼"即人的"辞让""恭敬"之心,属于人的"良知""良能",是"孩提之童"皆能知晓的(《尽心上》)。从"辞让""恭敬"这样的措辞中可以看出,人的这种天性不是孤立的、自我为中心的,而是一种利他之心,指向人与人之间的关系,是交际的一种心理动机。孔子以"仁"释"礼",偶也以"礼""让"并提,如"能以礼让为国乎?何有!不能以礼让为国,如礼何"(《论语·里仁》),"为国以礼,其言不让,是故哂之"(《论语·先进》)。而孟子则专从辞让恭敬讲"礼",意义更为具体。

除了从内在方面论述"礼"的性质外,孟子也从外在规范的角度说"礼"。

淳于髡曰："男女授受不亲，礼与？"孟子曰："礼也。"（《离娄上》）

事君无义，进退无礼，言则非先王之道者，犹沓沓也。（《离娄上》）

礼：朝廷不历位而相与言，不逾阶相与言，不逾阶而相揖也。（《离娄下》）

其交也以道，其接也以礼，斯孔子受之矣。（《万章下》）

上述的"礼"都是外在、有形的交际行为规范，依靠历史文献和民间习俗而得到传承。能够遵守这种规范的人，可以被看作君子、大人，不能遵守这种规范的人则被看作小人、自暴自弃者，甚至和禽兽同列。这个层面的"礼"，基本上和孔子所说的周朝礼制同义。

以上两个角度的"礼"并不是互相脱节的，而是内外的统一。一方面，"恭敬""辞让"之心不可以不转为行动。因为它只是礼的"端"，也即萌芽、开初，而要使"礼"得以完成，则必须加以扩充，表现在人的举止行为上，落实到人与人之间的交往实践中；另一方面，如果仅有"礼"的外在形式而缺乏恭敬之心，也不能视作"礼"："非礼之礼，非义之义，大人弗为。"（《离娄上》）"恭敬者，币之未将者也。恭敬而无实，君子不可虚拘。"（《尽心上》）也就是说，表现得有"礼"，表现得恭敬，却没有"礼"的精神，君子是不屑于为的。对于"礼"的这种内外统一性，孟子曾以葬礼的起源为例作为说明：

盖上世尝有不葬其亲者，其亲死则举而委之于壑。他日过之，狐狸食之，蝇蚋姑嘬之。其颡有泚，睨而不视。夫泚也，非为人泚，中心达于面目。盖归反虆梩而掩之，掩之诚是也。则孝子仁人之掩其亲，亦必有道矣。（《滕文公上》）

葬礼是孝子仁人不忍看到亲人暴尸沟壑，被动物撕咬，出于羞愧之心而发明的。因此，是一种发自内心的真诚行为，而绝非作秀。可见他认为"礼"的形式和精神是内外合一的，因此，他反对伪饰和功利，才会说"哭死而哀，非为生者也"（《尽心下》）。

孟子对"礼"的内外统一性的理解同样来自孔子，因为孔子也曾说过"人而不仁，如礼何"（《论语·八佾》），"礼云礼云！玉帛云乎哉"（《论语·阳货》），强调"礼"必须是一种真诚的行为，而不能徒具形式。

2. 以德行"礼"

儒家认为，与不同的人交往要以不同的形式来区别尊卑等级和角色差异。这一点我们在儒家典籍"三礼"中容易找到大量例证。孟子同样是持这样的行"礼"观的。表现在语用方面，他用"一夫"来指称纣，以表示对他的蔑视，还用"南蛮𫛞舌之人""禽兽"等名词来贬斥那些宣扬有悖儒家义理的邪说的论敌，而对尧、舜，孔子则不吝"王者""圣人"等溢美之辞。而对选择不同形式的标准，孟子认为"天下有达尊三：爵一，齿一，德一。朝廷莫如爵，乡党莫如齿，辅世长民莫如德"（《公孙丑下》），明确把爵（权位）、齿（年龄）、德（德行）看作三个衡量标准。在朝廷要论权位高低，在乡里要论年龄大小，但如要辅助君主统治百姓，则主要论道德的高下。可见，孟子充分地注意到了"礼"和不同社会情境因素的关系。

但纵观《孟子》一书我们也不难发现，孟子最为看重的还是道德标准，语言使用也不外于此。《孟子》中曾记载门人滕更向孟子请教而得不到回答的事迹：

> 公都子曰："滕更之在门也，若在所礼，而不答，何也？"子曰："挟贵而问，挟贤而问，挟长而问，挟有勋劳而问，挟故而问，皆所不答也。滕更有二焉。"（《尽心上》）

向德行高于自己的人请教问题，是不能倚仗自己有地位、有贤才、年纪大、有功劳或与对方有老交情的。而滕更触犯了其中两条，所以因失礼而交际失败，由此可见道德标准相对于其他外在条件的绝对优越性。

孟子认为，人与人之间，如果大家德行相若，那就是彼此平等的，这种平等不因地位权力的悬殊而有所改变。而人与人之间的交际，最重要的是尊重、学习彼此的美德。他这样论述交友之道："不挟长，不挟贵，不挟兄弟而友。友也者，友其德也，不可以有挟也。"（《万章下》）结交朋友，是因为欣赏对方的德行，因此不能倚仗年纪大、地位高、自己兄弟的富贵，否则就违反了交友之礼。他还曾经这样描述上古："古之贤王好善而忘势,古之贤士何独不然?乐其道而忘人之势。故王公不致敬尽礼,则不得亟见之。见且由不得亟,而况得而臣之乎?"(《尽心上》) 在古代社会,君臣都是有德之人,彼此都忘记权势,按照道德水平的高下选择不同的礼节,以相互尊重的心态进行交际。

由此看来,孟子之所以对纣和那些不符合儒家价值观的论敌使用贬称,是因为他们都不是孟子心中的有德之人,因而在"礼"的等级中是最低下的。

3. 成善为"礼"

前面已经说到,"礼"源于"恭敬辞让"的利他之心。但我们还可以进一步向孟子追问,如何才算对交际对象的恭敬或辞让?孟子的回答是:

> 欲贵者,人之同心也。人人有贵于己者,弗思耳矣。人之所贵者,非良贵也。赵孟之所贵,赵孟能贱之。《诗》云:"既醉以酒,既饱以德。"言饱乎仁义也,所以不愿人之膏粱之味也。令闻广誉施于身,所以不愿人之文绣也。(《告子上》)

孟子基于其性善论,认为人人都有希望尊贵的心,但人所真正需要的尊贵,不是别人给予的地位和财富,而是仁义之心的满足和美好名声的获得。根据这样一种内在要求,行礼的实质就是要满足他人的向善之心,并能责善于人。因此助人成善就是"礼"。以事君为例,孟子认为"责难于君谓之恭,陈善闭邪谓之敬,吾君不能谓之贼"(《离娄上》),对国君"恭敬"也就转换成了通过批评责难、陈善去恶帮助国君进步,并保持对其向善之心的尊重与信任。孟子曾坚持要做齐王的"不召之臣"(《公孙丑下》),认为这合乎"礼",就是因为他相信齐王具有向善之心,能够尊重贤能,主动上门向自己请教。他以尧舜尊贤之道期待齐王,也就是把他看成是配谈仁义之道的对象,这是对国君最高的礼。

在侍奉父母方面,孟子也贯彻了同样的原则:

> 曾子养曾皙,必有酒肉;将彻,必请所与;问有余,必曰,"有。"曾皙死,曾元养曾子,必有酒肉;将彻,不请所与;问有余,曰,"亡矣。"——将以复进也。此所谓养口体者也。若曾子,则可谓养志也。事亲若曾子者,可也。(《离娄上》)

曾子不仅用酒肉赡养父亲曾皙，而且每次留有剩余的酒肉供父亲行善，做到了养志。而曾元对曾子的赡养只是满足了他的口腹之欲，因此不算理想的事亲之礼。①

不仅事君事亲如此，上级对下属也当助其成善。作为儒士，最渴望的是得到国君重用、平治天下。如果国君只是给予财富、虚衔，而不能委以重任并听从他的政见，就是一种失礼行为。对此孟子曾用子思的事迹说明：

> 缪公之于子思也，亟问，亟馈鼎肉。子思不悦，于卒也标使者出诸大门之外，北面稽首再拜而不受，曰："今而后知君之犬马畜伋！"（《万章下》）

缪公屡次馈赠子思却不加举用，悖逆了养君子之礼，因而被子思斥作"犬马畜伋"。

朋友之间亦是如此，孟子明确提出了"责善，朋友之道也"（《离娄下》）。

孟子把维护他人的向善之心、帮助他人成善当作行"礼"的本质，这也决定了他把能否有利于对方道德意识的觉醒和道德需求的实现作为言语行为是否合"礼"的标准。因此，诸如批评他人的言语行为并不意味着对他人的失礼。这在孔子的思想中也早有体现。孔子曾说"事君尽礼"（《论语·八佾》），又说对国君要"勿欺也，而犯之"（《论语·宪问》）、"以道事君"（《论语·先进》），可见批评上级和"礼"是不矛盾的。孔子也主张朋友之间要"切切偲偲"（《论语·子路》），互相责善改过，也欢迎别人指出自己的错误帮助自己进步，"丘也幸，苟有过，人必知之"（《论语·述而》）。可见在对"礼"本质的理解上，孔孟是大体一致的。

不过，由于"大丈夫"对人格尊严和浩然之气的偏重，使孟子在

---

① 孟子对父子责善的看法比较特殊，他认为："父子之间不责善，责善则离，离则不祥莫大焉。"（《离娄上》）"父子责善，贼恩之大者。"（《离娄下》）这一点表现出他和孔子的分歧。孔子是主张"事父母几谏"的。但孟子虽不主张父子责善，但仍以满足父母的向善之心为大孝大礼之举。

"以言行礼"的方式上，少了一份孔子在"正名"实践中体现的"微言大义"式的委婉，而多了一点咄咄逼人。比如他对齐宣王的进谏：

> 孟子谓齐宣王曰："王之臣有托其妻子于其友而之楚游者，比其反也，则冻馁其妻子，则如之何？"王曰："弃之。"曰："士师不能治士，则如之何？"王曰："已之。"曰："四境之内不治，则如之何？"王顾左右而言他。(《梁惠王下》)

这已是近乎直言齐宣王失职，难怪"王顾左右而言他"。孟子还对齐宣王说"君有大过则谏，反复之而不听，则易位"而令王"勃然变乎色"(《万章下》)，同样体现了其直言不讳的说话方式。这和孔子回答卫灵公"俎豆之事，则尝闻之矣；军旅之事，未之学也"(《论语·卫灵公》)时的委婉含蓄，可谓判然有别。不过，这两种方式都同样符合"礼"的精神。如有别，应是如陆九渊在《象山集·象山语录上》中所说："孔子以仁发明斯道，其言浑无罅缝；孟子十字打开，更无隐遁，盖时不同也。"

(三) "气"与"言"

孟子涉及"气"与"言"关系的地方有两处，都出现在孟子与弟子公孙丑的同一次对话当中。

第一处是孟子引用辩论对手告子的话"不得于言，勿求于心；不得于心，勿求于气"，并评价说"不得于心，勿求于气，可；不得于言，勿求于心，不可"。意思是说，心若未得道义，便不去追求勇气，是对的；言语不得道义，却不去向心推求，这是不对的。在孟子看来，无论是人的"言"还是"气"，都受控于良心，因此"气"是否刚大，"言"是否正义，都要最终求诸良心。孟子说告子"未尝知义，以其外之也"，把道义当作外在于人的东西，故才会在"不得于言"时，不去向内心推求。

从以上的分析可以看出，孟子主要讲的是"气""言"各自与"心"的联系。而"气"与"言"的关系，他并没有直接讨论。第二处出现的情况也类似：当公孙丑问孟子"恶乎长"时，孟子回答说"我知言，我善养吾浩然之气"。这句话中，孟子讲的也似乎是两件事，并未讨论两者的相互关系。

但我们也不能误以为孟子所说的"气"与"言"没有关系。因为他说"气"在"行有不慊于心则馁矣"，指出外在的行为一旦不符合良心的本能，就会气馁。这外在的行为自然是包括说话和做事的，也就是说语言使用同样也存在着"气"的问题了。而孟子所说的"知言"，也即"诐辞知其所蔽，淫辞知其所陷，邪辞知其所离，遁辞知其所穷"（《公孙丑上》），各种诐淫邪遁之辞"生于其心"而偏离了人心之正，当然也就失去了浩然之气。而孟子之所以能够通过辩说"正人心、息邪说、距诐行、放淫辞"（《滕文公下》），也正因为他的言说中充满了浩然之气，而能做到勇者无惧。

孟子的"言气"论对后世的语用思想产生了深远的影响，尤其是在文章写作领域。如曹丕《典论·论文》中说："文以气为主，气之清浊有体，不可力强而致。譬诸音乐，曲度虽均，节奏同检，至于引气不齐，巧拙有素，虽在父兄，不能以移子弟。"这种"文以气为主"的观点，最早直接将语言使用和"气"联系了起来。刘勰《文心雕龙·养气》专门讨论了养气与酝酿文思的关系，说"是以吐纳文艺，务在节宣，清和其心，调畅其气，烦而即舍，勿使雍滞"。唐韩愈在《答李翊书》中也提出了"气盛言宜"之说："气，水也；言，浮物也；水大而物之浮者大小毕浮。气之与言犹是也，气盛则言之短长与声之高下者皆宜"，并认为通过"行之乎仁义之途，游之乎《诗》《书》之源"可以达到"气盛"。这显然是对孟子"知言""养气"说的忠实继承；宋苏辙《上枢韩太尉书》说："……文者气之所形，然文不可以学而能，气可以养而致。孟子曰：'我善养吾浩然之气。'今观其文章，宽厚宏博，充乎天地之间，称其气之小大。太史公行天下，周览四海名山大川，与燕、赵间豪俊交游，故其文疏荡，颇有奇气。此二子者，岂尝执笔学为如此之文哉？其气充乎其中而溢乎其貌，动乎其言而见乎其文，而不自知也。"其"文者气之形"观，也明显是承继孟子而来。这些后代学者的应用和发展，虽然有些不一定合乎孟子原意，如刘勰所说的"养气"就有人认为和宋钘、尹文、王充的"精气"说相似（徐桂秋，2011：50），但它们不同程度地受到孟子言气论的影响仍是无可置疑的事实。

"言气"论的影响不仅限于文章写作领域，我们平时的一些用语，如说话讲究"理直气壮"，说话要注意"语气"，说话不能"阴阳怪气""低声下气"，这些关于语言使用的评价语，似乎都可以从孟子的"言气"论那里找到源头。

第六章

孟子语用思想（下）

在梳理完孟子的语用主体观以及孟子对语用与主体道德关系的看法后，本章将讨论孟子关于道德如何在语用过程中实现的方法问题。孟子对孔子的语用方法的传承，既有充分发展的一面，也有相对简化的一面。比如对于孔子的类推法和"时"的方法在语言表达和理解上的运用，孟子都进行了充分的理论发展和娴熟的实践贯彻，而对于孔子"正名"法，孟子的理论阐述则较少（但不代表实践的欠缺），下面我们分而述之。

第一节 用言之方

一 "强恕而行"

在道德实践的逻辑方法上，孟子继承了孔子"恕"的思想。他说："万物皆备于我矣，反身而诚，乐莫大焉。强恕而行，求仁莫近焉。"（《尽心上》）万物我都具备了。反躬自问诚实无欺，便是最快乐。尽力按"恕"道办事，便是最接近仁德的道路。这实际上表明，他也把"恕"看成是处理与万物的关系，追求"仁"道的方法。

第四章中我们已经说过，能行"恕"道也即能"取譬"或者类推。但孔子对于"类"与"推"所论不多。而孟子对此有更详尽的阐发。

关于"推"，孟子认为，古圣先贤之所以能够超出常人，是因为他们具有"推"的能力。

老吾老以及人之老，幼吾幼以及人之幼，天下可运于掌。《诗》云："刑于寡妻，至于兄弟，以御于家邦。"言举斯心加诸彼而已。故推恩足以保四海，不推恩无以保妻子。古之人所以大过人者无他

焉，善推其所为而已矣。(《梁惠王上》)

在这里，"推"是处理一切人际关系，以实现齐家治国的简要方法。除了用"推"，孟子还用"扩""充"等词表达类似的意思。如："凡有四端于我者，知皆扩而充之矣，若火之始然，泉之始达。苟能充之，足以保四海；苟不充之，不足以事父母。"(《公孙丑上》)

关于"类"，孟子有精彩的见解。《孟子》一书中，"类"出现了13次。具有理论意义的是下面3处：

> 麒麟之于走兽，凤凰之于飞鸟，太行之于丘垤，河海之于行潦，<u>类也</u>；圣人之于民，<u>亦类也</u>。(《公孙丑上》)
> <u>故凡同类者，举相似也</u>，何独至于人而疑之？圣人与我同类者。孟子曰："……故龙子曰：'不知足而为屦，我知其不为蒉也。'屦之相似，天下之足同也。口之于味，有同嗜也，易牙先得我口之所嗜者也。如使口之于味也，其性与人殊，若犬马之与我不同类也，则天下何嗜皆从易牙之于味也？至于味，天下期于易牙，是天下之口相似也。惟耳亦然，至于声，天下期于师旷，是天下之耳相似也。惟目亦然，至于子都，天下莫不知其姣也；不知子都之姣者，无目者也。故曰：口之于味也，有同嗜焉；耳之于声也，有同听焉；目之于色也，有同美焉。至于心，独无所同然乎？心之所同然者，何也？谓理也，义也。圣人先得我心之所同然耳。故理义之悦我心，犹刍豢之悦我口。"(《告子上》)
> 孟子曰："今有无名之指，屈而不信，非疾痛害事也。如有能信之者，则不远秦楚之路，为指之不若人也。指不若人，则知恶之；心不若人，则不知恶。此之谓<u>不知类也</u>。"(《告子上》)

第一处所说的"类也""亦类也"，说明孟子已经认识到各种事物皆可分类，个别事物与类之间存在包含关系，而圣人之于"民"（也即"人"），也处于这种包含关系之中。

第二处"凡同类者，举相似也"，意思是同类事物必有相似之点。故口之于味，耳之于声，目之于色，才可举出各自所嗜好的标准。而人心喜好的标准则是"理义"。从这些论述中，可以看出孟子已经知道分类是在某种标准下进行的,而这种标准就是事物的某种共同性。①

第三处所说的"不知类",朱熹《四书章句集注》解释为"言不知轻重之等也"。孟子在此处以人的手指与心相比,认为对于人而言,心比手指具有更重要的类别意义。如果爱惜手指而不爱惜心,便是不知类的表现。这说明孟子已经清楚地认识到事物的本质属性比非本质属性具有更重要的类别意义。

我们这里虽然将"推"和"类"分别解释,但并不意味着此为两事。事物之间能够相推,必然是以一定的类性作为共同基础的。孟子的可贵,就在于他能够意识到"类"与"推"的这种关系,以同类为原则来进行推扩。

和孔子一样,孟子认为类推是处理人际关系的一条准则,故说掌握这种"举斯心加诸彼"的类推方法,治理天下就易如反掌:"老吾老以及人之老,幼吾幼以及人之幼,天下可运于掌。"(《梁惠王上》)同时孟子也认为类推不仅是处理人际关系的一条准则,更可扩展于物,故他明确说"亲亲而仁民,仁民而爱物"(《尽心上》),并对齐宣王不忍杀牛而替之于羊的事加以肯定(《梁惠王上》)。

可见,孟子对类推具有更加清晰的理论认识。而他在语用中,也充分贯彻了类推的方法。在表达方法上,孔子的"征圣宗经"和比喻式言说在他那里得到了进一步的发扬,此外孟子还较多地运用了"寓言说理"。在理解方法上,则主要表现为"以意逆志"。这里我们先谈表达,理解的问题则放在第二节中讨论。

(一)"征圣宗经"

成为一名大丈夫,仅有良心的内在基础是不够的,还需要有模仿的对象、学习的标准,以"使先知觉后知,使先觉觉后觉"(《万章上》)。这一外在的模范在孟子看来,就是尧舜及孔子那样的往圣先贤:"规矩,方员之至也。圣人,人伦之至也。欲为君,尽君道;欲为臣,尽臣道,二者皆法尧舜而已矣。"(《离娄上》)"麒麟之于走兽,凤凰之于飞鸟,泰山之于丘垤,河海之于行潦,类也。圣人之于民,亦类也。出于其类,拔乎其萃。自生民以来,未有盛于孔子也。"(《公孙丑上》)尧舜是"人伦之至",孔子

---

① 孟子关于类的见解和运用,可能受到了墨子"察类"说的影响。晋人鲁胜《墨子辩注序》说:"孟子非墨子,其辩言辞,则与墨同。"

则"出类拔萃",都是人类的极限,众人效法的典范。因此,一切言行皆法往圣,从记载古圣先贤事迹的经书中类推而来,同样成为孟子"大丈夫"之学的一个重要方法。因此,他继承了孔子"征圣宗经"的思想,在语用理论上也一以贯之,"言必称尧舜",不仅以古圣先贤的行事作为立言的依据,也以圣贤留下的经典作为语用行为的正当性来源。难怪阮元《诗书古训序》说:"《诗》三百篇,《尚书》数十篇,孔孟以此为学,以此为教。故一言一行皆尊奉不疑。即如孔子作《孝经》,子思作《中庸》,孟子作七篇,每讲一义,多引《诗》《书》以为证据。若曰:世人亦知此事之义乎?《诗》曰某某即此也,《书》曰某某即此也。否则尚恐自说有偏弊,不足训于人。"以至于西汉时《孟子》《论语》《孝经》《尔雅》被看作经书的传,汉文帝将这四本书各置博士,名之为传记博士。

在引用先圣及其事迹的方面,据统计,《孟子》书中提及尧58次,舜97次,禹30次,文王40次,武王15次,孔子90次,出现频率远高于其他人物。而他们的事迹有的还被反复引用,如关于舜大孝的事迹4次,伯夷、伊尹、柳下惠的处世方法被引各有3次(刘耘华,2002:121)。荀子曾对子思、孟子做过严厉的批评:

> 略法先王而不知其统,犹然而犹材剧志大,闻见杂博。案往旧造说,谓之五行,甚僻违而无类,幽隐而无说,闭约而无解。案饰其辞,而只敬之,曰:"此真先君子之言也。"子思唱之,孟轲和之。世俗之沟犹瞀儒、嚾嚾然不知其所非也,遂受而传之,以为仲尼子弓为兹厚于后世:是则子思孟轲之罪也。(《荀子·非十二子》)

荀子认为子思、孟子"略法先王""案旧往造说",饰之以"先君子之言",撇开其中包含的鄙夷态度不论,从他的批评中却可以反映出孟子立说取法先圣的语用特点。

在引用经典文句方面,孟子所提及的包括《诗》《书》《礼》《春秋》《论语》等。《诗》《书》最多,《论语》也不少。《孟子注疏·题辞解》中赵岐说孟子"通《五经》,尤长于《诗》《书》"。而司马迁说孟子"序《诗》《书》,述仲尼之意",都注意到了他这方面的特色。《孟子》言及《诗》约有39次,谈诗的次数在战国诸子中仅次于《荀子》,此外提及《尚书》共有25次。

而孟子"征圣宗经"的方法，也基本上继承了孔子，可以分为"述而不作"与"断章取义"两个方面。

1. 述而不作

孟子的"征圣宗经"，首要目的是以古圣先贤和经典为权威证据，证明其义理的有效性，是为宣扬其学说服务的。因此，引用理当忠实于材料事实为是。由于孟子所引《尚书》内容多已亡佚，故无法考其真伪。我们以引诗及《论语》为例。据孔慧云（1997）统计，《孟子》书中符合原意的用诗近二十处，几占全书用诗的三分之二。这里试举几例来说明孟子是如何用史料来实现道德目的：

(1) 老吾老以及人之老，幼吾幼以及人之幼，天下可运于掌。《诗》云："刑于寡妻，至于兄弟，以御于家邦。"言举斯心加诸彼而已。（《梁惠王上》）

引诗来自《诗经·大雅·思齐》。原诗本就用来形容文王善于推己及人，孟子借此说明自己的仁政之方。

(2) 王曰："大哉言矣！寡人有疾，寡人好勇。"对曰："王请无好小勇。夫抚剑疾视曰：'彼恶敢当我哉！'此匹夫之勇，敌一人者也。王请大之。《诗》云：'王赫斯怒，爰整其旅，以遏徂莒，以笃周祜，以对于天下。'此文王之勇也。文王一怒而安天下之民。"

齐宣王以好勇为病。孟子则认为勇不应为病，匹夫之勇固不足道，但若有大勇，能够以勇安天下，则亦是美德。他所引之诗描写的是文王怒伐密文、安定天下的史事，其原意亦合乎孟子所论之旨。

除忠实地引《诗》，孟子还常引《论语》为据。孔子虽然去世未远，但由于孟子服膺孔子，已将孔子视作尧舜的传人，故引用孔子言语也成为他论证的一个重要的正当性来源。并且应当说，孟子对于孔子，已经不是只言片语的引用，两人的思想生命都已经合二为一，难分彼此。我们这里，仅选几处其直接引用《论语》的例子：

(1) 矢人岂不仁于函人哉？矢人惟恐不伤人，函人惟恐伤人。巫匠亦然。故术不可不慎也。孔子曰："里仁为美。择不处仁，焉得智？"夫仁，天之尊爵也，人之安宅也。莫之御而不仁，是不智也。不仁不智，无礼无义，人役也。

此处借《论语·里仁》中孔子的话（原句"智"为"知"）来说明"仁"是人天生的爵位、必然的选择与归宿。不主动选择"仁"的人是缺乏智慧的。孟子引用孔子的话是为了证明君子选择仁德的重要性。

（2）是故以天下与人易，为天下得人难。孔子曰："大哉，尧之为君！惟天为大，惟尧则之。荡荡乎民无能名焉！君哉舜也！巍巍乎有天下而不与焉！"尧舜之治天下，岂无所用其心哉？亦不用于耕耳。（《滕文公上》）

此处引用《论语·泰伯》中孔子称述尧舜禹的话，来强调他们选贤任能、用心治理天下的至德，以此来反击许行君民并耕的农家思想，证明"劳心者治人，劳力者治于人"这个主张的合理性。

总之，通过经典材料，利用历史人物的真实事迹和言论，也即是"先王之陈迹"来增加其说理的有效性，是孟子"征圣宗经"语用思想的自觉运用。

2. 断章取义

然而孟子引经也存在着"断章取义"，即为了某种交际目的改变原材料本义的地方。对此我们同样以《诗》为例，略作说明：

（1）公孙丑曰："《诗》曰：'不素餐兮。'君子之不耕而食，何也？"孟子曰："君子居是国也，其君用之，则安富尊荣；其子弟从之，则孝悌忠信。'不素餐兮'，孰大于是？"（《尽心上》）

"不素餐兮"来自《诗经·伐檀》，原意是讽刺那些在位的贵族不劳而获，无功而食。而公孙丑和孟子却引这句话来讨论当时社会养士是否合理。孟子认为，儒家君子虽然不耕种，但却对国家有辅政之功，对学生有教化之效，因此不是无功而食的。原本的贬义被转化成了褒义。

(2) 夫义，路也；礼，门也。惟君子能由是路，出入是门也。《诗》云："周道如砥，其直如矢；君子所履，小人所视。"（《万章下》）

"周道如砥，其直如矢；君子所履，小人所视"出自《诗经·小雅·大东》，郑玄《毛诗笺》云："此言古者天子之恩厚也，君子皆法效而履行之；其如砥矢之平，小人又皆视之、共之无怨。"若解释不错，则该诗原意为赞扬周朝天子公正清明，为君子小人所共同尊仰。然而孟子引该诗的用意却在于说明由周朝流传下来的仁义之道能为君子谨守，而小人不为。因此原诗中只代表地位差别的"君子""小人"被赋予了道德意义。[①]

(3) 王曰："寡人有疾，寡人好色。"对曰："昔者太王好色，爱厥妃。《诗》云：'古公亶父，来朝走马，率西水浒，至于岐下；爱及姜女，聿来胥宇。'当是时也，内无怨女，外无旷夫。王如好色，与百姓同之，于王何有？"（《梁惠王下》）

"古公亶父，来朝走马，率西水浒，至于岐下；爱及姜女，聿来胥宇"出自《诗经·大雅·绵》，诗的本义是赞美太王创业，但孟子却用来证明太王虽也好色，但能与百姓同之的观点。

如何理解"断章取义"这种做法呢？我们认为主要是孟子继承了孔子对"信"的看法。在引述前人材料的时候，保持其原意，这是说话信实的一种要求。但如果为了更高的"义"的需要，这一原则有时也可以放弃。这就是孟子所说的"大人者，言不必信，行不必果，惟义所在"（《离娄下》）。"断章取义"式的引用之所以有效，是因为有时接受者并不关心其原意为何，只是因经典本身的权威而有情感上的认同，如果这样的引用符合道德劝说的目的，能够引人向善，断章式的使用也未尝不可。不过这样的引用不可泛滥，只能是临时的权变。

总之，孟子欲通过"征圣宗经"将儒家理想通过古今类推的方法变

[①] 《荀子·宥坐》："三尺之岸而虚车不能登也，百仞之山任负车登焉，何则？陵迟故也。数仞之墙而民不踰也，百仞之山而竖子冯而游焉，陵迟故也。今之世陵迟亦已久矣，而能使民勿踰乎，《诗》曰：'周道如砥，其直如矢。君子所履，小人所视。眷焉顾之，潸焉出涕。'岂不哀哉！"引用了同样的诗句，荀子却用来表示现实法度如要求过高，老百姓难以遵行的道理。亦是断章取义。

成现实，无论是采用"述而不作"还是采用"断章取义"，其根本用意都是一致的，即都要服务于道德教化，并推行其王道、仁政。

（二）比喻

《孟子注疏·题辞解》说："孟子长于譬喻，辞不迫切而意独至。"可见，古人早已对认识到孟子善用譬喻达意的语用特色。孟子的比喻运用广泛。据李炳章（1985：9）统计："《孟子》全书二百六十一章中，就有九十三章总共使用着一百五十九种譬喻。"修辞学所说的明喻、暗喻、借喻、博喻等比喻类型在《孟子》书中都不难找到。这些比喻大都明白易晓，从人们熟悉的日常生活和自然景物中取材，将抽象的义理转化为他人备感亲切的身边事物，真可算作对其追求的"言近而指远"（《尽心下》）这一语用之道的生动说明。

不过，孟子比喻的最大特色，还在于其强烈的道德取向。在孟子道德哲学的统辖下，孟子的比喻无不为其道德劝说服务，具有强烈的"比德"色彩。这一点又是对孔子语用特点的主动继承。比如第四章讲到孔子以"山""水"喻德，而孟子也常以此二物作喻。其中又以水为多：

> 告子曰："性，犹湍水也，决诸东方则东流，决诸西方则西流。人性之无分于善不善也，犹水之无分于东西也。"孟子曰："水信无分于东西，无分于上下乎？人性之善也，犹水之就下。人无有不善，水无有不下。今夫水搏而跃之，可使过颡，激而行之，可使在山，是岂水之性哉？其势则然也。人之可使为不善，其性亦犹是也。"（《告子上》）

告子用水流无东西之定向为例，来证明人性不分善恶。而孟子则以水恒下流为据，说明人皆有向善之性。

孟子还就徐子问为何孔子喜水而作了解说：

> 徐子曰："仲尼亟称于水曰：'水哉！水哉！'何取于水也？"孟子曰："源泉混混，不舍昼夜，盈科而后进，放乎四海；有本者如是，是之取尔。苟为无本，七、八月之间雨集，沟浍皆盈；其涸也，可立而待也。故声闻过情，君子耻之。"（《离娄下》）

艾兰（2002：39）如此解释："据孟子所说，孔子从这种自然现象中悟出一条道理：荣誉如果得不到人的内在道德资源的支持，就像不能连续流涌的水流，眼见干枯，这使君子感到耻辱而非荣耀。"也就是说，孟子借水因有本而能不竭，来比喻人有实在的德行，方能免于暴得虚誉，维持长久。

孟子对水的比喻式运用不止于此，另如：

> 孟子曰："孔子登东山而小鲁，登泰山而小天下。故观于海者难为水；游于圣人之门者难为言。观水有术，必观其澜。日月有明，容光必照焉。流水之为物也，不盈科不行；君子之志于道也，不成章不达。"（《告子下》）

这里，孟子借水之盈、水之澜，比喻君子积行之至，自然能文章外发。

可见，孟子和孔子一样，善于以水比德，尽管其解释和孔子未必吻合，但二人的言说方式和思维法则却是相通的。

此外，孟子还与孔子一样，曾用山作喻，来比喻人之向善之性。

> 孟子曰："牛山之木尝美矣。以其郊于大国也，斧斤伐之，可以为美乎？是其日夜之所息，雨露之所润，非无萌蘖之生焉，牛羊又从而牧之，是以若彼濯濯也。人见其濯濯也，以为未尝有材焉，此岂山之性也哉？虽存乎人者，岂无仁义之心哉？其所以放其良心者，亦犹斧斤之于木也。旦旦而伐之，可以为美乎？"（《告子上》）

此例中，孟子认为山之性实能养木，若"濯濯"则是斧斤砍伐、牛羊放牧之故。而人有仁义之心亦然，如果良心丧失，乃是由于人为的破坏。可见，孟子不仅延续了孔子"仁者乐山"的比德做法，还进一步发挥，将山的养木之性受损和人的向善之性蒙蔽联系起来，说明现实中的人为何不能表现出善良一面的原因。

除了以山水比德，孟子还以"火之始然、泉之始达"（《公孙丑上》）、"兽之走圹"（《离娄上》）比喻人心之向善，用"鱼和熊掌不能兼得"比喻君子的"舍生而取义"，以"五谷者，种之美者也。苟为不熟，不如荑稗"来比喻君子修德的"夫仁亦在乎熟之而已矣"（《告子上》）。可见，一切事物都可以用来作为阐明人格诉求的手段。道德化的比喻是孟子将类推思维扩展到万物的结果。

（三）寓言说理

侯爱平、吕玉玲（1999）认为："比喻、寓言的文学手法与类比推理的逻辑形式是相统一的。"孟子的类推式表达，除了"比喻"和"征圣宗经"以外，相较于孔子，还表现在擅长以寓言的形式来说理。张晓光（2002）认为："孟子在阐发政治伦理思想中大量运用了推类的思维方法，他提出了'凡同类者，举相似也'的类观念，采用了寓言明理，博喻巧譬，层层推进，以谬制谬推论的推类方式，从而丰富了中国古代推类思想多姿多彩的形式。"可见他也已注意到孟子把类推法用于寓言中的现象。

《现代汉语词典》（第七版）认为寓言是"用假托的故事或自然物的拟人手法来说明某个道理或教训的文学作品，常带有讽刺或劝诫的性质"。《孟子》书中使用的寓言，由于分类标准的问题，其数量尚无定论①，但从最典型的寓言来看，其最大特点同样是服务于道德劝说的目的。《孟子》中的寓言基本都是他在谈论道德问题时用到的。如"五十步笑百步"说明治国当行仁政而不是靠小恩小惠；"揠苗助长"说明养气要顺应心性的发展，而不能急于求成；"月攘一鸡"说明去除恶习当越快越好；"弈秋诲弈"说明道德的修养要靠专注持久；"楚人学齐语"说明善性的培养离不开良好环境的熏陶；"齐人乞墦"说明追求富贵利达将为亲人所不耻；"再作冯妇"说明君子不应出尔反尔，而应言行一致……这些寓言或为虚构，或改编自民间传说，但都合情合理且贴近生活，以常人之事推常人之理，充分体现了"言近旨远"的语用特色。

孟子比孔子更多地使用寓言来做类推式的说理，这和战国的时代风气是分不开的。据公木（1984：73）说："据史籍所载，先秦诸子大量收集，加工和改造民间故事作寓言，已成为当时的一种社会风习。"而《庄子》《韩非子》等诸子典籍中，运用寓言也是普遍现象。究其原因，战国时代百家争鸣的激烈程度，已非孔子时代可比。诸子在对各国统治者进行游说时，必然更潜心研治言语技巧，而寓言以其容易理解且趣味横生的特点，可获统治者的欢心，自然乐被诸子采纳。再加上战国时势已不同于春秋："春秋时犹尊礼重信，而七国则绝不言礼与信矣。春秋时犹宗周王，

---

① 例如，陈蒲清（1983：26）认为书中有十几则寓言；公木（1984：73）认为寓言总共不到二十则；白本松（2001：211）认为仅有十来则；李阳（2009：143—144）则认为有五十九则。

而七国则绝不言王矣。春秋时犹严祭祀，重聘亨，而七国则无其事矣。春秋时犹论宗姓氏族，而七国则无一言及之矣。春秋时犹宴会赋诗，而七国则不闻矣。春秋时犹赴告策书，而七国则无有矣。邦无定交，士无定主，此则变于一百三十年之间。"① 春秋时代的那一套价值体系，在战国已几乎完全失去其原本的权威性，统治者对于《诗》《书》等经典的了解和信奉，远不如春秋贵族。在这种情况下，孟子虽仍师法孔子的"征圣宗经"，但也不得不应对时代的变化，寻求新的辩说技巧，因而寓言说理较多地出现在《孟子》文本中，也就是顺理成章的事了。

二 正人心

相较于类推法，孔子关于表达的"正名"论在孟子这里似乎缺少明确的理论阐释。对该思想真正有较大发展的是荀子②。因此，我们也无法给予太多的讨论。不过，孟子曾把"正人心、息邪说、距诐行、放淫辞"看作继承孔子作《春秋》那样的事业。可见，他认为"正人心、息邪说、距诐行、放淫辞"与《春秋》反映出来的正名精神是一致的，"息邪说""放淫辞"可以看作"正名"的另一种说法。而"正人心"则是孟子对言语行为道德失范进一步给出了心性上的依据。孟子曾形容各种偏蔽之辞包括杨墨之道"生于其心，害于其政；发于其政，害于其事"（《孟子·公孙丑上》），可见他认为造成言语行为道德失范的根本原因在于内心的不正。这样的认识使孟子把"正名"转变成了"正心"的问题。《荀子·大略》中记载："孟子三见宣王，不言事。门人曰：'曷为三遇齐王而不言事？'孟子曰：'吾先攻其邪心。'"可见，他与执政者的辩谈，也以扶正对方的心为根本的目标。从这一点上来看，孟子的"正人心"，也就和孟子的"成善为礼"（见第五章第四节）统一起来，而后者和孔子的"克己复礼"思想，显然又保持着内在精神的相通。

三 顺时而权

这部分主要讲孟子关于语言使用与语境的关系，我们把孟子的语境观概括为"顺时而权"，其中"顺时"也就是"时然后言"，这基本上是对孔子的继承。"权"也就是"执中而权"，更多地体现了孟子的发明。

---

① （明）顾炎武：《日知录》卷十三"周末风俗"条。
② 参见《荀子·正名》。

（一）"时然后言"

我们在第四章中已经对孔子言谈的时间性，也就是语境观念做过论述。孟子亦盛赞孔子为"圣之时者"，说他"可以仕则仕，可以止则止，可以久则久，可以速则速"（《公孙丑上》），其言行能够充分考虑到"时"。孟子既表示"乃所愿，则学孔子"（《公孙丑上》），他自己当然也重视"时"。这首先能够在他的非言语交际行为方面得到证实。比如：

> 陈臻问曰："前日于齐，王馈兼金一百而不受；于宋，馈七十镒而受；于薛，馈五十镒而受。前日之不受是，则今日之受非也；今日之受是，则前日之不受非也；夫子必居一于此矣。"孟子曰："皆是也。当在宋也，予将有远行；行者必以赆，辞曰'馈赆'，予何为不受？当在薛也，予有戒心，辞曰'闻戒故为兵馈之'，予何为不受？若于齐则未有处也。无处而馈之，是货之也；焉有君子而可以货取乎？"（《公孙丑下》）

陈臻质疑孟子同样面对国君，有时接受馈金，有时不接受，行为表现不一。而孟子则认为自己并无过错，因为面临的时间性不同：在宋时将要远行，可受馈金；在薛时有戒备的需要可受馈金，而在齐国则没有接受馈金的理由，接受馈金就是贿赂。

语言使用同样要考虑"时"。在《滕文公下》中，当孟子解释自己为何好辩时，就充分结合了"时"。他曾逐一分析过历代圣贤所处之时，尧舜之时为洪灾肆虐，周武之时则暴君作歹，孔子作《春秋》时则礼崩乐坏，以解释他们采取不同治世行为的原因，而他认为自己不得已而辩，乃是和孔子作《春秋》一样，是因应了"诸侯放恣，处士横议"的语境。

具体到每一次说话，孟子同样要讲究"时"，如：

> 孟子去齐，充虞路问曰："夫子若有不豫色然。前日虞闻诸夫子曰：'君子不怨天，不尤人。'"曰："彼一时，此一时也。……"（《公孙丑下》）

充虞路见孟子在离开齐国时面露不快之色，似乎与他曾经说过的"君子不怨天，不尤人"这句话的要求相悖，孟子便回答说，那会儿是一个"时"，现在是另一个"时"。可见，他的语言使用是和具体的时机条件结合在一起的。

那么，孟子所说的"时"的构成要素包括哪些？对此我们可以做一个粗浅的概括。

1. 伦理角色关系

在所有"时"的构成因素中，孟子与孔子一样最重视言语交际对象之间的伦理角色关系。他明确提出了"父子有亲，君臣有义，夫妇有别，长幼有序，朋友有信"（《滕文公上》）的五伦角色关系，认为面对不同的伦理对象，人当依据不同的道德来采取行动。而不同的道德要求自然也对语言使用构成了制约，因此说话一定要符合其伦理角色或者"位"。

孟子对"谏诤"，也就是批评言语行为与社会伦理角色关系的论述至详。他说"位卑而言高，罪也。立乎人之本朝而道不行，耻也"（《万章下》），认为地位卑下时高谈阔论，当官又不能推行正道，都是耻辱。这里的推行正道，主要是指对国君进行批评匡正，使之行仁义之道。他又说"有官守者，不得其职则去；有言责者，不得其言则去"（《公孙丑下》），认为有官职的人，如不能履行自己的职责就应当离开；有进谏责任的人，如不能履行进谏责任，也应当离开。因此他对善于以利口巧言投君所好的纵横家不以为然：

景春曰："公孙衍、张仪岂不诚大丈夫哉？一怒而诸侯惧，安居而天下熄。"孟子曰："是焉得为大丈夫乎？子未学礼乎？丈夫之冠也，父命之；女子之嫁也，母命之，往送之门，戒之曰：'往之女家，必敬必戒，无违夫子。'以顺为正者，妾妇之道也。"（《滕文公下》）

孟子认为公孙衍、张仪对诸侯的游说行为如同妾妇之道，是以顺为正，有悖于士大夫的伦理角色要求。当然从中也可以看出他对于夫妻关系中妻子能否批评丈夫的态度："无违。"①

---

① 关于妻子是否可以批评丈夫的问题，《白虎通》说："妻得谏夫者，夫妇荣耻共。《诗》云：'相鼠有体，人而无礼。人而无礼。胡不遄死？'此妻谏夫之诗也，谏不从不得去之者，本娶妻，非为谏正也，故一与齐，终身不改。此地无去夫之义也。"意思是说，妻子对丈夫进行批评劝告，因为夫妻是荣辱一体的。《诗经》说："老鼠有身体，人却没有礼。人如果没有礼，为什么还不赶快死？"就是妻子批评丈夫的诗歌。当然如果丈夫不听妻子，妻子也不能离弃。因为娶老婆的根本目的，不是为了批评劝告自己。所以一旦与他结婚，一辈子不能改嫁。这就是老婆不能离开老公的道理。由此可见，在儒家的观念中，批评、纠正丈夫虽然是得到允许的，但不是妻子的主要伦理职责，有别于君臣一伦。

第六章 孟子语用思想（下）

在君臣关系一伦中，孟子主张下级对上级进行谏诤，但他并没有就国君对臣下做同样的要求。而对于朋友之间，孟子和孔子一样主张双方应当互相批评，"责善，朋友之道也"（《离娄下》）。对于父子之间，孟子则认为不应当互相批评，"父子责善，贼恩之大者"（《离娄下》）。这在父亲教育子女的言语行为中尤其重要。孟子对此有独到的认识：

> 公孙丑曰："君子之不教子，何也？"孟子曰："势不行也。教者必以正；以正不行，继之以怒；继之以怒，则反夷矣。'夫子教我以正；夫子未出于正也。'则是父子相夷也。父子相夷则恶矣。古者易子而教之，父子之间不责善，责善则离，离则不祥莫大焉。"（《离娄上》）

孟子认为，君子不应当亲自教育子女，因为一旦拿某种标准批评子女，则往往会因自身行为不符合这一标准而受到子女的反驳，父亲和子女就会因此互相厌恶而感情疏离。君子互相交换子女加以教育，是为了维护父子之间的感情。从中我们不难看到父子伦理关系对言语行为的限制。

除了批评言语行为，其他语言使用同样受到社会伦理角色关系的制约。孟子自身的实践就可以为证：

> 公行子有子之丧，右师往吊。入门，有进而与右师言者，有就右师之位而与右师言者。孟子不与右师言，右师不悦曰："诸君子皆与驩言，孟子独不与驩言，是简驩也。"孟子闻之，曰："礼：朝廷不历位而相与言，不逾阶而相揖也。我欲行礼，子敖以我为简，不亦异乎？"（《离娄下》）

右师王驩因孟子不与之言而不悦。孟子则认为根据礼书的要求，朝廷之上不能够跨过位次来交谈，自己的行为是合乎礼节的。而所谓的位次，就代表了各人的伦理角色身份，说话必须考虑到这个身份。

由上可见，孟子对于语言使用和伦理角色关系的重视并不亚于孔子，这和他们都聚焦于如何将道德通过语言使用落实在具体的人际网络这一共同目标分不开。

2. 对象特点

除了最重要的伦理角色关系，孟子也注意根据言说对象的具体特点来使用语言。他说："士未可以言而言，是以言餂之也；可以言而不言，是以不言餂之也。是皆穿窬之类也。"(《尽心下》) 一个士人，不可以同他谈论却去同他谈论，这是用言语来诱他以便自己取利；可以同他谈论却不去同他谈论，这是用沉默来诱他以便自己取利，这些都是属于挖洞跳墙这一类型的。也就是说，言谈如不考虑言说对象的实际情况，就如同偷窃一样是不符合道义的行为。

不过，孟子对要注意言说对象的哪些特点来使用语言，却不如孔子所论之详，明确说到的似乎只有对方的道德水平状况："不仁者，可与言哉？安其危而利其菑，乐其所以亡者。不仁而可与言，则何亡国败家之有？"(《离娄上》)"自暴者，不可与有言也；自弃者，不可与有为也。"(《离娄上》) 他认为不仁之人和自暴自弃之徒是不能与之交流的。

(二)"执中而权"

从以上分析可知，与孔子一样，孟子的语用思想中同样包含着"时"，也就是语境意识。在第四章中我们说到，"时""义""中"三个概念作为语言使用中的方法，在"恰当"的意义上，具有统一性。而孟子在继承了这个基本思想的基础上，还补充强调了另一个概念——"权"。"权"是衡量轻重以通达权变的意思。

> 孟子曰："杨子取为我，拔一毛而利天下，不为也。墨子兼爱，摩顶放踵利天下，为之。子莫执中。执中为近之。执中无权，犹执一也。所恶执一者，为其贼道也，举一而废百也。"(《尽心上》)

孟子认为，杨朱的言论一味强调为己，墨子的言论一味强调兼爱他人。这两种言论在当时都过于偏激，其实都是忽略了中道的不恰当的言说。子莫的言论合乎中道。合乎中道便差不多了。但是主张中道如果没有灵活性，不懂得变通的办法，便是执着一点。执着于一点令人厌恶，因为它会损害仁义之道，是举一废百的做法。

通过这段评价我们不难得知，如果语言使用只知恰当而不懂得变通，仍然会伤害儒家的仁义之道。这种思想，也可追溯到孔子。孔子说过："可与共学，未可与适道；可与适道，未可与立；可与立，未可与权。"

(《子罕》)意思是说，可以同他一起学习的人，未必可以同他一起取得成就；可以和他共同取得成就的人，未必可以和他事事依道而行；可以同他事事依道而行的人，未必可以同他通权达变。对于其中的"权"，朱熹云"权，秤锤也，所以称物而知轻重者也。可与权，谓能权轻重，使合义也"(《四书章句集注》)。可孔子本人并没有详细阐述"权"的概念。

孟子则明确说"权，然后知轻重"(《梁惠王上》)，也就是说"权"是为了比较价值的高低，让人选择。当出现两个同样具有价值的东西不能兼顾的情境时，能够选择具有更高价值的那一个。孟子自己就曾通过"权"来解释某些特殊伦理情境。

> 淳于髡曰："男女授受不亲，礼与？"孟子曰："礼也。"曰："嫂溺则援之以手乎？"曰："嫂溺不援，是豺狼也。男女授受不亲，礼也。嫂溺援之以手者，权也。"(《离娄上》)

在面对男女授受不亲的礼制规定与解救嫂子性命的具体情境时，孟子认为大丈夫应当权衡两者的轻重，突破礼的常规解救嫂嫂。原因是不言而喻的，相比于解救亲人的生命而言，男女之间平时的一些礼节所具备的道德价值显然要低得多。而嫂溺援之以手，虽然违反了礼的常规，但却遵守了更重要的"礼"——"无恻隐之心，非人也"，因此是通过"权"来保持行为的恰当。可见，"权"的根本精神和"时""中""义"一样，都是为了恰当。只不过"权"的价值更体现在解决这种伦理冲突的过程中。

"权"的方法同样可以解决语言使用中的伦理冲突。比如孔孟在使用"征圣宗经"的方法时，一方面是"述而不作"，另一方面又会"断章取义"，这是两种表面上矛盾的做法。但依据"君子贞而不谅"(《论语·卫灵公》)、"大人者，言不必信，行不必果，惟义所在"(《离娄下》)等，尽管说话守信是一种重要的美德，但也要看它是否恰当。如果遇上守信违背人的真情实感或义理的语境时，这条原则是可以牺牲掉的。因此，在"征圣宗经"的时候，孔孟在一般情况下是强调"述而不作"的，但如果为了道义的特殊需要，有时候也会选择"断章取义"的方法，这就是"权"在起作用。

第二节　理解之道

一般认为，孟子最著名的话语理解方法或者知言方法有二，第一是"以意逆志"，第二是"知人论世"（笔者认为"知人论世"不宜合为一个命题，只有"论世"可作为知言法，详见下文）。前人对这两个命题有过大量的阐发，但并不意味着对孟子这两个命题本身的理解问题已经完全得到了解决。我们希望下面的探讨能够使孟子的知言观得到进一步的澄明。我们的基本观点是，孟子的这两种方法，基本上还是孔子的"恕""时""克己复礼"等思想在理解问题上的贯彻。不过由于孟子有了心性理论和更为明确的类推理论意识，也使这两者之间的逻辑关系显得更加清晰。

一　"以意逆志"

孟子"以意逆志"说的完整表述是："故说诗者，不以文害辞，不以辞害志；以意逆志，是为得之。"其出现的上下文语境如下：

> 咸丘蒙曰：《诗》云："'普天之下，莫非王土；率土之滨，莫非王臣。'而舜既为天子矣，敢问瞽瞍之非臣如何？"曰："是诗也，非是之谓也，劳于王事而不得养父母也。曰：'此莫非王事，我独贤劳也。'故说诗者，不以文害辞，不以辞害志；以意逆志，是为得之。如以辞而已矣，《云汉》之诗曰：'周余黎民，靡有孑遗。'信斯言也，是周无遗民也。"（《万章上》）

在讨论"以意逆志"的含义之前，我们需要注意的是，孟子与弟子咸丘蒙的这段对话，本不是专门讨论诗歌或者语言的理解问题，而是在讨论伦理问题。咸丘蒙借助《诗经》中的"普天之下，莫非王土；率土之滨，莫非王臣"这句话，是想弄清楚舜不以瞽瞍为臣是否违反了先王的伦理。而孟子为了解决这个伦理问题，又借用了引句所出诗的要旨：劳于王事不得养父母。这一要旨所反映的亲情高于政事的伦理观显然是和舜不以瞽瞍为臣的做法相符的。因此，"普天之下，莫非王土；率土之滨，莫非王臣"本身所反映的伦理信息自然就不可信了。在这个逻辑下，孟子提出了"故说诗者,不以文害辞,不以辞害志;以意逆志,是为得之"的命题,并且又补充说"如以辞而已矣,《云汉》之诗曰:'周余黎民,靡有孑遗。'信斯言也,是周无遗民也",以证明《诗》的有些"辞"或者"言"是不可信的。可以说,孟子是在讨论伦理问题的时候,顺带谈及了他的诗歌理解观,同时也表露了他的话语理解观。弄清楚了这段话的大意以后,我们再来讨论"以意逆志"命题的含义,就不至于偏离大的方向。

(一)"文""辞""志"

既然"不以文害辞,不以辞害志"和"以意逆志,是为得之"连用,从文脉来看,显然是先否定后肯定,从正反两面立论。因此要把握孟子"以意逆志"的真实含义,首先要理解"不以文害辞,不以辞害志"这句话的意思,因而也就必须弄清楚"文""辞""志"各自的意义和相互的关系。

"辞"在孟子的时代,具有口供、诉讼、言语、卦辞、爻辞、责让、推辞等语义。但历代学者在解说这段话时,对"辞"的训释却往往背离了这些语义,如朱熹虽解"辞"为"语也",但又说"不以文害辞,不以辞害志"是"不可以一字害一句之义,不可以一句而害设辞之志"(《四书章句集注》),显然是把"辞"看作高于字句的篇章单位。吴淇解"以文害辞"为"一字之文,足害一句之辞"(《六朝选诗定论缘起·以意逆志》),则是把"辞"看作句子,而段玉裁则说"辞谓篇章也"(《说文解字注》)。其实孟子在这段话中,将"辞""言"互代,既说"如以辞而已矣",又说"信斯言也"。同样的情况在《孟子》的其他地方也有出现,如"'何为知言?'曰:'诐辞知其所蔽,淫辞知其所陷,邪辞知其所离,遁辞知其所穷'"(《公孙丑上》)。由此可见,"辞""言"相通,其意思用语用学的术语来说,是话语或者言语,而没有必要非将"辞"硬性解为篇章中的某级单位。

"志"的语义本身较为明显,《尚书·舜典》说"诗言志",《毛诗正义·关雎序》说"在心为志,发言为诗,情动于中而形于言",可见"志"主要是指诗人的思想感情,用语用学的术语说,是指言语表达的意图(不过"志"还有价值含义,详见下文)。下面主要讨论分歧最大的关于"文"的解释。

1. "文"是采

第一种观点认为"文"是文采,和修辞手段以及言辞的字面意义密切相关。最早将"文"解释成"文采"的是（汉）赵岐："诗之文章，所引以兴事也。"（《孟子注疏》）耿南仲《周易新讲义》中说"孟子曰'说诗者，不以文害辞，不以辞害志'，盖道志而为辞，修辞而为文也"，认为"文"就是对"辞"的修饰。焦循《孟子正义》则进一步解释赵岐观点："赵氏以文为文章，是所引以兴事即篇章上之文采。如'我独贤劳'，辞之志也。'莫非王臣'，则辞之文也。说诗者当以辞之志为本而显之，若不以意逆志，则志宜显而反不显，文不显而反显矣。文字于说诗非所取，故解为诗之文章，诗之文章即辞之文采也。"明确指出文章就是文采。此外，今人陈光磊等（1998：41—42）也将"以文害辞"解释为"不要为文采修饰所蔽而误解或曲解辞句的意义"。

从西方语用学的眼光来看，将"文"解释为"文采"可以找到理论支持。诗的文采，"用我们今天的说法，也就是指诗表达思想感情所使用的各种艺术手段，包括比拟、夸张、隐喻、象征、暗示……手法在内"（李泽厚、刘纲纪，1984：192）。也就是说，文采和修辞手段密不可分。而修辞手段的使用，则往往会公然违反合作原则及其准则，从而产生特殊会话含义。如果将比喻、夸张手法中的字面信息坐实，则一定会因为字面意义而误解了"辞"的言外之意，从而"以文害辞"。故有些学者从语用学角度，将"文"进一步解释为字面意义，如陈宗明（1997：129）将"不以文害辞"解释为"不能拘泥于字面而误解语句"，陈启庆（2007）也认为孟子的文辞之别主要体现的是字面意义和言外之意的对立。

但这样的解释有其不足之处。首先，从今天的眼光看，孟子与咸丘蒙谈论的诗歌段落固然有修辞手法的存在（主要是夸张），但这并不足以证明孟子所谈的"文"就是修辞手法。事实上，对于咸丘蒙的解诗之病，孟子已明言是"以辞而已矣"，也即因迷信"辞"而造成了"害志"，而并未说他的解诗之病和"以文害辞"的关系在哪里。"文"的文采修饰之意是后人从这两个例子中逆测而得的。其次，假设"以文害辞"是表示因修辞手法或字面意义遮蔽了"辞"的言外之意，那么"以辞害志"应当是指"辞"的言外之意遮蔽了作者之志，但"辞"的言外之意显然就是作者之志，这难以说通。而如把"以辞害志"的"辞"解成个别辞句的表面意思，"志"解释成整个作品的宏观意旨，则又会造成"以文害辞"和"以辞害志"中两个"辞"所指不同，这也不近情理。

2. "文"是词

有人从篇章结构的组合规律着眼，将文解释成篇章的最小构成单位——词。不过，古代学者多用"字"来指称现代语言学所说的"词"。持这一观点的有：

> 文，字也；辞，语也。……言说诗之法，不可以一字害一句之义，不可以一句而害设辞之志。（朱熹《四书章句集注》）

> "不以文害辞"，此为说诗者言，非为作诗者解也。一字之文，足害一句之辞，于此得炼字法。"不以辞害意"，亦为说诗者言。一句之辞，足害一篇之意，可见琢句须工。然却不外炼字之法。字炼得警则句自键耳。（吴淇《六朝选诗定论缘起》）

> 毛公之传《诗》也，同一字而各篇训释义不同，大抵依文以立解，不依字以求训。……孟子曰："不以文害辞，不以辞害志。"孟子所谓"文"者，今所谓字。言不可泥于字，而必使作者之志昭著显白于后世。毛郑之于《诗》，其用意同也。（阮元《毛诗正义·毛诗注疏校勘记序》）

> 词者，意内而言外，从司言。此谓摹绘物状及发声助语之文字也。积文字而为篇章，积词而为辞。孟子曰，不以文害辞，不以词害辞也。（段玉裁《说文解字注》）

从这些注家的意见来看，"文"就是音义结合的词，是构成篇章的单位，故可"积词而为辞"。"文"和"辞"的关系，是篇章的低级单位和高级单位的关系。"不以文害辞"就是不以词害辞，也即不能因为个别字词的意义影响对更高级话语单位意义的理解。今人徐复观（2005：28）认为："所谓的'文'指的是用字，'辞'指的是由字所组成的句，'志'指的是作诗者的动机及其指向。"易蒲等（1990：62）从修辞理解角度，认为"孟子主张分析诗时，不能拘泥于个别字眼而曲解其辞句，不能局限于辞句的表面意义而歪曲了作品的原意，应该从整个诗篇的意义来探索作者的意旨"。丁秀菊（2011）也从修辞理解的角度，认为这两句话的意思是"不要因为一个字或一个词的表面意思而曲解了整句话的意思，不要因一句一段一篇的意思（表面意思）而曲解了作者所欲表达的主观意图"。

从这个角度来诠释"以文害辞"，在照顾"文"在当时所具有的语义的同时，也更加切合篇章组合的基本原理，故有其优势。但它也会带来一些问题：首先，如前所说，把"辞"看作篇章的组合单位——句子，缺少训诂学的依据。其次，"辞"在衔接"文"和"志"的解释链条中，理应具有固定的意义，但组合关系的解释难以做到使"辞"的意义保持一致。最后，按照递推关系，既然"文"组成"辞"，则"辞"也应组成"志"，而不是显示"志"，但把"志"看作一个篇章单位，同样缺少训诂学的依据。因此，从局部—整体的角度解释文辞志的方案，并不能令人十分满意。

3. "文"是字

本书作者认为，这里所说的"字"并不是词，不属于语言系统的构成单位，而只是书写符号意义上的文字。这段关于"文""辞""志"关系的论述是孟子的言意观在诗歌解读中的反映。而他的这种言意观，极可能源自周朝的传统。孔子对于语言表意的局限性有深切认识，明确说过"书不尽言，言不尽意"（《周易·系辞上》），其中的"书"即文字。① 整句话的意思是：文字不能充分地表达语言，语言不能充分地表达圣人之意。这里的"书—言—意"并不是局部—整体的组合关系，而可以看作不同符号的层层实现关系。② 文字、语言、思想情感（意义）属于三个不同层次的系统。语言符号系统实现为文字符号系统会由于删改、讹误等原因造成信息损耗，人的思想情感转化为语言符号系统时同样会存在信息损耗。这从现代语言学的角度来看也是正确的。因此，孟子的"不以文害辞，不以辞害志"，可以看作他在对语言文字符号表达意义的局限性有充分认识的基础上提出的理解策略，提醒人们要对这些符号保持足够的警惕。

这种理解的优点在于，它尊重了"文""辞""志"在当时具有的语义可能性，而"文""辞""志"呈实现而非组合的层次关系同样符合语言学自身的逻辑，且贴近当时儒家对言意关系的思想认识，避免了从组合

---

① 孔颖达《周易正义》："书所以记言，言有烦碎，或楚夏不同，有言无字，虽欲书录，不可尽竭于其言，故云'书不尽言'也。'言不尽意'者，意有深邃委曲，非言可写，是言不尽也。"

② 比如在韩礼德系统功能语言学中，意义系统—语言系统—声音（文字）系统是三个不同层面的符号系统，三者之间是层层体现的关系而不是组合关系。孟子的言意观似乎更接近于这样一种语言符号观。

关系解释带来的对应困难的问题。当然如此解释,"以文害辞"仍然在上下文当中找不到具体的实例印证,但这也不是大的困难,可看作孟子顺带讲到的一个命题,而非重点讨论的命题。而咸丘蒙解诗之病,只属于"以辞害志"。

(二)"以意逆志"

"以意逆志"是孟子在反对"以辞害志"的基础上,从正面提出的理解之道。要了解其含义,"逆"是一个关键词。《说文解字》将其训为"迎",《玉篇》训为"度",《周礼》郑玄注训为"钩考"。不过如从孔孟思想体系高度的互文性着眼,"逆"当与《论语》中"不逆诈,不亿不信"中的"逆"同义,都是指揣测(据杨伯峻《论语译注》《孟子译注》中释)。另外,张伯伟(1999:45)还曾指出"逆"正是《孟子》中的推、求,就是推己之意和求放心,也颇有见地,但似乎不再属于语义解释。笼统地说,"逆"是表示理解过程的一个动作。

"意"和"志",都属于人的思想感情。在古代这两个词常可以互换。如《尚书·尧典》中说"诗言志",《庄子·天下篇》也说"诗以道志",而《史记·武帝本纪》则说"诗言意";《说文》注"志"为"意也,从心之声",注释"意"则为"志也,从心,察言而知意也";赵岐在《孟子注疏·孟子题辞解》说:

> 孟子长于譬喻,辞不迫切而意以独至,其言曰:说《诗》者,不以文害辞,不以辞害志,以意逆志,是为得之矣。斯言殆欲使后人深求其意以解其文,不但施于说《诗》也。

其中所说的"辞不迫切而意以独至""深求其意以解其文",都相当于作者之志。而他在解释"以意逆志"时又说"以己之意逆诗人之志"(见下文),足见"意"和"志"实可以互换互训。

顺便要提及的是,今人有解"意"为"测度"者(周裕锴,2003:44),因在先秦,"意"确有"度"义,如《论语》中"毋意毋必""不亿不信""亿则屡中"("亿"为"意"之俗字),《孟子》中有"我不意子学古之道而以餔啜也",但这些"意"都是作动词用,和"以意逆志"中作名词的"意"显然用法不同,且若翻译成"以测度来测度作者的心志",则谬不待言,故不予采纳。

确定了"志"和"意"的语义之后，我们进一步讨论二者在孟子言说语境中的主体归属和具体所指。大部分学者都认为"志"属于作者的思想感情，但对"意"有较大分歧，形成了以下观点1—4。还有一些学者认为"志"非作者的思想感情，形成了观点5。观点6则在观点1的基础上，指出"意"和"志"都符合良心义理，是一个价值观念。

1. "意"为读者原有经验

这种观点以"意"为读者自身原有的生活经验。东汉赵岐说"人情不远，以己之意逆诗人之志，是为得其实矣"（《孟子注疏》），朱自清（1998：26—26）认为"以意逆志是以己意己志推作诗之志"，陈光磊等（1998：40）认为是"要用切身的体验去推断作品的本意，这样才能得其真诠"，陈宗明（1997：128）亦认为"即以自身的体会推知作者的本义"。这种解释的合理性在于，将理解的可能性建立在"人情不远"的预设上，借助人之常情来排除照辞直解可能带来的误解。但其弊病是"没有唯物的态度和缺乏逻辑的操作，那就容易流于主观臆测"（陈光磊、王俊衡，1998：41）。刘化兵（2000）认为："仔细斟酌，则会发现把意理解为'读者之意'，于理欠安。孟子在这里强调'读者之意'既是不必要的，也是不合逻辑的。因为任何读者面对一首诗都会自然而然地进行理解，产生自己的看法，不管这种看法正确与否。既然这样，则'读者之意'本身就难以规范。同一作品，十人读甚至可以产生十种理解。以这种主观随意性极大的读者之意去逆作品之志，不大可能是为得之。再则，在咸丘蒙已经犯了由于误解文辞而以己意妄逆作品之志的错误的情况下，孟子又怎能再鼓励他以己意径逆作品之志呢？"诚然，读者的生活经验不一样，所逆得的作者之志也不同。如把"以意逆志"简单地看作用自己的生活体验推测诗人之志，则无法以此否定咸丘蒙解读的合理性。

2. "意"为作者之意

基于这样的理由，也就产生了第二种观点，认为"意"应当是作者的思想感情，读者不应当有任何解读的预设。如吴淇《六朝选诗定论缘起·以意逆志》）说：

> 诗有内有外，显于外者曰文曰辞，蕴于内者曰志曰意。此意字与"思无邪"思字皆出于志，然有辨。思就其惨淡经营言之，意就其淋漓尽兴言之，则志古人之志而意古人之意，故选诗中每每以古意命题

是也。汉宋诸儒以一志字属古人，而意为自己之意。夫我非古人，而以己意说之，其贤于蒙之见也几何矣。不知志者古人之心事，以意为舆，载志而游，或有方，或无方，意之所到，即志之所在，故以古人之意求古人之志，乃就《诗》论《诗》，犹之以人治人也。即以此诗论之，不得养父母，其志也；普天云云，文辞也。"莫非王事，我独贤劳"，其意也。其辞有害，其意无害，故用此意以逆之，而得其志在养亲而已。

吴淇明确反对汉宋诸儒以"意"为己意的观点，认为咸丘蒙所犯的错误，正是以自己的经验来说解诗人的意旨，故解诗当"以古人之意求古人之志"。但采用这种观点的困难也很明显，一是会纠缠于古人之意和古人之志如何区别的问题，二是要求读者在理解中不涉入自己的生活经验也是不切实际的。

3. "意"为文本主旨

第三种观点认为"意"应是指诗经文本的主旨。今人刘耘华（2002：93）认为"孟子对于这几首诗的解释，都是把所引部分通过考察诗经文本的整体意义来了解个别辞句的作者之志"。这种观点通过从整体把握局部的方法把理解的过程讲得更加清晰，但它的问题在于，文本的主旨应和文本的局部意义相应，如何从文本的主旨得到局部的作者之志？两者之间的关联难以得到解释。这还不如讲"从作者的宏观意图把握作者局部辞句之志"更加合理，尽管这样解释仍然存在着读者的作用得不到体现的问题。

4. "意"为文本内容与读者经验的结合

有感于对作者原意逆测的困难，有些人转而肯定读者创造性解读的权利。如袁枚认为：

作诗者以诗传，说诗者以说传，传者传奇说之是，而不必其尽合于作者也。如谓说诗之心，即作诗之心，则建安、大历有年谱可稽，有姓氏可考，后之人犹不能以自居之迹，追作者之心，矧《三百篇》哉？（《小仓山房文集》卷二十八）

谭献认为：

作者之心未必然，而读者之用心何必不然。（《复堂类稿》文一·《复堂词录序》）

这都是肯定读者进行创造性解读的说法。具体到"以意逆志"的解释，顾易生、蒋凡（1990：117）认为："评说诗歌，自应首先探索作家作品的志意，也总受到评说者本人立场观点方法的制约。因而往往是作家作品之意与评者自己之意的结合。孟子在此章中的批评实践，便反映了这种特点。"因此"以意逆志"是"领会全篇的精神实质，加上自己切身的体会，去探索作者的志趣倾向"。

这种解释，是将"意"当作作者原有的生活经验和文本内容逻辑推导的结果，并以此结果去逆测作者之志。

5. "志"为文本的思想内容

这种观点同样将"意"看作读者原有的生活体验，而将"志"看作文本的思想内容，"以意逆志"就变成了读者之意和文本之意相互结合的过程。这一主张和顾易生、蒋凡所说的相似，但完全放弃了对作者原意的追求。它的理论背景是西方诠释学，主要是受到伽达默尔哲学诠释学的影响。如叶维廉（1992：139）认为：

"以意逆志"，在这第三种传释观念的印照下，也许可以视为读者（带着自己的历史性）对作品中传达的志（志应可视为部分的传统）做出"迎"与"逆"的调协（我认为"逆"字的本意应该同时保留），是一种与传统活跃的作品的对话。

又董洪利（1997：117）认为：

批评与鉴赏是一种创造性的理解活动。在这个活动中，读者所理解的作品意义不可能是作者原意的恢复与重建，只能是读者个人的前理解与作品语言所表达的内容相互融合的产物。如果用"以意逆志"来概括，那么"志"就应当理解为作品语言所表达的内容，而不是作者的原意；"以意逆志"就是读者的前理解与作品语言所表达的内容相互融合的过程，而不是用读者的心意去追寻迎合作者原意的过程。只有这样理解，"以意逆志"才能成为具有可行性的文学批评与鉴赏的正确方法。

显然，他们将孟子的"以意逆志"说与伽达默尔的"视域融合"理论作比附，"意"相当于阐释者自身的视域，"志"则相当于作品所呈现出来的视域，"以意逆志"成了"意"与"志"两种视域的融合。在这种解释方案中，"志"成了作品的思想内容，"意"变成了读者的前理解，两者融合的结果，产生了既不同于接受者的前见、又非作品原意的新的理解。而这种理解，与作者之原旨失去了必然的关联。这样的解读虽然具有比较强大的西方诠释学基础，但显然已经离孟子的原意甚远。原因就在于，如果孟子肯定读者做这般自由理解的行为，就不会提出"以文害辞，以辞害志"的问题了。

6. "意""志"皆为义理。

这种观点在"意"和"志"的主体归属问题上和观点1相同，但认为"意"和"志"都具有道德含义。这派首先认识到《诗》体现的作者之志都是符合君子之道的[1]，都是"思无邪"，而读者若要逆得作者之志，则当然也要注意理解是否符合义理的问题。宋儒首先注意到了对读者之意须加以价值限定。如张载（《张子全书》卷十三）说道："古之能知诗者，惟孟子为以意逆志也。夫诗之志至平易，不必为艰险求之。今以艰险求诗，则已丧其本心，何由见诗人之志。"他认为若不以平易之心，也就是所谓"本心"求志，就会失之艰险，所以要"置心平易始通诗，逆志从容自解颐"。

又朱熹云：

> 自孔孟灭后，诸儒不子细读得圣人之书，晓得圣人之旨，只是自说他一副当道理。说得却也好看，只是非圣人之意，硬将圣人经旨说从他道理上来。孟子说"以意逆志"者，以自家之意，逆圣人之志。如人去路头迎接那人相似，或今日接著不定，明日接著不定；或那人

---

[1] 如朱自清（1999：26）认为"孔子以后，'诗三百'成为儒家的六经之一，《庄子》和《荀子》里都说到'诗言志'，那个'志'便指教化而言"。又如林岗（2009）认为"诗言志是个古老的命题，虽诗表现的作者之志有正邪之分，但从儒家对诗的道德辩护的态度，对其'思无邪'的预设，则其志必然也只能是君子之志"。

来也不定,不来也不定;或更迟数日来也不定,如此方谓之"以意逆志"。今人读书,却不去等候迎接那人,只认硬赶捉那人来,更不由他情愿;又教它莫要做声,待我与你说道理。圣贤已死,它看你如何说,他又不会出来与你争,只是非圣贤之意。他本要自说他一样道理,又恐不见信于人。偶然窥见圣人说处与己意合,便从头如此解将去,更不子细虚心,看圣人所说是如何。正如人贩私盐,担私货,恐人捉他,须用求得官员一两封书,并掩头行引,方敢过场、务,偷免税钱。今之学者正是如此,只是将圣人经书,拖带印证己之所说而已,何常真实得圣人之意?却是说得新奇巧妙,可以欺惑人,只是非圣人之意。此无他,患在于不子细读圣人之书。人若能虚心下意,自莫生意见,只将圣人书玩味读诵,少间意思自从正文中迸出来,不待安排,不待杜撰。如此,方谓之善读书。(《朱子语类》卷一三七)

从这段话可以看出,朱熹已经意识到如对"意"不加分辨,则理解难以克服偏蔽。故他强调以"虚心""公心"读书,而力排"私意",以此方能"候"得圣贤之志。此外他还认为"本心陷溺之久,义理浸灌未透,且宜读书穷理。常不间断,则物欲之心自不能胜,而本心之义理自安且固矣",将读书看作一个恢复本心、克除物欲的过程。总之,"朱子教人要能具备虚心、专心、平心、恒心、无欲立己心、无求速效心、无好高心、无外务心、无务杜撰穿凿心,能把自己放低,退后,息却狂妄急躁,警惕昏惰闲杂。能如此在自己心性上用功,能具备此诸心德,乃能效法朱子之读书"(《朱子语类》卷十一)。

又姚勉认为:

古今人殊而人之所以为心则同也。心同志斯同矣,是故以学诗者,今日之意逆作诗者昔日之志。吾意如此则诗之志必如此矣。《诗》虽三百,其志则一也。虽然,不可以私意逆之也。横渠张先生曰:"置心平易始知《诗》。"夫惟置心于平易,则可以逆志矣。不然,凿吾意以求诗,果诗矣乎!(《雪坡舍人集》卷三七《诗意序》)

张载反对"艰险求诗",主张"置心平易",朱熹要求以平心、公心读书,而姚勉既认为人心相同,又反对以私意逆诗。可见他们都认识到,说诗者要逆得作为君子的诗人之志，则必须经历一个反求诸己，求得本心的过程，如此才能正确理解作者之志。

除了宋儒，今人张伯伟（2002：14—18）也说："孟子对'意'的性质未作限定，但从孟子的思想结构来看，这个'意'应该是善的。孟子的人性论认为，人心历千载而能相通，乃奠基于与人性的本质是善，这同时体现了孟子对读者道德上的基本要求。"

总的来说，这种观点主要是对"意"和"志"做出了价值限定，其好处是能够把"以意逆志"和孟子的心性理论结合起来。孟子把人与人之间得以交流的可能性，建立在共同的良心基础上。良心公有，真诚地面对自己的良心、本心，才能了解他人，甚至万物之性，正所谓"万物皆备于我矣，反身而诚，乐莫大焉"（《尽心上》），又正如《礼记·中庸》所说的"唯天下至诚，为能尽其性；能尽其性，则能尽人之性；能尽人之性，则能尽物之性"。因此"以意逆志"，不是简单地以自己的已有生活体验来推测君子之志，而是首先求回本心，再秉此去理解君子的话语，这样才能得到合乎君子之道的解释。不能循着良心义理，则理解难免有偏私，也就难以正确地了解古诗。这真如王符所说的"惟圣知圣，惟贤知贤"（《潜夫论·本政》），也正如叶适所说的"百圣之归，非心之同者不能会"（《宋元学案》卷五四）。

不过，以上解释虽然合乎孟子的心性论，但还缺少语义学的证据："意"和"志"本身是否具有道德含义？"志"的问题比较好解决，我们在第五章中已做出过说明。而"意"的道德含义在先秦是否存在呢？其实也不乏其例。如《墨子·尚贤》中有"虽在农与工肆之人，莫不竞劝而尚意"，又有"得意，贤士不可不举；不得意，贤士不可不举"。两处"意"，都含有道德意义。虽然孙诒让《墨子间诂》怀疑"尚意"中的"意"为"悳"（德），乃形近而误。但这只是推测，不能确证。即便成立，也可说孟子"以意逆志"中的"意"也为"悳"的误字。但我们认为形误的可能性不大，因为"志"和"意"经常互换，既《孟子》中有"尚志"，则《墨子》中有"尚意"也无不可。另如"得意，贤士不可不举；不得意，贤士不可不举"和《孟子》中"古之人，得志，泽加于民；不得志，修身见于世"（《尽心上》），同样具有类似的表达结构。

以此可见，观点6把"意"和"志"分属读者和作者，且都看成合乎良心义理的价值概念，这既符合孟子的心性论思想，也不失语义学上的支持，应是最为切近孟子原意的一种解释。

"以意逆志"作为一种理解方法，从根本上说，还是孟子的"强恕而行"，也就是类推法的反映。不过，孟子的类推，并不是主张每个人任意地按照自己的私意去猜度他人。人与人经验相殊，这样猜度是难以获得成功理解的。他把人作为类的共同性，严格限定为人之心。而把人心之共同性，则又限定为好义理。故他说："口之于味也，有同嗜焉；耳之于声也，有同听焉；目之于色也，有同美焉。至于心，独无所同然乎？心之所同然者，何也？谓理也，义也。圣人先得我心之所同然耳。故理义之悦我心，犹刍豢之悦我口。"（《告子上》）因此，每个人只有首先反求得心之义理，才能行使类推法，去理解他人，从而了解圣贤之意，也才能正确地评判常人言行之偏蔽。这正是孔子所说的"唯仁者能好人、能恶人"（《告子上》）。因此，"以意逆志"的过程，实际上也是和个人的修身进德的过程结合在一起的。

二 "论世"

"论世"的说法来自（《万章下》）：

> 孟子谓万章曰："一乡之善士，斯友一乡之善士；一国之善士，斯友一国之善士；天下之善士，斯友天下之善士。以友天下之善士为未足，又尚论古之人。颂其诗，读其书，不知其人，可乎？是以论其世也。是尚友也。"

大体来说，孟子在此章谈的是如何"尚友"，也即交友之道。孔子说"无友不如己者"（《论语·学而》），又说"工欲善其事，必先利其器。居是邦也，事其大夫之贤者，友其士之仁者"（《论语·卫灵公》）。曾子也说"君子以文会友，以友辅仁"（《论语·颜渊》）。这种交友观显然影响了孟子，故他也认为"友也者，友其德也"（《万章下》）。在这段话中，他告诫万章要与"善士"相交，并且认为不仅要向一乡一国乃至当今天下的善士学习，更应向"古之人"学习。结合孔曾孟的交友观，不难看出孟子所谈的还是如何通过"尚友"修身立德的伦理问题。

和"以意逆志"的提出一样，孟子是在谈论伦理问题的时候顺便提出了他对经典理解的看法。其完整表述是"颂其诗,读其书,不知其人,可乎?是以论其世也"。这段话虽仅寥寥数字,却引起了诸多理解上的分歧,形成了关于理解方法上的分流。按照对这段话主旨理解的不同,我们将主要观点分梳讨论,在此基础上进一步提炼出"论世"作为孟子理解的方法,并对其作简要的说明。

(一) 主旨辨析

1. 知人论

该观点把这段话当作孟子谈论如何知人的方法。最早作如此解读的是赵岐:

> 好善者以天下之善士为未足极其善道也。尚,上也。乃复上论古之人,颂其诗,诗歌颂之,故曰颂。读其书者,犹恐未知古人高下,故论其世以别之也。在三皇之世为上,在五帝之世为次,在三王之世为下,是为好上友之人也。(《孟子注疏》)

赵岐认为孟子所说的"尚论古之人",也就是要"知古人高下",为达此目的,不仅要诵读其诗书,也要讨论古人所处之世,这样才能分别古人之次,择善而从。在赵岐的解释下,"古之人"被看作经典记载的一切古人,是一种品德有待认识与论定的对象。因此在他看来,这段话中的"颂诗读书"和"论世"讲的是知人之法。

又朱熹注:

> 论其世,论其当世行事之迹也。言既观其言,则不可以不知其为人之实,是以又考其行也。(《四书章句集注》)

朱熹认为"知其人"就是"知其为人之实",而"论其世"则解释为"论其当世行事之迹",也即了解古人的生平事迹。通过"观其言"和"论其世",可以了解古人的"为人之实",也即认识、评定古人品德高下。这里,朱熹借用了孔子"听其言,观其行"的方法来了解古人的真实品行,其解释思路和赵岐是一脉相承的。

2. 知言论

该派观点认为,这段话讲的是如何理解诗书的言辞,属于知言的方法

问题。章学诚如此解释"论世""知人":

> 昔者陈寿《三国志》,纪魏而传吴、蜀,习凿齿为《汉晋春秋》,正其统矣。司马《通鉴》仍陈氏之说,朱子《纲目》又起而正之。"是非之心,人皆有之。"不应陈氏误于先,而司马再误于其后,而习氏与朱子之识力,偏居于优也。而古今之讥《国志》与《通鉴》者,殆于肆口而骂詈,则不知起古人于九原,肯吾心服否邪?陈氏生于西晋,司马生于北宋,苟黜曹魏之禅让,将置君父于何地?而习与朱子,则固江东南渡之人也,惟恐中原之争天统也。此说前人已言。诸贤易地则皆然,未必识逊今之学究也。是则不知古人之世,不可妄论古人文辞也;知其世矣,不知古人之身处,亦不可以遽论其文也。身之所处,固有荣辱隐显,屈伸忧乐之不齐,而言之有所为而言者,虽有子不知夫子之所谓,况生千古以后乎?圣门之论恕也,"己所不欲,勿施于人",其道大矣。今则第为文人,论古必先设身,以是为文德之恕而已尔。(《文史通义·文德》)

章学诚认为"不知古人之世,不可妄论古人文辞也"。其所谓"世",联系其所举之例,大概是指作者所处的时局与世事,又说"不知古人之身处,亦不可以遽论其文也。身之所处,固有荣辱隐显,屈伸忧乐之不齐",显然他又把古人之身处,也即"荣辱隐显,屈伸忧乐之不齐",看作"人"。因此,要了解古人之文辞,须结合其人其世。"知人""论世"实际已被合为知古人文辞之法,知人论世是为了知言。

循此思路者,又容易将"以意逆志"与"知人论世"结合起来,认为"知人论世"可用以弥补"以意逆志"法(赵岐解释意义上的)带来的主观臆断之病。如顾镇说:

> 《书》曰:"诗言志,歌永言。"而孟子之诏咸丘蒙曰:"以意逆志,是为得之。"后儒因谓吟哦上下,便使人有得。又谓少间推来推去,自然推出那道理。此论读书穷理之义则可耳。诗则当知其事实,而后志可见,志见而后得失可判也。说者又引子贡之"知来"、子夏之"起予",以为圣门之可与言诗者如是。而后世必求其人、凿其事,此正孟子所谓"固哉高叟"者,而非圣贤相与言诗之法

也。……然所谓"逆志"者何？他日谓万章曰："颂其诗，读其书，不知其人，可乎？是以论其世也。"正惟有世可论，有人可求，故吾之意有所措，而彼之志可通。今不问世为何世，人为何人，徒吟哦上下、去来推来，则其所逆者乃在文辞而非志也。此正孟子所谓"害志"者，乌呼逆之而又乌呼得之？……夫不论其世，欲知其人，不得也。不知其人，欲逆其志，亦不得也。孟子若预忧后世将秕糠一切，而自以察其言也。特著其说以防止。故必论其世知人，而后逆志之说可用也。(《虞东学诗·以意逆志说》)

顾镇围绕着"解诗"的问题，将"以意逆志"和"知人论世"两个命题联系起来。他首先讥刺那些"以意逆志"的解诗者往往"吟哦上下""推来推去"，其实就是有主观臆断之病。接着他指出解诗"当知其事实，而后志可见，志见而后得失可判也"。由"得失可判"可知他所说的诗志，是有待进行价值评定的客观对象，而不具有孟子原命题中的"志"所预设的价值意义。他又引入"知人""论世"，说"正惟有世可论，有人可求，故吾之意有所措，而彼之志可通"，又说"夫不论其世，欲知其人，不得也。不知其人，欲逆其志，亦不得也"，又说"故必论其世知人，而后逆志之说可用也"。这些话的意思，就是把"人"（作者）、"世"（作者之世）视作解读诗志所须具备的"事实"，通过这些事实来逆得诗志。"知人论世"在这个思路下得以合用，被视作一种知言之法。

王国维《观堂集林》也将"知人论世"和"以意逆志"结合起来解诗，其解释和顾镇大同小异。

善哉，孟子之言诗也！曰："说诗者不以文害辞，不以辞害志，以意逆志，是为得之。"顾意逆在我，志在古人，果何修而能使我之所意不失古人之志乎？此其术孟子亦言之曰："诵其诗，读其书，不知其人，可乎？是以论其世也。"是故由其世以知其人，由其人以逆其志，则古诗虽有不能解者寡矣。

这一派的观点，成为"知人论世"之说最主流的看法，得到文学批评乃至语用学修辞学的广泛认可。如方铭（2012：325）认为："一个作品的创作，渗透作者的个性，以及形成此个性的时代氛围，所以，正确地掌握一个作品，必须联系作者的生平境遇、时代环境。'知人论世'与'以意逆志'是评论文学作品时相辅相成、统一的一个原则。"尚永亮、王蕾（2004）指出："'知人'的核心在于了解作者的心理和人格，即他的思想情感、性格气质、理想追求和艺术修养等有关因素；'论世'的核心在于了解促成人格建构的客观原因，即时代、社会、思潮、风尚等及其给予作者的影响……依此法则循序渐进，顺藤摸瓜，是可以获致对'作者'之'志'的较准确的把握。"陈宗明（1997：18）认为"'知人论世'就是了解说话人的情况，分析其所处的时代"，属于"知言的语用方法"，陈光磊（1998：41—42）、丁秀菊（2007）也发表了类似观点，把它看作一种话语或修辞的理解方法。

3. 尚友论

这种观点把颂诗读书、知人论世看作尚友的方法，从修身立德的伦理角度来理解这段话，以下是几种代表性观点：

（1）（南宋）张栻：

> 善士虽有小大之不同，皆志于善道者也。一乡之善士，斯友一乡之善士；非惟取友固然，而其合志同方，自相求也。所见者愈大，则所友者愈广矣。……友天下之善士为未足，又尚论古之人焉——其求道之心，盖无穷也。自友一乡之善士，至于尚论古之人，每进而愈上也。夫世有先后，理无古今，古人远矣，而言行见于诗书，颂其诗，读其书，而不知其人，则何益乎？颂诗读书，必将尚论其世，而后古人之心，可得而明也。（《孟子说》）

张栻认为古之人都是善士中之上者，与古人相交是为了求道。颂诗读书，论其世，都是为了得古人之心，因而是把"颂诗读书"和"论世"看作"尚友"之法。

（2）（明）冯从吾：

> 尚论古之人不是一乡一国天下之外另有个古之人，只是一乡一国天下善士已往者都是。……都要去尚论一番，便是与他为友一番。故曰尚友诵诗读书，知人论世。又不是到友天下之善士后才去诵诗读书、知人论世。自古未有这等解友字者，解之自孟始。末节又尚论古

之人一句已说尽了。即当直接是尚友也。又说诵诗读书，若曰尔平日已是诵其诗、读其书，只是当个诗书诵读了，不曾知其人论其世。……且说知人又说论世者何也。夫人之受诬多因所处时势不同。不得不冒有过之迹。后人论人又多执今日之时势议论古人。如何能识得人。须是要论世在当日事势如何。在今日时势又如何。必设身以处其地。然后能得古人之心。而相谅于形迹之外。(《少墟集》卷3《读孟子下》)

冯从吾认为"古之人"为"天下善士已往者"，"尚论古之人""即当直接是尚友也"。这已经不再将古人看作品行高下有待评定的对象，而是想要学习的交友对象，"古之人"也因此具有了价值含义。冯又认为诵其诗、读其书而不曾知其人论其世是不对的，而"论其世"又是为了了解古人之时势，体谅古人受诬的原因，最后懂得古人之心。可见他认为诵诗读书和论世都是为了懂得古人之心，与古人交友。

(3) (明) 郝敬：

惟好善之心，无远近新故。由乡国天下，推至上古。心苟虚受，百世如在。少自满足，虽巷有君子，旦暮遇之，而交臂失之。……友者，亲爱之名，同道曰友，因心曰友，友善即是好善。……生同世，则声应气求；生不同世，则心一道同。诗书所载，芳规懿行，皆可以精神冥接，合天下古今之善，通为一心。谓之千古之善士可也。……尚论古人，不越载籍，而诗书为要。其言语性情，征于诗；其行事功业，着于书。……书诗非古人，而因诗书可见古人。……论世知人，即诗书所言，神游古人之地，较量体验，如亲承謦欬，冥识其丰采，而洞悉其底里者。(《孟子说解》卷十)

郝敬亦同样把古人看作"千古善士"，而认为这段话的意思是通过阅读诗书、"论世知人""神游古人之地"，与古人相交。

4. 辨析

我们认为这三家观点之所以从同一段文辞中得出完全不同的答案，关键在于对"古之人"和"知其人"这两个概念的理解差异。对"古之人"具体所指的不同造成了(1)(2)和(3)的分歧，而将"知人"解释成

"了解他人的品德情况"又导致了"尚友"的伦理命题和"知人"的认识命题之间难以得到很好的统一。因此,能否对"古之人"和"知人"两词做出较好的解释,是获取孟子这段话本义的关键。

(1) 古之人

知人论认为"颂诗读书"和"论世"都是评定古人道德高下的方法,并将古代的一切人纳入"古之人"的所指范围内。但孟子所谓的"古之人"的所指是否如此宽泛?从《孟子》中使用"古之人"的情况可以看出,"古之人"是有限定的。

古之人与民偕乐,故能乐也。(《梁惠王上》)
古之人所以大过人者无他焉,善推其所为而已矣。(《梁惠王上》)
古之人未尝不欲仕也,又恶不由其道。(《滕文公下》)
古之人,修其天爵而人爵从之。(《告子上》)
古之人,得志,泽加于民;不得志,修身见于世。(《告子下》)
"何以谓之狂也?"曰:"其志嘐嘐然,曰:'古之人,古之人',夷考其行而不掩焉者也。"(《尽心下》)
……

这些话中的"古之人"指的都是古圣先贤,具有特定的价值含义。而本章中孟子将"古之人"与"善士"并提,更不难确定他所说的"古之人"并非泛指一切古人,而是特指那些古代君子。因此孟子说"尚论古之人",其意也不在议论古人品行的好坏,而应是研讨古圣先贤的美德如何在复杂行迹中体现,以此帮助自己修身养性,指导自身的现实生活。

(2) 知其人

在明白了"古之人"的含义后,我们再把这段话中的"其"都替换成"古人"(为了简洁,去掉"之"),原文可重新表述为:"颂古人之诗,读古人之书,不知古人之人,可乎?是以论古人之世也。是尚友也。"我们认为它表达了两层意思,一是颂诗读书不可以不了解"古人之人",也就是颂诗读书的目的是解"古人之人";二是仅仅颂诗读书不足以了解"古人之人",还要通过"论古人之世"以弥补颂诗读书可能的不足。将"颂诗读书"和"论其世"相结合就是"知古人之人"的方法。

说到此处，我们和赵岐、朱熹的观点是一致的，而与"知言论"的看法不同。但我们对"知古人之人"的解释，就既不同于赵岐的"知古人之高下"或朱熹的"知古人之为人之实"，也不同于章学诚的"古人之身处"。因为这些解释没做到字字安顿，同时也取消了"古之人"应有的价值肯定的意味。

在我们看来，这里的"知其人"的"人"更宜看作"仁"的假借字，"知古人之人"应为"知古人之仁"。整句的释意应为："阅读古人的《诗》《书》，却不能从中了解古人的仁德，这行吗？所以要讨论古人的时世。"前人极可能因为这个假借的问题，导致了对整段文字的解释偏差。

这样解释有两个理由。首先在翻译上可以做到字字安顿，且不失训诂学上的理据。"人""仁"混用乃是先秦古文中常见的现象，陈善《扪虱新语》说："古人多假借用字。《论语》中如'孝弟也者，其为仁之本与'，又曰'观过，斯知仁矣'，又曰'井有仁焉'，窃谓此'仁'字皆当作'人'。"王肇晋《论语经正录》："孝弟为行仁之本，义固正大。观'井有人焉'，'人'借作'仁'，则此章'仁'字似亦'人'之借字。如作'人'字解，与章首'其为人也'句相应，义甚直截。"可见，后世学者早已认识到"人""仁"相混的情况。再如《论语》中：

> 问管仲。曰："人也。夺伯氏骈邑三百，饭疏食，没齿无怨言。"（《宪问》）

该句"人也"当为"仁也"，是孔子对管仲人品的评价。因此，将"人"解为"仁"，是有训诂学的理据的。

第二个理由在于，这种解释不会取消"古之人"的价值含义。通过"颂诗读书"和"论其世"来学习体会古人的仁德，了解古人的仁心，就不会使"知人"所具有的评价他人品德高下的认识意义和"尚友"命题的伦理意义产生冲突。

通过对"古之人"所指范围的限定以及对"知其人"的重新解释，我们就可以在基本认可观点3所说的尚友命题的基础上再进一步：孟子要讨论的真正主题是"知古人之仁"，也就是"友其德"。"知其人"不是方法而是目的，而"颂诗读书"和"论世"则是"知其仁"或"友其德"的方法。因此将"知人论世"合用作为一种话语理解的方法，更宜视作后代学者的创造性解读。

（二）"论世"之义

在"友其德"的方法中，"颂诗读书"无须多说，也即对经典进行理解。而如何"论世"，则仍然是个需要探讨的问题。根据杨伯峻的统计，"世"在《孟子》中出现了36次，主要意思有三：一作名词"时代"，二作指名词"三十年"，三是动词，表示代代相传（杨伯峻，1960：363）。孟子所说的"论其世"，应接近于名词"时代"。但我们认为这个解释过于坐实，"世"应和"时"一样，两者都表示一种"时间性"。"时间性"不同于时间，而是指"意义承担者"所面临的各种条件的总和（李清良，2001：163）。吴淇《六朝选诗定论缘起》认为："世字见于文有二义：从言之，曰世运，积时而成古；横言之，曰世界，积人而成天下。"显然他把一切时空环境都看成"世"。因此，我们认为孟子所说的"世"和孔子所说的"时"在意义上是相通的，都表示语境或者行为发生时的各种条件，因此"论世"也就是要考虑古人道德实践时的具体环境，如在涉及言语行为的理解时，要考虑与他人的伦理角色关系、交际对象特点、交际的主题等语境因素。

孟子的"论世"观，和孔子的去"蔽"也是相通的。了解表达者说话之"世"，也就是不为自己的生活经验所遮蔽，以自己有限的知识和见解武断地臆测表达者的用意，而是能够设身处地从对方表达时的语境来理解其言语行为。孟子之所以批评高叟解诗之"固"，就是因为他不懂得分析《小弁》作者作诗时的具体处境，以自己狭隘的经验武断地判定其为小人之诗。因此，说"论世"也就意味着要去"蔽"。

三 "以意逆志"和"论世"作为理解方法的结合及其适用范围

虽然孟子讨论的主题是"友其德"，其言论中却也蕴含着他的颂诗读书之方法——如果通过"颂诗读书"和"论其世"能够"知古人之仁"，那么通过"论其世"和"知古人之仁"，也就可以正确地理解古人留下的诗书。问题是如何"知古人之仁"？这就需要用到"以意逆志"的方法。孟子认为"万物皆备于我"，通过反求诸己，就能明乎儒家义理，而这种义理是古今相通、亘古不变的。因此通过"以意逆志"，就能了解"古人之仁"，再结合"论世"之法，则圣贤的诗书就都可以得到合理的解释。

而将"以意逆志"和"论世"结合,不仅可理解圣贤的诗书,更可以理解圣人的一切言语行为,乃至非言语行为。稍后我们将以孟子解诗、解书和解圣贤其他言行的实践,来证明这两种方法结合的有效性。

不过问题在于,这两种方法的结合是否也可以用于解释常人之言,从而变成一种一般性的话语理解方法?从这两个命题的发展历史来看,两种方法的适用范围是不断扩大的。如对"以意逆志",《孟子注疏》中赵岐认为此命题"不但施于说诗",朱熹《朱子语类》(卷一百十七)则将其看作读书之法,黄宗羲《明儒学案》(卷六十二)则认为"大抵读古人书,全在以意逆志"。今人张伯伟(2002:20)则认为:

> 自从孟子提出"以意逆志"为说诗的方法之后,在中国文学批评史上产生了巨大的影响,"以意逆志"遂成为一种运用范围最广、运用时间最久的文学批评方法,从而对中国文学的发展也起了极大的作用。……意义并不局限于文学,实可旁通于艺术,更可上推至文化。

他认为"以意逆志"的方法适用于文化,实已将其适用范围扩展到极致。"论世"的情况也类似,如陈宗明(1997:127—128)就从语用学的角度,将"以意逆志"和"知人论世"看作两条理解的语境原则,将这一方法扩展到一般的话语理解问题上。

但是,这种范围的扩展多少是以原命题意义的失真为代价的。我们更加关心的是,在充分尊重原意的前提下,孟子的命题是否还具有理解的普遍适用性?孟子本人是否将这两种方法用于一般的言(行)理解问题?为此我们将通过孟子理解的实践,来证明这两个方法的普遍有效性。

(一)解圣贤之言(行)

1. 解《诗》

> (1)万章问曰:"《诗》云,'娶妻如之何?必告父母'。信斯言也,宜莫如舜。舜之不告而娶,何也?"孟子曰:"告则不得娶。男女居室,人之大伦也。如告,则废人之大伦,以怼父母,是以不告也。"

"娶妻如之何?必告父母"出自《诗经·国风·南山》,《毛诗正义》

中郑玄笺云："取妻之礼，议于生者，卜于死者，此之谓告。"可见，这是当时一条婚嫁之礼。万章认为舜既为"人伦之至"，必然信守《诗经》所说的这一礼节，但他却不告而娶，因此怀疑舜是否违反了孝德。孟子马上为舜进行了辩护，辩护内容依朱熹的解释："舜父顽母嚚，常欲害舜。告则不听其娶，是废人之大伦，以雠怨于父母也。"(《四书章句集注》)这就是舜当时所处之"世"。孟子了解舜不告而娶这种行为的具体处境，也即"世"，以"男女居室，人之大伦"这一儒家义理逆舜之志，使其行为得到了合理解释，同时也纠正了万章"以辞害志"的读诗法，否定了"娶妻如之何？必告父母"这句话反映的道德的绝对性。

(2) 公孙丑问曰："高子曰：'《小弁》，小人之诗也。'"孟子曰："何以言之？"曰："怨。"曰："固哉，高叟之为诗也！有人于此，越人关弓而射之，则己谈笑而道之；无他，疏之也。其兄关弓而射之，则己垂涕泣而道之；无他，戚之也。《小弁》亲亲也。亲亲仁也。固矣夫，高叟之为诗也！"曰："《凯风》何以不怨？"曰："《凯风》亲之过小者也；《小弁》亲之过大者也。亲之过大而不怨，是疏也；亲之过小而怨，是不可矶也。愈疏，不孝也；不可矶，亦不孝也。孔子曰：'舜其至孝矣，五十而慕。'"(《告子下》)

《小弁》为《诗经·小雅》中的一篇，《毛诗正义·毛诗序》称："《小弁》，刺幽王也。太子之傅作焉。"孔颖达疏："太子，为宜咎也。幽王信褒姒之谗，放逐宜咎。其傅亲训太子，知其无罪，闵其见逐，故作此诗以刺王。"《诗三家义集疏》(卷十七)认为："《小弁》，小雅之篇，伯奇之诗也。伯奇仁人，而父虐之，故作《小弁》之诗。"解说虽不同，但大意讲的都是贵族家庭因父亲失德而导致父子矛盾。公孙丑转述高子对此诗的看法——子不应怨父，故该诗为小人之诗。孟子则批评高子如此解诗过于"固"，也即偏执一辞，不通诗旨。孟子认为这首诗的主人公之所以怨，是其父犯了大错（他借人兄拉弓射己作喻，也就是分析主人公说话之"世"），故而伤心，这种情感正是主人公亲亲之仁的表现。

《凯风》是《诗经·邶风》中的一篇。《毛诗正义·毛诗序》曰："《凯风》，美孝子也，卫之淫风流行，虽有七子之母，犹不能安其室，故美七子能尽其孝道，以慰其母心，而成其志尔。"孔颖达疏曰："作《凯风》诗者,美孝子也。当时卫之淫风流行,虽有七子之母,犹不能安其夫室,而欲去嫁,故美七子能自尽其孝顺之道,以安慰其母之心,作此诗而成其孝子自责之志也。"公孙丑看到《凯风》与《小弁》同为至亲失德,《小弁》的主人公怨而《凯风》中的儿子却不怨,对此感到疑惑。孟子解释说这是因《凯风》中的母亲所犯的过错较小(也就是主人公说话之"世"),故孝子不应怨刺。亲之过大而不怨,是亲情的疏离,亲之过小而怨,则是受不了刺激,不够宽容。

在孟子看来,《凯风》和《小弁》的主人公面对的是不同的语境(世),所发之论(言)有异,但都符合儒家的义理(志)。《诗经》的作者之言表现出来的"志"都合乎君子之道,也就是孔子所谓的"思无邪",而解诗之人也应本乎儒家义理去逆测——"以意逆志"。至于不同诗文辞表面的矛盾,只要结合诗人之"世",也就是结合诗人作诗时的具体语境来分析,就能得到合理的解释,否则就是诗本身的文辞不可信,不能"以辞害志"。

2. 解《书》

> 孟子曰:"尽信书,则不如无书。吾于《武成》,取二三策而已矣。仁人无敌于天下。以至仁伐至不仁,而何其血之流杵也?"

这是孟子以《尚书·武成》篇所说的"血流漂杵"之说为例,以说明《尚书》之言不能全信。关于《武成》的主要内容,《尚书正义·武成序》说:"武王伐殷,往伐归兽,识其政世,作《武成》。"孔颖达疏曰:"武王伐殷也,往则陈兵伐纣,归放牛马为兽,记识殷家美政善事而行用之。史叙其事,作《武成》。"意即记述的乃是武王伐纣后在宗庙百官前陈述战事成就的情况。"血流漂杵"一词出现的上下文是"罔有敌于我师,前徒倒戈,攻于后以北,血流漂杵。一戎衣,天下大定"。孔安国传曰:"血流漂舂杵。甚之言。"可见是以夸张的语言描述伐殷时战事的惨烈以及义师的所向披靡之勇。

但孟子却认为《武成》的陈述失实,并不是因为其夸张手法,而是对其反映的惨烈战事表示怀疑。在他看来,武王作为在君位的圣人(伦理角色,所处之"世"),以"仁者无敌"(儒家义理)逆测其征伐之事,绝不至于要牺牲众多百姓的生命。所以他不信《尚书》"血流漂杵"这句话描述的事实。因如《武成》之辞为实,则必然有悖于孟子理想中的汤武之道,是"以辞害志"的做法。这正如张载(《张子语录·语录下》)所说:"'《武成》取二三策',言有取则是有不取了。孟子只谓是知武王,故不信漂杵之说。知德斯知言,故言使不动。"

3. 解圣贤其他言(行)

(1)禹、稷当平世,三过其门而不入,孔子贤之。颜子当乱世,居于陋巷,一箪食,一瓢饮,人不堪其忧,颜子不改其乐,孔子贤之。孟子曰:"禹、稷、颜回同道。禹思天下有溺者,由己溺之也;稷思天下有饥者,由己饥之也。是以如是其急也。禹、稷、颜子易地则皆然。"(《离娄下》)

禹、稷汲汲为众,颜回陋居独乐,面对表面上截然相反的行为,如不能结合他们所处的具体身世,必然要做出其中两人行为有高下之分的结论。但孟子仍肯定他们属于同道,原因就在于他们所处治乱世情不同。在儒家义理中,强调"天下有道则见,无道则隐""穷则独善其身,达则兼济天下"的"时中"之理,以此义理"逆"禹、稷和颜回在各自之处境(世)中的作为,则自然"若合符节"也。

(2)曾子居武城,有越寇。或曰:"寇至,盍去诸?"曰:"无寓人于我室,毁伤其薪木。"寇退,则曰:"修我墙屋,我将反。"寇退,曾子反。左右曰:"待先生如此其忠且敬也,寇至则先去以为民望,寇退则反,殆于不可。"沈犹行曰:"是非汝所知也。昔沈犹有负刍之祸,从先生者七十人,未有与焉。"子思居于卫,有齐寇。或曰:"寇至,盍去诸?"子思曰:"如汲去,君谁与守?"孟子曰:"曾子、子思同道。曾子师也,父兄也;子思臣也,微也。曾子、子思易地则皆然。"(《离娄下》)

同为遭遇盗寇,曾子安然先撤,子思坚守抗敌,两人说话、做事表面上皆反。但孟子肯定他们同道,因为两人身处之位或者伦理角色(世)不同。曾子为人师,处尊位;子思臣,处卑位。因此各自的作为,从儒家"君子素其位而行"(《中庸》)的义理来揆度,也是毫无差错的。

再如，孟子将尧、舜、周公、武王、孔子都看作圣人，但几人的言行表现却不同，尧舜治理天灾，周公辅佐武王除暴，孔子以《春秋》"正名"，这种言行上的差异，也必须结合君子"平天下"的共同义理与各自所处之"世"，才能得到解释。

总之，要对圣贤不同的言行有正确的认识，不仅须"以意逆志"，对普遍人性或儒家义理有正确的体认，也要了解圣人言行发生时所处的具体情境（世），这样才能真正理解圣人的所言所行，实现与圣贤的心灵相通。"以意逆志"、圣贤话语、"论世"之间的关系，可用朱熹说的一段话来形容：

> 虽然头面不同，然又只是一个道理。如水相似，遇圆处圆，方处方，小处小，大处大，然亦只是一个水耳。（《朱子语类》卷一百二十）

圆、方、小、大，这种水的不同头面，都仿佛同一颗圣人之心随世不同而产生出的不同话语，水的本性未改，就像圣人之心不变一样。因此假圣人之心，虑圣人之世，则圣人之言无不可解。

（二）解常人之言（行）

如果说"以意逆志"和"论世"只适合用来理解圣人、君子的话语，那还不能说是一个语用理解命题，因为缺乏普遍性。但事实上，孟子也把这两种方法用在普通人的交往行为上。为了方便分析，我们把普通人际交往分为常规交往行为和交往行为冲突两种情况。常规交往是指交际者的行为表现合乎礼制或者伦理规范，交往冲突是指交际双方的某一方出现了行为失范而导致了交往冲突。在这两种情况中，"以意逆志"和"论世"都是孟子坚持的理解方法。

1. 常规交往行为

孟子用"以意逆志"和"论世"解释常规交往，他与万章的如下对话便是有力证据：

> 万章曰："敢问交际何心也？"孟子曰："恭也。"曰："却之却之为不恭，何哉？"曰："尊者赐之，曰：'其所取之者，义乎不义乎？'而后受之，以是为不恭，故弗却也。"（《万章下》）

在孟子看来，面对交际对象赐物这一交际行为，考虑对方的社会伦理角色（论世）——尊者，不难判断这是合乎礼制的常规行为，此时应本着恭敬之心理解对方，而不能怀疑对方所赐之物是否取之有道，这个理解过程反映的正是"以意逆志"和"论世"的结合。

另外，孟子对象、舜兄弟交往以及子产与校人对话的解说，也能看出他对这两种方法的运用。

> 万章曰："父母使舜完廪，捐阶，瞽瞍焚廪。使浚井，从而掩之。象曰：'谟盖都君咸我绩。牛羊父母，仓廪父母，干戈朕，琴朕，弤朕，二嫂使治朕栖。'象往入舜宫，舜在床琴。象曰：'郁陶思君尔。'忸怩。舜曰：'唯兹臣庶，汝其于予治。'不识舜不知象之将杀己与？"曰："奚而不知也？象忧亦忧，象喜亦喜。"曰："然则舜伪喜者与？"曰："否。昔者有馈生鱼于郑子产，子产使校人畜之池。校人烹之，反命曰：'始舍之圉圉焉，少则洋洋焉，攸然而逝。'子产曰：'得其所哉！得其所哉！'校人出，曰：'孰谓子产智？予既烹而食之，'曰：'得其所哉！得其所哉！'故君子可欺以其方，难罔以非其道。彼以爱兄之道来，故诚信而喜之。奚伪焉？"（《万章上》）

这段话中孟子讨论的第一个例子是象和舜的交往。象是舜的弟弟，为人顽劣，"日以杀舜为事"，在设计谋害舜失败后再次遇到舜，象脸色尴尬地对舜说："我好想念你呀！"舜于是回答："我想念着这些臣下和百姓，你替我管理管理吧！"万章对舜回答象的话甚是疑惑，就问孟子，舜难道不知象要杀他？如果知道，那舜表现出来的快乐是伪装的吗？孟子解释说，舜当然知道象要害己，但因为象在事后说了表达对舜想念的话，再结合其伦理角色（世）——舜的弟弟，可以看出这是合乎"爱兄之道"的常规交际，因此舜以悌道逆之，表现出真诚的快乐，这才请他帮助自己管理臣下和百姓。可见在孟子看来，舜正是用"以意逆志"和"论世"之法理解象的话语。

孟子所举的子产与校人的对话也反映了同样的道理。尽管校人违背子产偷偷吃了他命令放生的鱼，但由于他回复子产时的话在当时的语境下符合常规，子产也对其无任何怀疑。孟子借此说了一句非常重要的反映其理解观的话："君子可欺以其方，难罔以非其道。"君子可以用合乎常规的办法欺骗，但很难被违背道德的手段蒙蔽。因为君子总是首先以合乎道义的方式去理解他人，所以他人如果表现出的言行合乎常规，就有可能欺骗君子，而只当他人言行不合乎道，才会被他觉察。这正体现了"以意逆志"和"论世"相结合的理解之道。而在这样的理解之道中，修身立德的目的似乎已经超越了了解他人真实意图的目的。

2. 交往行为冲突

"以意逆志"和"论世"不仅适用于常规交际行为，也适用于交际冲突的情况。孟子曾说：

> 爱人不亲，反其仁；治人不治，反其智；礼人不答，反其敬。（《离娄上》）
>
> 有人于此，其待我以横逆，则君子必自反也："我必不仁也，必无礼也，此物奚宜至哉？"其自反而仁矣，自反而有礼矣。其横逆由是也，君子必自反也："我必不忠。"自反而忠矣。其横逆由是也，君子曰："此亦妄人也已矣。如此则与禽兽奚择哉？于禽兽又何难焉！"（《离娄下》）①

一旦在交际中出现对方不理睬自己、不尊重自己、蛮横粗暴等不合礼制的非常规交际行为，从而产生了冲突，君子首先要做的是"自反"，也即自省，反思自己的言行是否有悖于仁义礼智，也就是说，要先假定自己是小人，对方是君子。对方这样做，很可能是"仁者能恶人"（以意逆志），其交际行为是因应小人（论世）时的反应。

如果自我反省还不能解释交际冲突，那么唯一的答案就是对方是"妄人"，"自暴自弃"之人，而对方的这些违背常规的言行，也就是孟子所说的"邪说暴行"。"暴行"自不必说，就"邪说"的所指来看，应是孟子所谓的"诐辞""淫辞""邪辞""遁辞"。这些偏蔽之辞，一如杨朱、墨子之言，"生于其心，害于其政，发于其政，害于其事"（《公孙丑上》），究其根源，乃是"陷溺于心"。而之所以会陷溺其心，则依然要

---

① 孟子的这一思想和曾子有莫大的关系。据《荀子·法行》记载：曾子曰："同游而不见爱者，吾必不仁也；交而不见敬者，吾必不长也；临财而不见信者，吾必不信也。三者在身曷怨人！怨人者穷，怨天者无识。失之己而反诸人，岂不亦迂哉！"两段文字大意相似。

从主体所处之世上去寻找原因。这正如孟子解释同样的大麦种子为何会有不同的生长表现一样："今夫麰麦，播种而耰之，其地同，树之时又同，浡然而生，至于日至之时，皆熟矣。虽有不同，则地有肥硗，雨露之养，人事之不齐也。"（《告子上》）"地有肥硗，雨露之养，人事之不齐"便是造成麦子生长表现不同所处的环境原因（世），因此违背常规的语用表现依然可以从"以意逆志"和"论世"两个方面结合得到解释。

通过以上分析，我们不难确定，孟子的"以意逆志"和"论世"，不仅是一种理解圣贤之言的方法，而且是用来作为普通人的话语乃至非言语行为的理解之道。他的理解方法首先建立在心性论的基础上，体现了大丈夫人格在话语理解行为方面的修养要求，强调知人先知己，反求诸己，以儒家义理的先验立场理解他人话语；其次是注意言语行为和语境的相互关系，主张结合他人言语行为发生时所处的各种客观条件来理解并评价他人言语行为的伦理价值。两相结合，构成了孟子关于理解问题的完整理论体系。

第三节　孟子语用思想小结

第五、六两章对孟子的语用思想进行了较为系统的梳理。第五章在对孟子效法孔子的人生轨迹，以及孟子语用思想产生的背景作了说明之后，概述了孟子主体观的三个方面：心性论、养气论以及"大丈夫"的理想人格。简言之，孟子主体观的一个重要贡献，是致力于心性论的构建，演绎出一个"天"—"心"—"性"的价值理论体系，将孔子未曾详言的人性问题做了澄清。孟子基本保留和继承了孔子"君子"这一理想人格，同时又提出了"气"这一道德概念，指出其特征为至大至刚、难以言诠，须依靠正直的培养积累而成。这一概念的提出强化了君子人格中刚强勇毅的一面，从而树立了"大丈夫"的人格范式。孟子对语言实现道德功能的看法，对孔子既有继承也有发展。如他同样强调语言使用对成就"信""礼"的作用。对于"信"，孟子同样强调说话真实、言行合一，但也要看是否符合"义"；对于"礼"，孟子和孔子一样强调外在规范和内在品质的统一性，但由于孟子明确持有心性论的观念，并格外强调人格的平等，因此不像孔子那样会在语言使用中较多考虑交际对象所处的权势地位，而认为应该主要按照道德水平的高下来选择礼的等级。他还将"礼"

的本质和助人成善联系起来，认为能够唤醒人的良知并满足人的道德要求的行为，包括言语行为都是符合"礼"的，所以是"成善为礼"。孟子还给"信""礼"这些道德以终极依据，认为他们都是人的天性，是天命赋予的。此外，孟子虽然没有直接论述"气"与"言"的关系，但他主张通过道义的积集就能形成浩然之气，行为不符合良心的要求就会气馁，这暗含着语言的使用也需要凝聚浩然之气。这一未曾充分展开的"言气"命题在后世的语用思想中得到了发展。

第六章讨论的是孟子关于在语用表达和理解中实践道德的方法论问题。孟子对孔子的语言表达和理解方法既有忠实的继承，但也有自己独特的贡献，本章主要谈了两个方面：

一是孟子继承发展孔子的"行仁之方"。提出了"强恕而行"，也就是类推作为道德实践的方法。不过对于类推，孟子比孔子具有更强的理论意识，已经注意到各种事物都有类，分类有一定的标准且应以事物的本质特征作为标准，类推也当以一定的类性作为基础，等等。孟子的类推方法表现在语言使用上，同样可以概括为"征圣宗经"和比喻两个主要的方面，其中"征圣宗经"一样可以分为"述而不作"和"断章取义"两种不同的形式。除了这两个方面，孟子还较多地采用了"寓言式说理"的方法，这一方面是他更自觉地采用类推法的结果，另一方面也是百家争鸣的时势使然。无论是"征圣宗经"、比喻还是寓言说理，都服务于孟子的道德劝说目的和推行王道的理想。类推表现在理解上，则是"以意逆志"说的提出。由于孟子具有更加清晰的类意识，懂得区分人类的本质特点和非本质特点，所以明确将人的类性确定为儒家的义理体系，也就是能够通过良心的内省获得的仁义礼智之性。孟子要求接受者以这一义理体系作为根据，去理解、评价他人的一切话语和其他非言语行为。"以意逆志"继承了孔子的"类推""求诸己"等理解方法，但由于孟子把这两种方法背后的理论依据比较清楚地阐释出来，并用一个术语将两种方法合二为一，使得"以意逆志"之法拥有了不可取代的价值。

二是孟子继承发展了孔子"时"的方法。在表达方面，孟子也强调结合具体的"时"或语境条件，如伦理角色关系、对象特点等实现相应的言语行为道德。孟子的新贡献还在于进一步明确了"权"的概念。"权"是指当遇到伦理价值冲突的情境时，能够衡量轻重，做出正确选择。这一概念可以解释语言表达过程中，为何"述而不作"和"断章取义"两种表面上冲突的语用手段会同时出现在"征圣宗经"中。其原因是言语信实固然是重要的道德,但如它和更高的道德价值(导人向善)发生冲突,就可以临时采用"断章取义"的手法以作出变通。在理解方面,孟子提出了"论世"观(本书认为,前人将"知人""论世"合为孟子的理解方法,属于对原文的创造性解读,并非孟子原意),这同样是对孔子"时"或"解蔽"思想的继承。孟子主张结合表达者的具体语境来理解其话语和其他行为,也即要求理解者不为一己之见所遮蔽,而应设身处地考虑对方所处之世来理解对方,这样才能准确地理解和评价对方在实施某一特定言语行为时的真正用意。孟子对理解行为的看法同样带有强烈的道德修养目的。

除了以上两个方面,本章还认为孟子的"成善为礼"是对孔子"克己复礼"的发展,在语言表达上则相应地体现为将"正名"的方法转换成"正人心"的方法,在语言理解上,因为孟子的"以意逆志"已经包含了孔子所说的"求诸己"之意,因此也可以说同样继承了孔子"克己复礼"的精神。

第七章

结　　语

第一节　孔孟语用思想回顾——兼与西方语用学比较

在绪论中，我们提出本书的研究目的是以西方语用学的基本问题为参照，向孔孟问"语用之道"，梳理、阐发、重构其语用思想，在尽量还原其本真精神的前提下对其进行现代学术话语的转换。为达到研究目的，本书设定了以下几个问题：

1. 孔孟如何看待作为语用主体的"人"？这是讨论语用问题的根本前提。

2. 如何看待人言、德言关系及言的性质、功能？其核心问题是语言使用对道德生成的作用。换言之即语用的道德功能。

3. 如何在话语表达中结合语境履行道德，生成意义？主要讨论表达方法。

4. 如何在话语理解中结合语境体现道德，生成意义？主要讨论理解方法。

5. 孔孟语用思想和西方语用学的主要理论，相比有哪些相通之处和独特性？这属于中西方语用思想对话和比较的部分。

本书的第三到六章主要是对前4个问题的回答。而对第5个问题，我们将在对前4个问题的回顾与总结的同时进行讨论。我们主要以西方经典语用学，也就是英美学派的语用学理论作为主要的比较对象。

一　语用主体

(一) 孔孟的主体观

语用学作为研究符号和使用者之间关系的学科，如果对人自身的性质没有基本的假设，那么这个学科的研究也是难以开展的。我们已经在绪论中说到，儒家是一种伦理本位的学说。它认为宇宙自身即蕴含着伦理价值，人作为宇宙的创造物，对道德进行主动追求和实现，已臻天人合一的境界，乃是与生俱来的根本使命。孔子说"不知命，无以为君子"（《论语·尧曰》），孟子所说"尽其道而死者，正命也"（《孟子·尽心上》）。此所谓"命"，也即作为道德价值来源的"天"的命令。《礼记·中庸》说"天命之谓性，率性之谓道"，又说"故诚者，天之道也。思诚者，人之道也"，讲的就是这样一种天人价值相连的关系。

孔子的主体观表现在他对"君子"人格的诠释和追求上。君子是"仁"（包括直、信、忠、智等内在伦理品质）与"礼"（外在社会伦理行为规范）的统一体，也就是"内圣外王"的人格典范。孟子的主体观，保留了孔子"君子"这一理想主体的基本特质。但他又提出了"气"这一道德概念，强化了君子人格中刚强勇毅的一面。从而树立了"大丈夫"的人格范型。孟子主体观的另一个重要贡献，是致力于心性论的构建，演绎出一个"天"—"心"—"性"的价值理论体系，将孔子未曾详言的人性问题做了澄清。

无论是孔子还是孟子，都强调人作为主体，其道德属性是最根本的。在这样一种伦理哲学下，人的一切社会行为都将以道德为目的，以道德作为最重要的衡量行为的标准。人一切行为的终极意义，也就被看作对天赋德性的培养和成就。由于对人之目的的道德规定，孔孟的意义观也就主要成为一种伦理价值观。而以意义为研究对象的语用学，当以孔孟思想作为视角时，就必然建立在这样的一种主体观基础上。

（二）语用主体比较

如第一章所说，西方语用学建立在对理性主体的假设上。理性大致可分为工具理性和价值理性。工具理性主要关心实现目标过程的合理性，讲究过程的经济高效或利益的最大化，而不考虑目标以及手段方法本身的道德恰当性。工具理性反映了人们认识客观世界、从事科学研究、经济活动等领域所需的理性思维能力。价值理性则要考虑行为本身是否符合道德的或审美的价值和目标的合理恰当，而不关心功效问题，代表的是人们在人文艺术和宗教道德方面的理性思维能力。

按照这种分类，孔孟对语用主体的理解显然具有重价值理性的特点。孔孟基于对"君子"或"大丈夫"人格理想的追求，在考虑语用表达或理解的问题时，时时处处不忘评估其价值意义。而在英美学派的语用学研究中，人的工具理性这一面得到突出的强调。在语言交际的过程中，语用主体被设想为信息（或者意向）的发送者和接受者，如何经济高效地传递信息或最有效地影响他人被视作语用学核心的研究课题。尽管格赖斯提出了具有道义色彩的合作原则，但这些原则的提出主要是为了解释主体何以能够经济高效的传递交际意图或者会话含义。①"合作"作为一种价值处在辅助性的（故合作又被称为"Principle of helpfulness"）、依附性的地位。格赖斯曾对人为何需要理性作出了如下解释："理性可能是（造物主）对生物体的生物学恩赐，他们的生物学需求复杂，生存环境多变……如果一个生物体的生存依赖于应对各种复杂多样的刺激的能力，那么为他们配备适量的巨大本能能量的工作将会变得越来越困难，代价不菲。理性方案的更替就应运而生，顺理成章。"（转引自姚晓东，2010）从他对理性的看法来看，他显然将其看作生物体满足各种生存需求的工具。因此，格赖斯语用学中反映的主体理性被多数学者理解为工具理性。（参见 A. Kasher, 1976：197-216；R. Warner, 2001；陈治安、马军军，2006；封宗信，2008；冯光武，2006）

而沿着格赖斯的合作原则理论发展而来的霍恩两原则、列文森三原则，关联理论，礼貌理论，同样渗透着工具理性的特点。各种原则的提出，无论是其标榜为认知原则或者价值原则，无不是作为信息传递或某种交际目的实现的方式而存在，而不是语言使用本身的目的。也因此，在西方语用学的视野内，这些原则、策略一般也不被视作语用意义的组成部分。②

二 言语功能（语用意义）

（一）孔孟的言语功能思想

确定了主体观，也就确定了意义的来源问题。在伦理本位的主体观

---

① 会话含义一提出，马上成为语用学的核心论题，而格赖斯提出的另一个相对的概念——非会话含义（non-conversational implicature）的性质至今仍然不明。姜望琪（2003：73，11）认为，非会话含义就是道义性准则，社会性准则。以此看法，这和我们所说的语言使用中的价值意义相近。

② 徐烈炯（1995：3—4）认为，无论是欧美的哲学家，还是语言学家，在讨论意义（meaning）时，一般都不考虑其"价值"含义。这种态度在西方语用学当中同样适用。

下，孔孟对言语功能，也就是语言使用意义的认识，就必然是道德化的。在"内圣外王"的人格理想中，语言都起到了重要的道德建构作用。一方面，孔孟都认为言语是个人道德面貌的体现，故"有德者必有言"，而人一旦在思想上偏离正道良心，也会在言语表现上有所反映，产生各种偏蔽之辞或者邪说；另一方面，语言在实现个人的社会使命，尤其是实现儒家的礼治、王道理想方面，起到了重大的辅助作用。就统治者而言，语言使用可用于安邦定国，"一言兴邦"，就一般士人君子而言，也能够借助语言完成政治伦理职责，"迩之事父，远之事君"（《论语·阳货》）。

除了充分肯定言语的道德功能，孔孟也重视言语本身的局限性。一方面，孔孟都有"法天而行"的思想，认为道德可以不依赖语言而实现；另一方面，语言本身具有欺骗性，仅凭一个人的言语表现往往不能判断其真实的道德面貌。此外，语言还具有社会破坏力，一旦被小人利用会"生于其心，害于其政；发于其政，害于其事"，甚至"一言丧邦"。在言人关系中，人是居于主导地位的，是道德的赋予者。而语言如果悖德，就失去了存在的价值。

孔孟还讨论了语言使用和具体德目的关系。如孔子讨论了语言使用与"仁"（包括"直""忠""信""智"诸德）及"礼"的关系，孟子讨论了语言使用对成就"信""礼"等德的作用，还提出了"气"这一道德概念，认为"知言"和"养气"都是形成"大丈夫"人格不可或缺的方面。孔孟所理解的言语功能，实际上就存在于这些伦理道德的实现过程中。

（二）言语功能比较

西方语用学基于科学立场，对言语功能的分析是冷静客观而全面的。如利奇（1987：455）曾在雅各布森对语言功能分类的基础上，提出了语言的五种交际功能，即：信息功能、表达功能、指示功能、酬应功能、美学功能。塞尔（1969）对言语行为的五大分类——断言、指令、承诺、表达、宣告，实际上也是对语言能够承担的行事功能的概括。这些对言语功能的划类，一言以蔽之，就是人类通过语言使用想要满足的各种生存和交际需要的总括，并不带有价值判断的色彩，对语言的各种功能的地位也并无轻重之别。而西方语用学在对这些功能实现过程的研究中，也只考虑语言手段的合理性，一般不过问语言功能本身的正当性与否，因而这些言语功能非常适于用工具理性进行研究。

相比之下，孔孟似乎没有对语言的功能做这种客观、全面的分析。基于其伦理哲学的旨趣，孔孟主要关心的是语言对"君子""大丈夫""内圣外王"的理想人格塑造有什么作用。由于"君子"或"大丈夫"本质上是一个伦理价值概念，因此语言的功能也就主要是不同伦理价值的体现。好的语言有利于个人的修身和"王道"的实现，坏的语言则使人沦为小人且危害国家社会。孔孟不是没有意识到语言功能的多样性，尤其是语言的认识功能。如孔子说读《诗》可以"多识于鸟兽草木之名"（《论语·阳货》），就是看到了语言中包含着客观世界的知识。但语言的认识功能是依附于伦理体系的，"择不处仁，焉得知"（《论语·里仁》），"知者利仁"（论语·里仁》），"士必慤而后求智能者焉"（《孔子家语·五仪解》）。这些说法都反映了知识对于伦理的依附性。而学《诗》更重要的还是在于其"迩之事父，远之事君"（《论语·阳货》）的伦理功能。

由于价值理性和工具理性两个视角的不同，西方语用学和孔孟语用学思想对言语功能甚至产生了对立的看法。一些在孔孟看来属于语言使用的目的、意义或功能的概念，在西方语用学，则变成了原则、准则或者策略等方法层面的概念。最典型的是关于礼貌和合作的理解。

格赖斯合作原则的提出主要是为了解决会话含义的传递问题。他认为，为了经济高效地传递会话含义，完成交际目的，人们一般都会遵守会话的合作原则及其准则。在这样的思路下，合作本身不是语言使用的目的，而只是完成各种交际目的的方法（见第二章）。Huang（2007：201）指出："合作原则及其伴随、附属准则实际上是用法准则，基于人类交际的理性本质，也是基于任何以目的为导向的人类活动的理性本质。换句话说，它是说话人和听话人为了高效快速地交际，一道（尽管是不言而喻的）认同的一般交际规约。"显然合作在此被当作实现交际目的的方法。合作原则中最基础的原则是质准则。量准则、关联准则，方式准则都要建立在质准则的基础上。而质准则，也就是说话要真实，和孔孟所说的"信"德颇为接近。但在孔孟的语用观中，"信"是一种在语言使用想要实现的道德目的，这就像孔子说的"修辞立其诚"（《周易·乾》），诚实的美德是语言使用本身想要确立的目的一样。因此，孔孟极可能认同合作是一个道德概念，但不会把它看成是语言使用的方法，而是语言使用要达到的目的。也就是说，在格赖斯看来是语言使用方法的东西，在孔孟看来就是语言使用的功能、目的、意义。

礼貌也是如此。西方语用学礼貌理论的提出是为了援救合作原则，与合作原则一样都是处于方法层面的概念。无论是面子保全理论，还是利奇的礼貌原则理论，礼貌都被视作是为了实现交际目的、维护人际关系和谐而采取的策略、手段（何自然，2009：95）。顾曰国（1990）曾这样批评面子保全理论：礼貌不仅仅是一种工具，也是一种规范或价值，因而面子保全理论的工具主义礼貌观是有偏颇的。但需要注意的是，如果不说明礼貌的人性基础，而将它理解为外加给人的东西，则最终难以避免将其看作一种实现其他目的的工具。顾曰国曾将荀子关于"礼"的思想看成汉语礼貌观的起源："人生而有欲，欲而不得，则不能无求；求而无度量分界，则不能无争；争则乱，乱则穷。先王恶其乱也，故制礼义以分之，以养人之欲，给人之求，使欲必不穷乎物，物必不屈于欲，两者相持而长，是礼之所起也。"（《荀子·王制》）荀子把"礼"看作先王制定出来以满足人的各种欲望的方法，这种理解显然也是工具理性化的。而顾曰国（2001）认为从满足欲望的角度来看，荀子的礼貌观和面子保全论是相似的。我们认为引用荀子关于"礼"的思想来解释汉语语用礼貌，恰恰掩盖了典型儒家思想关于"礼"的本质看法。在孔孟思想中，"礼"不是满足个人欲望或需求的工具，而本身就是人性的天然需求。孔子说"人而无仁，如礼何"，对人行礼，本身就是人的仁心所促动的。孟子更是认为"恭让之心人皆有之""仁义礼智，非由外铄我也，我固有之也"（《孟子·告子上》）。认为礼是人心固有之物。因此在孔孟看来，很可能礼貌与合作一样，都是人性的道德需求，是语言使用本身要达到的目的，而不是实现其他交际目的的策略、手段。为此，我们颇为赞同钱冠连（1997：7）的观点："利奇提出的那个最为中国硕士生青睐的论题——礼貌原则，着眼于自己和他人的利与害，得与失，让对方受益，自己受损，礼貌成了策略。原封不动照搬这一策略到汉语文化中来，一定会碰壁，因为在以儒家思想为主流的汉语文化背景中，礼貌更偏重于道德，不是玩策略，我要对人礼貌才是道德的，不一定时时都考虑了利与害，得与失，受惠与受损。"

总而言之，孔孟语用思想与西方语用学关于合作、礼貌性质的认识差别，主要体现为目的和手段的对立，而这种对立是对价值理性和工具理性的不同侧重造成的。

三 表达和理解方法

(一) 孔孟的表达和理解方法

类推("取譬"或者"恕")"克己复礼"和"时"构成了孔子道德实践最主要的三种方法。它们在语言的表达和理解都有体现。而孟子又对孔子的方法论进行了继承和不同程度的发展：

孔子提出以"恕"或"取譬"为"行仁之方"，孟子进一步提出"强恕而行"，又在理论上对"类"与"推"给予了说明。可见他们都把类推作为道德实践的逻辑方法。类推法用之于语言表达，在孔子那里主要体现为"征圣宗经"和比喻。"征圣宗经"主要是人与人之间进行类推的结果，用圣贤的言行作为一切言说的正当性来源，以获得言说的权威性和有效性，具体可分为"述而不作"和"断章取义"两种形式。前者是指忠实地引用圣贤事迹和原典，后者是指有意改变经典的原意，服务于特定的道德目的。比喻是将人与物进行类推的结果。孔子将一切自然事物进行伦理化的解读，从中比附出道德情感的意义来，这是他使用比喻手段最重要的特色。孟子的类推法表现在语言使用中，同样可以概括为"征圣宗经"和比喻两个主要方面，而"征圣宗经"一样可以分为"述而不作"和"断章取义"两种不同形式。除了这两个方面，孟子还较多地采用了"寓言式说理"的方法，这一方面是他更自觉地采用类推法的结果，另一方面也是战国时势使然。和孔子一样，孟子对这些语言表达方法的运用，也是服务于儒家的道德理想的。类推法同样也用于语言的理解中。孔子说"温故而知新""告诸往而知来""闻一知十""举一反三"，都可以说是强调类推的理解方法的反映。从他对弟子的教学实践和评价中也可以看出他非常重视类推能力的培养。类推思想反映在孟子的理解观上，则是"以意逆志"论的提出。孟子由于对类推具有较强的理论意识，认识到人作为类的本质属性在于人的"良心"及儒家的义理，因此主张反求诸心，以此为据去理解、评价他人的一切话语和其他非言语行为。

孔子又提出"克己复礼为仁"(《论语·颜渊》)，这代表着一种现实批判方法。"克己复礼"的方法体现到语言表达上，形成了孔子的"正名"思想。这一思想，旨在矫正当时社会的各种言语行为("名")和周代礼制的理想("实")相违背的现象。它既是针对自身，也是针对他人。当针对自己时，主要是对自己的言行进行自觉的监督，以符合自身伦理角色名称所规定的道德内涵。当针对他人时，在权力允许的情况下，可以借助非言语行为的手段来促使他人名实相符，如果缺乏足够权力，则选择语言手段也能起到一定的效果，孔子以"春秋笔法"或"微言大义""令乱臣贼子惧"，便是借助语言手段而达到的"正名"效果。从孔子的"正名"实践来看，其使用的语用手法是丰富多样的，如反诘、比喻、沉默或副语言手段等等。孟子对"正名"思想虽然没有充分阐述，但他在"成善为礼"的基础上，又提出了"正人心"的方法，这从某种角度说，也是对孔子"克己复礼"及"正名"论的继承和发展。"克己复礼"反映在语言理解上，在孔子那里主要体现为一种"求诸己"的方法。它要求接受者时时自我反省，以一定的伦理规范进行思考，尽量善意地理解他人的言（行），反对无原则地怀疑、评价他人。孟子的"以意逆志"思想其实也已经包括了这层意思。

　　孔子还提出"时"（"义""中"与之相通）的观念，也即把恰当应对行为情境作为一种方法。"时"的方法体现在语言表达上，主要体现为对语境条件的恰当把握和选择。从孔子零散的表述和语用实践中，我们概括了其所谓语言使用的"时"的主要因素包括：伦理角色关系（父子、夫妇、君臣、朋友、兄弟……），交际对象的特点（价值观、德才、个性、临时遭遇……）以及交际主题等。"时"在语言理解中也有反映。去"蔽"的理解方法主要是为了使理解者突破个人情感和认识上的偏蔽，保持虚心的态度，通过全面的道德修养和知识学习，获得理解交际对象在各种不同语境（时）中特定言语行为的能力。孟子继承发展了孔子"时"的方法。在表达方面，孟子也强调结合具体的"时"或语境条件，如伦理角色关系、对象特点等实现相应的言语行为道德。孟子的新贡献还在于进一步明确了"权"的概念。"权"是指当发生伦理价值冲突的情境时，能够衡量轻重，作出正确选择的能力。这一概念可以解释语言表达过程中为何"述而不作"和"断章取义"两种表面上冲突的语用手段会同时出现在"征圣宗经"中：言语信实固然是重要的语用道德，但如它和更高的道德价值（导人向善）发生冲突，就可以临时采用"断章取义"的手法做出变通。在理解方面，孟子提出了"论世"观（我们认为前人将"知人""论世"合为孟子的理解方法，属于对原文的创造性解读，并非孟子原意），这也是对孔子"时"及去"蔽"思想的继承。孟子主张结合表达者的具体语境来理解其话语和其他行为，也即要求理解者不为一己私见所遮蔽，能够设身处地结合对方所处之世来理解对方，这样才能准确地理解和评价对方在实施某一特定言语行为时的真正用意。孔孟所说的"时""义""中""权"都可以看作道德实践的方法，可统一于"恰当"这个意义上。"恰当"本身不具有实质内容，判断"恰当"与否的根本依据指向"仁""礼"等道德观念。

（二）方法比较

1. 逻辑方法

在对言语交际的认识上，孔孟在人作为道德主体的假定下，以类推作为主要的逻辑方法。使用这种逻辑方法是具有鲜明的伦理学旨趣的（如何对人正名、正心、复礼，对己尽心知性、至诚明善）。在这种目的下，交际信息如何得到真实传递虽然也是孔孟关心的问题，但他们更为注重的是语用的表达和理解方法是否合乎君子的要求，因此方法本身也具有鲜明的价值规定性，如比喻往往是比德，"以意逆志"更是如此。反观西方语用学对言语交际的研究，尽管同样要依赖若干价值原则（若合作、礼貌）或认知原则（关联）作为人性基础进行语用推理，尽管他们所构建的语用推理机制的严密精致是孔孟所难以企及的，其目标却迥然不同于孔孟。他们更关心的是交际信息的真实传递过程，带有强烈的认识论目的。一旦他们发现价值在信息传递过程中不起作用，价值就会立即被排除在研究范围之外（如关联原则对合作原则的代替）。可见，工具理性和价值理性的不同偏重对研究方法的影响也是非常明显的。

2. 语境及其应对

无论是从工具理性还是从价值理性看待言语功能的实现过程，都要涉及如何应对语境的问题。这一点，孔孟语用思想和西方语用学没有什么分歧。但对于语境的内部要素和应对语境的方法原则，孔孟语用思想和西方语用学还是存在重要差别的。

就语境的要素来说，如同对言语功能的分析，西方语用学显然要比孔孟所认识的全面系统得多。但孔孟把语境和主体的言语行为的道德目的联系起来，却是西方语用学不曾有的一个特点。这尤其表现在语用道德和伦理角色关系的紧密关联上。究其原因，乃是孔孟致力于通过语言使用实现道德，而各种具体道德又须和交际双方的伦理角色关系相对应。因此，伦理角色关系必然是语境因素中最为孔孟所看重的一个成分。其他语境因素都是建立在这一伦理角色关系基础上的。而西方语用学的语境分析，主要是为了解释各种言语行为如何在语境中实现，并不关心各种言语行为如断言、指令、承诺、表达、宣告本身的道德属性问题，因此也无须在语境条件中突出伦理角色关系这一因素。

其次，就应对语境的方法原则而言。孔孟都认为，要在语言使用或理解的过程中实现道德目的，考虑"时"或者"世"，要懂得"中"和"义"，也就是讲究恰当地把握语境条件。而"恰当"在西方语用学中也是一条根本的方法论原则。比如言语行为理论所说的"适宜条件"（Felicity Conditions），礼貌理论中最重要的得体准则（Tact Maxim），语用综观论的关键概念"适应"（Adaptation），这些语用学的核心理论都从不同角度体现着恰当把握语境的方法论原则。

但我们不能就此认为孔孟的"恰当"和西方语用学的"恰当"意义完全相同，事实上两者的哲学背景有巨大的差异。西方语用学意义上的"恰当"，究其来源可追溯到实用主义。只需看一般语用学教材都把实用主义的开山大师皮尔士、詹姆士、莫里斯等人的理论看作语用学的摇篮，这一点就不难理解。而实用主义则是达尔文的进化论在哲学上的运用。根据胡适（1989：246—247）的介绍，皮尔士、詹姆士曾取法达尔文、赫胥黎，意在"把达尔文的学说和一般的哲学研究连贯起来"，从生物应对自然环境"适者生存"的道理，引出人类观念也有适或不适的问题。皮尔士认为："观念或思想的真正意义，就在于它在人生行为上所产生的效果，在于使人更好地适应环境，以达到人生的目的。"詹姆士（1994：109）进一步认为："任何观念，只要有助于我们在理智上或在实际上处理实在或附属于实在的事物；只要不使我们的前进受到挫折，只要使我们的生活在实际上配合并适应实在的整个环境，这种观念也就足够符合而满足我们的要求了。这种观念也就对那个实在有效。"在实用主义者看来，所谓善的，也就是恰当的观念或行为，必定能帮助人类适应环境，在自然选择中生存下去。在实用主义这样一种思想的指导下，不难理解西方语用学的恰当原则实乃由"适者生存"的"适"脱胎而来。而由维索尔伦提出的语言适应理论，更是自觉地借鉴了达尔文进化论思想，把语言看作人类与生存条件（环境）之间若干适应性互动现象中的一种，并以此为基础来构建语用综观理论（维索尔伦，2003：309—315）。可见，西方语用学的"恰当"更多地是以个人或某一群体的生存为价值取向的，表现在具体的言语行为中，则更多地强调个人各种生存需求层次的满足。

反观孔孟的"时"或"义"或"中"的恰当观，则显然没有这种进化论的思想背景。孔孟"恰当"的价值指向是"仁义礼智"这些儒家理想，它是超越个人的生存目标的。故孔子才会说"志士仁人，无求生以害仁，有杀身以成仁"（《论语·卫灵公》），孟子才会说"生，亦我所欲也；义，亦我所欲也。二者不可得兼，舍生而取义者也"（《孟子·告子上》）。孔孟对于语境条件的把握，并不是为了想要通过语言使用满足各种生存需求，而是想要借助语言使用实现儒家道德理想。符合这一理想的就是恰当的言语行为。这一点和孔孟所厌恶的"乡原""纵横家"们形成了鲜明的对比。被孔子斥为"德之贼"的乡原，可以因应语境的变化而说一些似是而非的话，从而"同乎流俗，合乎污世""阉然媚于世"（《孟子·尽心下》），其所有言行的目的都是满足其生存需要。而被孟子斥为"妾妇"的纵横家公孙衍、张仪等人，同样也只是把语言当作一种在乱世之下谋取生存利益的手段。因此，孔孟所说的"时""中""义"等表达恰当的原则，是"君子""大丈夫"才能贯彻的，与乡原或纵横家无关。这一原则有考虑现实因素的一面，但更有超越现实的一面。因为它最终遵循的并不是现实的生活秩序，而是孔孟心中理想的礼义王道世界。而孔孟在当时的人看来，也并不是什么能够顺应现实的人。或被称为"知其不可而为之"（《论语·宪问》），或被称为"迂远而阔于事情"（《史记·孟子荀卿列传》）。可见，他们的恰当观和西方语用学的恰当观是有重要差异的。当然，这绝不意味着西方语用学是"不讲道德"的语用学，只是说他们似乎并没有把道德在语境中的成功实现作为语言使用恰当与否的最终依据罢了。

第二节　孔孟语用思想对语用学发展的启示

通过以上对孔孟语用思想的全面回顾以及与西方语用学的几点对话比较（这种对话比较是例证式的，粗浅的，不完全的），我们对孔孟语用思想的总体特色也已经有了大致了解。西方语用学的学科发展表明，语用学本身就是一种视角，从不同视角审视语言使用和人的关系，所了解的语用意义也会有不同的答案。当我们把目光投向中国文化的代表人物孔孟身上，从他们创立的儒学中寻求语用之道，我们看到了一种不同于西方视角的语用学研究的可能性。尽管孔孟语用思想的形态，在理论的严密性上远不能和现代语用学相提并论。但如果将这一思想进行发展、完善，儒家语用学的最终树立并非不可企及。从我们目前所掌握的孔孟语用思想的已有形态来看，它至少对语用学的发展有如下启示：

第一，伦理道德应该成为语用意义研究的重要组成部分。在西方传统语用学中，由于对工具理性的倚重，诸如礼貌、合作这样原本含有道德含义的概念遭到异化，被看作实现某种交际目的手段、策略，从某种意义上已被踢出了意义的领域。而在孔孟语用思想中，出于对人的伦理主体的认识，人被看作主动追求道德的动物，道德成为一切行为，包括语言使用的终极目的，从而处于意义的中心。因此也就不难理解为何孔子会说"言谈，仁之文"，而传统的文学观何以被看作"文以载道"。在这样一种意义观下，语言使用得以和人的道德修养联系起来，语言使用和理想人格的关系得到应有的关注。

第二，语用学理论应当考虑人的直觉、情感因素。在西方语用学中，由于对人的理性假定，故注重严密的推理在语用学研究当中的作用，有意排除直觉和情感。而孔孟语用思想中除了利用推理的方法（主要是类推法），还重视诉诸情感体验。"道始于情"（《郭店楚简·性自命出》）本就是中国传统哲学的根本命题之一。孔子讲"仁"，孟子讲心之四端，都是从人的情感入手，以人的直觉体验去感受伦理道德的实在性。儒家的伦理道德是建立在人的自然情感基础之上，而不是冷酷的绝对命令。语言使用的目的也最终被看作人的道德情感的满足。唯有尊重道德的情感基础，道德才可以被视作意义对象。

第三，语用理论应具有批判现实的功能，是人们追求理想的实践力量。在传统西方语用学中，同样由于工具理性的影响，用自然科学的方法对语言进行研究成为主导性的研究方式。这种研究范式不可避免地带有工具理性自身的局限性。西方马克思主义的法兰克福学派代表人物马尔库塞就认为，工具理性是一种单面性或肯定性的思维方式。技术或工具的理性先验地适用于维护社会的统治制度，它排除了思维的批判性和否定性，其本质就是统治的合理性。而实证主义是工具理性的集中体现。传统理论家将理论看作由基本命题和推出命题组成的有逻辑联系的推理系统，即看作一个封闭的科学命题体系，将理论变成一种描述事实的工具，它片面地强调理论的科学性和实证性，消除了理论思维的批判性和否定性，使理论失去了它的本质作用，变成屈从于现实、为现存制度辩护的工具，沦为意识形态，起着消极的社会作用（参见陈振明，1996）。而孔孟的语用思想，始终服务于儒家理想社会的重建，无论是孔子为了"克己复礼"而提出的"正名"论，还是孟子为实现"仁政"理想而提出的"正人心"之说，都表明他们的语用思想中带有浓厚的批判现实的旨趣。从这个角度说，他们和欧陆学派的批评语用学和哈贝马斯的交往语用学具有更为接近的立场。

第四，语用学研究应以"和而不同"的形态保持发展。孔孟的语用思想告诉我们，各种言说（包括理论话语）各有其语境，也即"言各有所当"，因此在承认普遍人性或普世价值（孔孟视之为儒家的仁义礼智之性）的前提下，各种言说都可能具有其存在的相对合理性。在面对不同视角、观点的语用学理论时，研究者应当保持虚心学习的态度，做到"毋意，毋必，毋固，毋我"，去自身情感认识之"蔽"，论他人之"时""世"，以达成不同语用学理论之间的互相理解，这实际上就是孔子所说的"和而不同"的精神体现。

第三节 有待讨论的问题

由于本书作者研究视野和学力的限制，对孔孟语用思想的诸多重要问题都未及展开讨论，遗憾颇多。在结束之际，特罗列如下，以留待今后再深入探讨。

第一，孔孟语用思想和先秦诸子语用思想的关系。孔孟语用思想是在百家争鸣的特殊时代中诞生的，他们或者促成了其他各家语用思想的发展（如孔子之于百家，孟子之于荀子），或者本身就受到其他学派语用思想的影响（如老子对于孔子，杨朱、墨子之于孟子）。这一维度的探讨有利于进一步加深对孔孟语用思想的形成来源及其时代影响的认识。

第二，中国儒家传统对孔孟语用思想的继承和发展。儒家在中国历史上有不同的发展阶段。如以董仲舒为代表的汉儒，以程朱、陆王为代表的宋明理学，以及以马一浮、熊十力、冯友兰等为代表的现代儒家。不同阶段的儒家思想都是为了因应时代的问题和挑战而产生。而这种问题和挑战首先就表现在不同哲学文化学术话语的交锋之中，这也会促使后世儒者对语用问题作更多的思考和探索。他们对孔孟语用思想是如何继承和发展的？这也是一个有重要价值的理论课题。

第三，孔孟语用思想对语言生活的现实影响。孔孟语用思想对中国传统文学艺术的影响之大是毋庸置疑的。无论是从表达角度说的"文以载道""言不尽意""文质彬彬"，还是从理解鉴赏角度讲的"文如其人""以意逆志""见仁见智"等命题，或者是一些诸如"意象""文气"等范畴，都可以从儒家语用思想当中找到源头。但更重要的是，儒家语用思想是普通中国人语用意识的重要"底色"。一些源自孔孟的语用评价语，如"仗义执言""理直气壮""名正言顺""花言巧语""察言观色""君子一言，快马一鞭""言多必失""言而有信""言为心声""直言不讳"可谓脍炙人口，深入人心。此外，中国人最喜欢使用的表达方式仍然是打比方和引经据典，这也说明孔孟语用思想的巨大磁场至今仍笼罩着中国老百姓的语言生活。但这种影响是否会继续存在下去？在全球化不断发展，西方文化不断扩张的今天，孔孟语用思想是否能经得起时代的考验，继续指导人们的语言生活，甚至可能对其他民族产生影响？这仍是需要我们深入挖掘的一个课题。

第四，孔孟语用思想需要发展的方面。在对孔孟语用思想进行梳理的过程中，我们深刻体会到，传统无法提供解决现实问题的所有现成答案。孔孟自身对于传统文化，就既有"述而不作"，也有"断章取义"，既有返本，也有开新。同样，由于时代的局限，孔孟不可能回答我们这个时代需要解决的所有语用问题。比如对于今天的女性话语权问题，主要以男性视角构建的孔孟语用思想，似乎就难以给出更多丰富的答案。另如民主社会的言论自由问题，要从宗法社会语境下产生的孔孟语用思想中求助，似乎也很难令人完全满意。但是，我们不能以此苛求古人，要懂得区分孔孟语用思想中"普适"的部分和"有为言之"的部分。在领会圣贤根本精神的基础上革故鼎新，以因应今日之"时""世"。而如何应对，也正是亟待我辈着手研究的课题。

主要参考文献

（按作者姓氏汉语拼音排序）

［德］狄尔泰：《诠释学的起源》，洪汉鼎《理解与解释——诠释学经典文选》，东方出版社2001年版。

［德］伽达默尔：《真理与方法》，洪汉鼎译，商务印书馆2007年版。

［德］哈贝马斯：《交往行为理论》（第1卷），曹卫东译，上海人民出版社2004年版。

［德］马克斯·韦伯：《经济与社会》（上卷），林荣远译，商务印书馆1997年版。

［德］马尔库塞：《理性与革命》，程志民译，上海译文出版社2007年版。

［德］马尔库塞：《现代文明与人的困境——马尔库塞文集》，李晓兵等译，生活·读书·新知三联书店1989年版。

［德］雅斯贝尔斯：《智慧之路》，柯锦华译，中国国际广播出版社1988年版。

［法］斯珀伯、［英］威尔逊：《关联：交际与认知》，蒋严译，中国社会科学出版社2008年版。

［古希腊］亚里士多德：《亚里士多德全集》（第8卷），苗力田主编，中国人民大学出版社1997年版。

［荷］维索尔伦：《语用学诠释》，钱冠连、霍永寿译，清华大学出版社2003年版。

［美］艾兰：《水之道与德之端》，张海晏译，上海人民出版社2002年版。

［美］陈汉生：《中国古代的语言和逻辑》，社会科学文献出版社1998年版。

［美］赫伯特·芬格莱特：《孔子——即凡而圣》，彭国翔、张华译，江苏人民出版社 2002 年版。

［美］詹姆士：《实用主义》，陈羽纶、孙瑞合译，商务印书馆 1994 年版。

［瑞］索绪尔：《普通语言学教程》，高名凯译，商务印书馆 1999 年版。

［英］梅：《语用学引论》（引进本），外语教学与研究出版社 2001 年版。

［英］韩礼德：《关于语言的一些观点》，《韩礼德文集》，湖南教育出版社 2006 年版。

［英］利奇：《语义学》，李瑞华译，上海教育出版社 1987 年版。

［英］维特根斯坦：《逻辑哲学论》，贺绍甲译，商务印书馆 1996 年版。

［英］托马斯：《言谈互动中的意义：语用学引论》，北京大学出版社 2010 年版。

白本松：《先秦寓言史》，河南大学出版社 2001 年版。

班固：《白虎通德论》，上海古籍出版社 1990 年版。

班固：《汉书》，中华书局 1962 年版。

蔡英俊：《"修辞立其诚"：论先秦儒家的语用观——兼论语言使用与道德实践真伪问题》，《语言与意义》，华中师范大学出版社 2011 年版。

蔡元培：《中国伦理学史》，东方出版社 1996 年版。

常敬宇：《语用对句法句式的制约》，《语文研究》2000 年第 1 期。

陈炯：《略谈中国古代修辞学的特征》，《修辞学习》2002 年第 6 期。

陈善：《扪虱新语》，上海古籍出版社 1990 年版。

陈崇崇、张凤祥：《适切语境——孔子言语交际观管窥》，《铜仁学院学报》2008 年第 4 期。

陈光磊、王俊衡：《中国修辞学通史（先秦两汉魏晋南北朝卷）》，吉林教育出版社 1998 年版。

陈蒲清：《中国古代寓言史》，湖南教育出版社 1983 年版。

陈启庆：《"以意逆志"：作为探求会话含义的语用学命题》，《井冈山学院学报》（哲学社会科学版）2007 年第 5 期。

陈启庆：《孟子的语用思想及其现实意义》，《莆田学院学报》2006 年第 6 期。

陈汝东：《语言伦理学》，北京大学出版社 2001 年版。

陈望道：《修辞学发凡》，上海教育出版社 1979 年版。

陈振明：《工具理性批判——从韦伯、卢卡奇到法兰克福学派》，《求是学刊》1996 年版。

陈治安、马军军：《论 Grice 的理性哲学观》，《现代外语》2006 年第 3 期。

陈宗明：《中国语用学思想》，浙江教育出版社 1997 年版。

陈作宏：《第二语言汉语教学中的语用知识的合理运用》，《民族教育研究》2004 年第 1 期。

程灏、程颐：《二程遗书》，上海古籍出版社 2000 年版。

池昌海：《孔子的修辞观》，《浙江大学学报》（人文社会科学版）2000 年第 1 期。

池昌海：《先秦儒家修辞要论》，中华书局 2012 年版。

崔述：《崔东壁遗书》，上海古籍出版社 1983 年版。

崔希亮：《汉语"连字句"的语用分析》，《中国语文》1993 年第 2 期。

代磊、陈汝东：《论孔子的修辞学》，《山东大学学报》（哲学社会科学版）1995 年第 4 期。

丁秀菊：《孟子"以意逆志"的语义学诠释——基于修辞理解角度》，《山东大学学报》2011 年第 4 期。

丁秀菊：《先秦儒家修辞研究——以孔子、孟子、荀子为例》，博士学位论文，山东大学，2007 年。

董洪利：《孟子研究》，江苏古籍出版社 1997 年版。

范开泰：《语用分析说略》，《中国语文》1985 年第 6 期。

方铭：《战国诸子概论》，学苑出版社 2012 年版。

封宗信：《格莱斯原则四十年》，《外语教学》2008 年第 5 期。

冯契：《中国古代哲学的逻辑发展》（上），上海人民出版社 1983 年版。

冯从吾：《少墟集》，文渊阁四库全书影印本。

冯光武：《合作必须是原则——兼与钱冠连教授商榷》，《外国语文》2005 年第 5 期。

冯光武：《理性才是主旋律———论格赖斯意义理论背后的哲学关怀》，《外语学刊》2006 年第 4 期。

冯友兰：《三松堂全集》（第 2 卷），河南人民出版社 2001 年版。

冯友兰：《三松堂全集》（第 5 卷），河南人民出版社 2001 年版。

傅佩荣：《傅佩荣解读论语》，线装书局 2006 年版。

耿南仲：《周易新讲义》，文渊阁四库全书影印本。

公木：《先秦寓言概论》，齐鲁书社 1984 年版。

顾镇：《虞东学诗》，文渊阁四库全书影印本。

顾炎武：《日知录》，上海古籍出版社影印本 1985 年版。

顾易生、蒋凡：《先秦两汉文学批评史》，上海古籍出版社 1990 年版。

顾曰国：《John Searle 的言语行为理论：评判与借鉴》，《国外语言学》1994 年第 3 期。

顾曰国：《奥斯汀的言语行为理论：诠释与批判》，《外语教学与研究》1989 年第 1 期。

顾曰国：《礼貌、语用和文化》，《中国语用学研究论文精选集》，上海外语教育出版社 2001 年版。

关飞：《孔子与孟子的修辞观比较》，《新闻世界》2010 年第 5 期。

韩非：《韩非子》，上海古籍出版社 1989 年版。

韩愈：《韩愈全集》，上海古籍出版社 1997 年版。

韩东晖：《先秦时期的语言哲学问题》，《中国社会科学》2001 年第 5 期。

郝敬：《孟子说解》，季羡林《四库全书存目丛书》，北京大学出版社 1994 年版。

何九盈：《中国古代语言学史》，广东教育出版社 1995 年版。

何兆熊：《新编语用学概要》，上海外语教育出版社 2000 年版。

侯爱平、吕玉玲：《论〈孟子〉和〈战国策〉说辞的共同特色》，《天津师大学报》1999 年第 4 期。

胡适：《近五十年来之世界哲学》，《胡适文存》（2 集卷二），上海书店出版社 1989 年版。

胡适：《中国哲学史大纲》，上海古籍出版社 1997 年版。

胡裕树、范晓：《试论语法研究的三个平面》，《新疆师大学报》1985

年第 2 期。

皇侃义疏，何晏集解：《论语集解义疏》，中华书局 1985 年版。

霍静宇：《日本学生初级汉语叙述体语篇衔接手段问题研究》，硕士学位论文，中央民族大学，2004 年。

姜望琪：《Halliday 论语篇分析及有关学科》，《中国外语》2002 年第 2 期。

姜望琪：《当代语用学》，北京大学出版社 2003 年版。

焦循：《雕菰集》，中华书局 1985 年版。

焦循：《孟子正义》，上海书店出版社 1986 年版。

金景芳、吕绍刚：《周易全解》，吉林大学出版社 1989 年版。

晋荣东：《孔子哲学的语言之维》，《华东师范大学学报》（哲学社会科学版）2000 年第 2 期。

荆门市博物馆：《郭店楚墓竹简》，文物出版社 1998 年版。

孔慧云：《孟子说诗理论及其实践探蕴》，《河南电大》1997 年第 2、3 期。

孔亚飞：《孟子修辞研究》，硕士学位论文，曲阜师范大学，2011 年。

李凯：《孟子的诠释思想研究》，博士学位论文，山东大学，2009 年。

李阳：《孟子寓言新论》，《文学理论》2009 年第 11 期。

李炳章：《孟子文选》，人民文学出版社 1985 年版。

李清良：《中国阐释学》，湖南大学出版社 2001 年版。

李泽厚、刘纲纪：《中国美学史》（第 1 卷），中国社会科学出版社 1984 年版。

梁启超：《先秦政治思想史》，岳麓书社 2010 年版。

梁漱溟：《中国文化要义》，上海人民出版社 2001 年版。

廖建平：《儒家的德性言语观》，《衡阳师专学报》1998 年第 5 期。

林岗：《论解诗——儒家诗学的兴起》，《文学评论》2009 年第 4 期。

刘向：《说苑全译》，王锳、王天海译，贵州人民出版社 1992 年版。

刘宝楠：《论语正义》，上海书店出版社 1986 年版。

刘长林：《说气》，杨儒宾《中国古代思想中的气论及身体观》，巨流图书公司 1983 年版。

刘丹青：《语义优先还是语用优先——汉语语法学体系建设断想》，《语文研究》1995 年第 2 期。

刘化兵:《"以意逆志"辨析》,《聊城师范学院学报》(哲学社会科学版) 2000 年第 3 期。

刘梦溪:《中国现代学术经典(康有为卷)》,河北教育出版社 1996 年版。

刘润清:《西方语言学流派》,外语教学与研究出版社 1995 年版。

刘耘华:《诠释学与先秦儒家之意义生成》,上海译文出版社 2002 年版。

陆九渊:《陆九渊集》,中华书局 1980 年版。

《论语　大学　中庸》,陈晓芬、徐儒宗译,中华书局 2011 年版。

吕不韦:《吕氏春秋》,中华书局 1991 年版。

吕叔湘:《语文常谈》,生活·读书·新知三联书店 1980 年版。

吕俞辉:《对外汉语教学的语用观》,《上海大学学报》2002 年第 3 期。

毛嘉宾:《外国人学汉语的语用失误成因探析》,《云南师范大学学报》2003 年第 7 期。

蒙培元:《中国哲学主体思维》,东方出版社 1993 年版。

倪培民:《对话的语言与儒家的正名》,《社会科学》2008 年第 3 期。

庞朴:《中国儒学》(第 1 卷),东方出版中心 1997 年版。

彭传华、宋喻:《孔子语言哲学思想探微》,《武汉大学学报》(人文科学版) 2008 年第 1 期。

彭传华:《孟子语言哲学思想发微》,《武汉大学学报》(人文科学版) 2008 年第 6 期。

濮之珍:《中国语言学史》,上海古籍出版社 2002 年版。

亓华:《韩国留学生自我介绍文的"中介语篇"分析》,《语言文字应用》2006 年第 2 期。

钱穆:《国史大纲》,商务印书馆 1991 年版。

钱穆:《孔子传》,东大图书有限公司 1991 年版。

钱穆:《论春秋时代人之道德精神》,《中国学术思想史论丛 I》,东大图书有限公司 1993 年版。

钱穆:《论语新解》,生活·读书·新知三联书店 2002 年版。

钱穆:《四书释义》,九州出版社 2010 年版。

钱穆:《先秦诸子系年考辨》,上海书店出版社 1992 年版。

钱冠连：《汉语文化语用学》，清华大学出版社1997年版。

钱冠连：《言语假信息》，《外国语》1986年第5期。

钱基博：《读庄子南华真经卷头解题记》，《华中师范大学学报》1987年专辑。

钱锺书：《管锥编》，中华书局1986年版。

屈承熹：《语用学与汉语教学》，《语文建设》1987年第2期。

冉永平、张新红：《语用学纵横》，高等教育出版社2007年版。

冉永平：《自我充实言语行为及其语用理据》，《外语学习》2008年第5期。

阮元校刻：《十三经注疏·春秋公羊传注疏》，中华书局1980年版。

阮元校刻：《十三经注疏·春秋谷梁传注疏》，中华书局1980年版。

阮元校刻：《十三经注疏·春秋左传正义》，中华书局1980年版。

阮元校刻：《十三经注疏·礼记正义》，中华书局1980年版。

阮元校刻：《十三经注疏·论语注疏》，中华书局1980年版。

阮元校刻：《十三经注疏·毛诗正义》，中华书局1980年版。

阮元校刻：《十三经注疏·孟子注疏》，中华书局1980年版。

阮元校刻：《十三经注疏·孝经注疏》，中华书局1980年版。

阮元校刻：《十三经注疏·仪礼注疏》，中华书局1980年版。

阮元校刻：《十三经注疏·周易正义》，中华书局1980年版。

尚永亮、王蕾：《论"以意逆志"说之内涵、价值及其对接受主体的遮蔽》，《文艺研究》2004年第6期。

申小龙：《论中国古代修辞学之伦理规范》，《争鸣与探索》1992年第4期。

沈家煊：《"差不多"和"差点儿"》，《中国语文》1987年第6期。

沈家煊：《"好不"不对称用法的语义和语用解释》，《中国语文》1994年第4期。

沈家煊：《"语用否定"考察》，《中国语文》1993年第5期。

沈家煊：《我看汉语的词类》，《语言科学》2009年第1期。

沈家煊：《想起了高本汉》，《中国外语》2009年第1期。

沈家煊：《语用学与语义学的分界》，《外语教学》1990年第4期。

沈立岩：《先秦语言活动之形态、观念及其文学意义》，人民出版社2005年版。

施旭：《文化话语研究——探索中国的理论、方法与问题》，北京大学出版社 2010 年版。

施关淦：《再论语法研究的三个平面》，《汉语学习》1993 年第 2 期。

司马迁：《史记》，中华书局 2005 年版。

孙新爱：《主位、述位理论和留学生汉语语篇教学》，硕士学位论文，暨南大学，2005 年。

孙诒让：《墨子间诂》，中华书局 1954 年版。

索振羽：《语用学教程》，北京大学出版社 2000 年版。

王符：《潜夫论》，上海古籍出版社 1978 年版。

王肃：《孔子家语》，中州古籍出版社 1991 年版。

王保国：《两周民本思想研究》，学苑出版社 2004 年版。

王建华、周明强、盛爱萍：《现代汉语语境研究》，浙江大学出版社 2002 年版。

王建华：《汉英跨文化语用学》，博士学位论文，复旦大学，2002 年。

王建华：《语用学与语文教学》，浙江大学出版社 2000 年版。

王建华：《语用研究的探索与拓展》，商务印书馆 2009 年版。

王闿运：《论语训·春秋公羊传笺》，岳麓书社 2009 年版。

王聘珍：《大戴礼记解诂》，中华书局 1998 年版。

王希杰：《修辞学通论》，南京大学出版社 1996 年版。

王先谦：《诗三家义集疏》，中华书局 1982 年版。

王先谦：《荀子集解》，中华书局 1988 年版。

王运熙、周锋：《文心雕龙译注》，上海古籍出版社 1998 年版。

王肇晋、王用诰：《论语经正录》，中国书店出版社 1990 年版。

王中磊：《孔子的语用观》，《语文学刊》2009 年第 12 期。

王淄尘：《四书读本》，中国书店出版社 1986 年版。

魏义霞：《儒家的语言哲学与和谐意识》，《黑龙江社会科学》2010 年第 4 期。

吴淇：《六朝选诗定论缘起》，季羡林《四库全书存目丛书》，齐鲁书社 1997 年版。

吴龚：《孟子语言艺术研究》，硕士学位论文，陕西师范大学，2009 年。

吴礼权：《中国修辞哲学史》，台湾商务印书馆 1995 年版。

吴礼权：《中国语言哲学史》，台湾商务印书馆 1997 年版。

吴龙辉：《孔子言行录》，广东教育出版社 2006 年版。

夏静：《古代文论中的"象喻"传统》，《文艺研究》2010 年第 6 期。

萧公权：《孔子》，孔凡岭《孔子研究》，中华书局 2002 年版。

熊学亮：《认知语用学概论》，上海外语教育出版社 1999 年版。

徐复观：《徐复观论经学史二种》，上海书店出版社 2005 年版。

徐复观：《中国人性论史》，台湾商务印书馆 1988 年版。

徐桂秋：《孟子文艺思想》，博士学位论文，辽宁大学，2011 年。

徐烈炯：《语义学》（修订本），语文出版社 1995 年版。

徐盛桓：《会话含意理论的新发展》，《现代外语》1993 年第 2 期。

徐盛桓：《礼貌原则新拟》，《外语学刊》1992 年第 2 期。

徐盛桓：《新格赖斯会话含意理论和语用推理》，《外国语》1993 年第 1 期。

徐盛桓：《预设新论》，《外语学刊》1993 年第 1 期。

许慎：《说文解字》，中国书店出版社 2001 年版。

杨清：《先秦儒家修辞理论概观》，《语文学刊》1996 年第 4 期。

杨伯峻：《春秋左传注》，中华书局 1981 年版。

杨伯峻：《论语译注》，中华书局 1980 年版。

杨伯峻：《孟子译注》，中华书局 2005 年版。

杨泽波：《孟子评传》，南京大学出版社 1998 年版。

姚勉：《雪坡舍人集》，《豫章丛书：集部 5》，江西教育出版社 2004 年版。

姚舜牧：《重订四书疑问》，《文渊阁四库全书》，台湾商务印书馆 1983 年版。

姚晓东、秦亚勋：《语用学理论构筑中的理性思想及其反拨效应》，《现代外语》2012 年第 11 期。

姚晓东：《合作、理性与价值——Grice 意义理论深层次动因探讨》，博士学位论文，北京大学，2010 年。

叶维廉：《中国诗学》，生活·读书·新知三联书店 1992 年版。

易蒲、李金苓：《汉语修辞学史纲》，吉林教育出版社 1989 年版。

于林龙：《超越合作原则的交往理性——哈贝马斯语言哲学意义理论的范式转换之思》，《吉林大学学报》2011 年第 4 期。

余英时：《中国思想传统的现代诠释》，江苏人民出版社 2003 年版。

袁枚：《袁枚全集》，江苏古籍出版社 1993 年版。

袁毓林：《论否定句的焦点、预设和辖域歧义》，《中国语文》2000 年第 2 期。

枣庄市山亭区政协编：《小邾国文化》，中国文史出版社 2006 年版。

曾文雄：《语用学多维研究》，浙江大学出版社 2009 年版。

张刚：《"德"与"言"——儒家言语观研究》，人文杂志 2009 年第 4 期。

张栻：《孟子说》，（清）纪晓岚《钦定四库全书荟要》，世界书局 1986 年版。

张载：《张子全书》，《文渊阁四库全书》，台湾商务印书馆 1983 年版。

张载：《张子语录》，上海书店出版社 1984 年版。

张伯伟：《中国古代文学批评方法研究》，中华书局 2002 年版。

张伯伟：《中国诗学研究》，辽海出版社 1999 年版。

张岱年、方克立：《中国文化概论》，北京师范大学出版社 2004 年版。

张丽丽：《君子不以言举人不因人废言——儒家语言观释义》，《红河学院学报》2011 年第 6 期。

张祥龙：《中国古代思想中的天时观》，《社会科学战线》1999 年第 2 期。

张晓光：《孟子的推类思想》，《信阳师范学院学报》（哲学社会科学版）2002 年第 4 期。

章学诚：《文史通义》，中华书局 1985 年版。

赵艳芳：《认知语言学》，上海教育出版社 2001 年版。

赵振铎：《中国语言学史》，河北教育出版社 2000 年版。

郑子瑜：《甲骨金文中谈修辞记载的发现》，《郑子瑜修辞学论文集》，中华书局 1988 年版。

郑子瑜：《中国修辞学史稿》，上海教育出版社 1984 年版。

周山：《中国逻辑史教程》，南开大学出版社 2001 年版。

周裕锴：《中国古代阐释学研究》，上海人民出版社 2003 年版。

周振甫：《中国修辞学史》，商务印书馆 1999 年版。

周之畅：《对外汉语教学中言外之意的现象考察》，硕士学位论文，北京语言大学，2007年。

朱熹：《四书章句集注》，中华书局1983年版。

朱熹：《朱子语类》，中华书局1994年版。

朱妍：《孔子语用思想探究》，硕士学位论文，杭州师范大学，2008年。

朱义禄：《儒家理想人格与中国文化》，辽宁教育出版社1991年版。

朱自清：《经典常谈》，上海古籍出版社1999年版。

朱自清：《朱自清说诗》，上海古籍出版社1998年版。

宗世海：《含意理论在对外汉语教学中的运用语言教学与研究》，《语言教学与研究》2002年第3期。

左丘明撰，鲍思陶点校：《国语》，齐鲁书社2005年版。

左思民：《汉语语用学》，河南人民出版社2000年版。

Allan. H. *Grice's razor*［J］. International Journal of Pragmatics，2007（14）：3-20.

Attard，S.*On the nature of rationality in（Neo-Gricean）pragmatics*［J］. International Journal of Pragmatics，2003（14）：13-20.

Brown，P. & Levinson，S. C.*Universals in language use：Politeness phenomena*［A］. In E.N.Goody（ed），*Questions and Politeness：Strategies in Social Interaction*［C］. Cambridge：Cambridge University Press，1978.

Brown，P. & Levinson，S. C.*Politeness：：Some Universals in Language Usage*［M］. Cambridge：Cambridge University Press，1987.

Grice，H.P.*Studies in the Way of Words*［M］. Cambridge，Mass：Harvard University Press，1989.

Gu，Yueguo，*Politeness Phenomena in modern Chinese*［J］. Journal of Pragmatics，1990（14）：237-257.

Wolfram，Bublitz，Neal R，Norrick. *Foundations of pragmatics*［M］. New York：De Gruyter Mouton，2011.

Halliday，M. A. K. &R，Hasan. *Language，Text and Context：Aspects of Language in A Social-Semiotic Perspective*［M］. Geelong：Deakin University Press，1985.

Haberland，H. and Mey，J. *Editorial：linguistics and pragmatics*［J］.

Journal of Pragmatics, 1977 (1): 1-12.

Huang, Y.*Pragmatics* [M]. New York: Oxford University Press, 2007.

J.L.Austin.*How to Do Things with Words* [M]. New York: Oxford University Press, 1962.

Jacobl, Mey.*Concise Encyclopedia of Pragmatics* [M]. Oxford: Elsevier Ltd, 2009.

Jakobson, Roman. *Closing statement: Linguistics and poetics* [A]. In: Thomas A.Sebeok (ed.), *Style in Language* [C]. Boston: MIT Press, 1960.

Jürgen Habermas.*On the Pragmatics of Communication-Studies in Contemporary German Social Thought* [C]. Boston: Mit Press, 1998.

Kasher, A. *Conversational maxims and rationality* [A]. In A. Kasher (ed).*Language Focus: Foundations, Methods and Systems* [C]. Dordrecht: Reidel Publishing Company, 1976.

Leech, Geoffrey.*Politeness: Is there an East-West Divide?* [J]. 外国语, 2005 (6): 1-29.

Leech, Geoffrey.*Principles of Pragmatics* [M]. London: Longman, 1983.

Levinson, S. C. *Pragmatics* [M]. Cambridge: Cambridge University Press, 1983.

Mao, L.R.*Beyond politeness theory: "Face" revisited and renewed* [J]. Journal of Pragmatics, 1994 (21): 451-486.

Morris, c.*Foundations of the theory of signs.Foundations of the unity of science: Towards an international encyclopedia of unified science* [M]. Chicago: The University of Chicago Press: 1938.

Searle, J.R.*Expression and Meaning: Studies in the Theory of Speech Acts* [M]. Cambridge : Cambridge University Press, 1979.

Searle, J.R.*Speech Acts: An Essay in the Philosophy of language* [M]. Cambridge: Cambridge University Press, 1969.

Warner, R.*Introduction: Grice on reasons and rationality* [A]. In P.Grice (ed).*Aspects of Reason* [C]. Oxford: Clarendon Press, 2001.

Wilson, D., &Sperber, D.*On Grice's theory of conversation* [A]. In P.werth (ed), *Conversation and Discourse* [C]. London: Croom Helm, 1981.

后　　记

　　光阴荏苒，俯仰之间博士毕业已逾五载。虽心怀忐忑，自知问题多于成就，但最终还是将这本以博士论文为基础改定的书稿送交出版了。此刻，在北京语言大学求学期间的往事如在目前，不禁感慨万千，想说的话很多，但最想表达的仍是对诸位师友亲朋的感念。

　　首先要感谢我的博导王建华教授。自我读博之日起，他就以高屋建瓴的眼光，为我指明了三年的主攻方向——梳理传统语用思想。当时我的专业背景是对外汉语教学，并无多少古典文献的治学经验，面对博导的期待，感到压力巨大，在他一再的支持和鼓励下，才下决心把孔孟语用思想研究作为论题。此后，从论文开题到初稿、二稿的完成，每一次小小的进展，都离不开博导的指点和帮助。博士论文通过答辩后，他又对书稿的修改提出不少具有启发性的意见。而且可以说，不仅这本书稿，近年来我在学术上取得的主要成就，都倾注了博导的心血。他在工作与生活上给我的关怀与照顾，更是无法悉数。

　　我也要感谢在京求学期间遇到的诸位良师：崔希亮教授、方铭教授、姜望琪教授、袁毓林教授、张旺熹教授、徐赳赳教授、顾曰国教授……他们或是曾给我授课，弥补了我在专业上的不足；或是对我的开题报告提出过中肯的建议，使我在论文写作上少走了许多弯路；或是向我提供了珍贵的学术资料，解除了我的燃眉之急；或是在答辩时对我的论文作出充分的认可，为我研究的深化指出明晰的方向……可以说，读博期间的每一位老师，都展现了他们的学者风采和师者风范，令我如沐春风，受益匪浅。如果说我的人生是从蒙昧走向澄明，其中必然充盈着各位老师品德与学识的光辉。

　　感谢博士同门周毅师姐、李怡同学和张梅一师妹。读博期间，她们在生活和学业上对我呵护有加，令我时时感受到亲如一家的师门情谊，温暖无比。

感谢2010级博士班的全体同学。这个藏龙卧虎的集体,"谈笑有鸿儒,往来无白丁",与每一位同学的交往都曾使我获得学识上的丰厚滋养。毕业以后,愈加怀念。

感谢我的硕导、语用修辞学专家徐国珍教授,是她促成了我和语用学的缘分。没有她的扶助,就没有我学术道路上的起步。

感谢帮我做过文字校对的何美芳同学、朱奥雪同学、桂双同学。

感谢一直无条件支持我的父母!

另外,本书在撰写与出版过程中,除受到浙江省哲学社会科学规划后期资助课题"孔孟语用思想研究"(18HQZZ32)资助,也获得过浙江省教育厅科研项目"先秦儒家语用思想研究"(Y201431715)的支持,在此一并表示感谢。

最后想说:"观于海者难为水,游于圣人之门者难为言。"阐释经典让我常常陷入"言不尽意"的窘迫,这诸多的"感谢"亦是如此。"君子以行言,小人以舌言",也许只有努力践行,才能充实这绵薄无力的致辞。

2018年5月
于杭州